U0902413

经济管理学术文库 • 管理类

研发国际化

——基于我国产业升级、创新能力和研发质量的研究

阮敏 / 著

图书在版编目（CIP）数据

研发国际化——基于我国产业升级、创新能力和研发质量的研究/阮敏著．—北京：经济管理出版社，2016.4

ISBN 978－7－5096－4148－4

Ⅰ.①研…　Ⅱ.①阮…　Ⅲ.①技术开发—国际化—研究—中国　Ⅳ.①F124.3

中国版本图书馆 CIP 数据核字（2015）第 303664 号

组稿编辑：赵晓静
责任编辑：宋　娜　赵晓静
责任印制：黄章平
责任校对：超　凡

出版发行：经济管理出版社
　　　　　（北京市海淀区北蜂窝 8 号中雅大厦 A 座 11 层　100038）
网　　址：www.E－mp.com.cn
电　　话：（010）51915602
印　　刷：北京九州迅驰传媒文化有限公司
经　　销：新华书店
开　　本：720mm×1000mm/16
印　　张：12
字　　数：228 千字
版　　次：2016 年 4 月第 1 版　　2016 年 4 月第 1 次印刷
书　　号：ISBN 978－7－5096－4148－4
定　　价：88.00 元

·版权所有　翻印必究·
凡购本社图书，如有印装错误，由本社读者服务部负责调换。
联系地址：北京阜外月坛北小街 2 号
电话：（010）68022974　　邮编：100836

前　言

20 世纪 70 年代，跨国公司开始在海外设立研发机构，主要是在美、欧、日间的大三角地区进行。进入 20 世纪 90 年代，跨国公司研发国际化出现了新的现象，即跨国公司一改原来只在发达国家设立研发机构的做法，开始在发展中国家从事一些研发活动，并且这种趋势发展得比较迅速，我国也已经成为跨国公司研发国际化投资的一个重要目标国。现阶段，随着跨国公司研发全球化趋势日益增强，我国企业也越来越多地在海外设立研发机构。研发国际化这种发展态势将会对我国在产业结构升级、技术创新能力提高和研发质量的提升等方面带来长久和深刻的影响。

研发国际化活动存在着不同的动因，而不同的动因会对东道国产生不同的影响。早期的研究认为，传统范式下的研发国际化活动可以看成是单一的技术转化过程，即本土主要的研发基地创造出新的产品概念和新的技术知识，然后通过在国外设立研发机构，将这些新的概念和技术知识复制到国外。研发国际化动因的传统理论包括需求—资源关系理论、HBE—HBA 理论、研发集中—分散理论、辅助资产理论、供求因素理论、战略性研发投资理论、产品生命周期理论、内部化理论、国际生产折衷理论等。另外，模块化是对当今技术发展现状的一个高度概括，研发国际化实际上可以看作是跨国公司为适应这种变化所做出的一种组织和制度上的安排。本书运用模块化理论分析研发国际化的动因，将模块化看成是研发国际化的一个重要推动因素，这是对动因理论的一个重要补充。

毫无疑问，研发国际化会对东道国的产业结构和创新能力带来影响。本书从价值链角度进行分析，认为研发国际化将有助于东道国的产业升级。同时认为，研发国际化具有溢出效应，因此可能会对东道国产业结构和企业的创新能力产生积极影响，但研发国际化同时也加剧了跨国公司与东道国企业的竞争，使得本国研发人才大量外流到跨国公司，这可能会削弱东道国企业的创新能力。研究发现，在合作研发条件下，当跨国公司与东道国企业的初始成本接近时，合作可以增加双方的利润和创新能力，而在初始成本差异较大时，合作则很难达成，即使能够合作，也将对高成本厂商的创新能力产生不利影响；在非合作研发条件下，跨国公司作为低成本厂商在互补性技术创新博弈过程中具有更强的成本缩减优势，因此在竞争中获胜的可能性较大。而在革命性创新中，由于高成本厂商比低成本厂商投入更多，则东道国的高成本厂商有可能在研发竞赛中获胜。

对于发展中国家而言，跨国公司在其国内进行研发活动实质上是一把“双刃剑”。一方面，其可能的技术溢出将有利于发展中东道国产业结构升级、国内企业创新能力的提高和研发质量的提升，进而增强自身在国际市场上的竞争力；另一方面，这些研发活动也可能使得技术上原本落后的发展中国家企业面临与具有强大创新能力的跨国公司的激烈竞争，导致国内企业人才和市场的流失，并最终可能会削弱国内企业的创新能力。本书运用我国高新技术行业的数据验证了研发国际化有利于我国的产业结构升级和创新能力的提高这一观点。为了阐述研发国际化对我国研发质量的影响，本书首先运用 DEA 方法测度了工业行业的曼昆斯特（Malmquist）生产率指数，用这个指标表征我国研发质量。从研究结果看，工业行业全要素生产率和技术进步率都达到了两位数的增长，而技术效率增长较慢，这表明工业行业全要素生产率的提高主要是依靠技术进步；从行业态势来说，较高的全要素增长率不但涉及传统行业，而且还包括很多高技术行业，说明了我国全要素增长率提高的全面态势。因此，提高技术效率对全要素生产率的提高有很大帮助，而竞争，尤其是让民营企业参与到垄断行业的经营，使市场竞争行为得到充分发挥，是提高技术效率的有效途径。从对研发质量的影响因素来看，跨国公司的研发投入对东道国的技术水平具有正向溢出，但也降低了东道国的技术效率；而其技术引进虽然会对东道国的技术水平产生负面影响，却能提高东道国的技术效率，从而导致跨国公司的研发国际化对全要素生产率没有产生影响。这说明跨国公司同我国的技术引进相差不大，导致了竞争充分，从而提高了技术效率。由于存在技术门槛，跨国公司的研发产生的技术溢出并没有被我国有效利用，导致技术水平提高，而效率降低。同样运用 SFA 方法测度了高新技术行业的曼昆斯特生产率指数，以此来表征研发质量，通过实证结果分析得到了类似结论。

随着跨国公司研发全球化趋势日益增强，中国企业必须积极利用国际先进的研发资源，实施研发国际化战略，才能更快地提升自身的竞争力。本书也分析了我国企业在海外设立研发机构的态势、模式选择、影响因素和发展途径。

最后，本书在研发国际化背景下，针对我国的现实情况提出了如下的应对措施：①建立企业的技术创新体系，增强企业的自主研发能力；②克服市场失灵，加大公共研发力度，构建共享创新平台；③深化科研体制改革，合理运用税收激励和政府采购；④保护知识产权，建立合理的专利制度；⑤选择合适的模式，积极建立我国企业海外研发机构。

目　录

第一章 导 论

第一节 研究背景和意义

自从改革开放以来，我国经济获得了高速增长。根据大多数的经验研究，经济学家发现，中国的经济增长主要（平均70%以上）可以用要素的投入增长来解释。这主要依赖于大规模且日益扩展的市场、低成本而素质较高的劳动力、相对完整的工业体系、开放条件下我国短缺要素的引入和稳定的国内政治社会环境等，可以称其为“低成本竞争”的增长模式。20多年来，中国经济高增长全要素生产率的提高主要来自两个方面：配置效率和生产效率，前者为主要方面。未来，虽然配置效率的潜力依然存在，如制造业的梯度转移、城市化的发展，特别是企业家资源分配等将继续起作用，但其潜力会越来越小。一个国家或地区在经历了主要依靠有形要素（资本和劳动力）的投入、结构的优化配置以及制度上的创新所实现的经济增长之后，都面临着如何保持经济持续稳定增长的问题。自20世纪90年代以来，国家就一直强调产业结构升级与调整，实现可持续发展，但实际上进展甚微，产业转型任务艰巨。产业转型依赖于产业技术的发展和进步，但是我国产业核心技术长期受制于人，严重制约了我国经济的可持续发展。数据显示，我国的投资率已超过40%。从经济学角度讲，这种高投资率下的经济增长速度已是极限。但是，任何一个国家、任何一种经济很难长时期承受如此之高的投资率。原则上讲，要实现我国经济的可持续增长，需要实现从粗放式增长方式向集约式增长方式的转变，即从主要依靠要素数量的扩充转向主要依靠技术水平的提高。随着要素成本上升，低成本优势趋于削弱，以中低技术占领市场的空间日趋缩小，成本上升背景下企业盈利的保持和增加，需要通过创新来增加技术含量和附加价值。大规模制造能力的形成和产业配套条件的形成与改进，为巨额研发费用可以被有效分摊提供了保障。所以，在经济新常态下，企业技术水准的提高，尤其是自我创新能力的形成和提高将越来越起主要作用，其核心是知识的积累和技术的进步。

创新活动和创新能力是经济增长和经济发展的基本要素，这无论对于处在技术前沿的工业化国家还是需要在技术上进行赶超的发展中国家来说，无疑都是正确的。按照熊彼特（Joseph A. Schumpeter）的观点，所谓“创新”，就是“建立一种新的生产函数”，也就是说，把一种从来没有过的关于生产要素和生产条件的“新组合”引入生产体系；而所谓“经济发展”，也就是指整个资本主义社会不断地实现这种“新组合”。他非常强调生产技术的革新和生产方法的变革在资本主义经济发展过程中的至高无上的作用，并把这种“创新”或生产要素的“新组合”看成是资本主义最根本的特征，认为没有“创新”，就没有资本主义的产生，更没有资本主义的发展。波特（Michael E. Porter）认为，“企业要在国际竞技场中获胜，它的竞争优势不外是以较低的生产成本或与众不同的产品特性来取得最佳价格。企业要想使这种竞争优势得以持续，就必须日复一日地提供高质量的产品或服务，或提高生产效率，这些努力都将直接转换成生产力的成长”①。他还认为，“技术在各国间流动虽然使模仿的时间缩短，但一心仰仗国外技术的企业一定会永远落在人后。更重要的是，发展技术所产生的优势绝不是抄袭技术所能比的”②。可见，无论对于国家还是企业来说，创新都是决定其长远发展能力的根本要素。

研发只是创新的来源之一，但却是一个非常重要的来源。为了能够在创新方面取得竞争优势，从宏观的各个国家到微观的各类型企业都很注重研发的投入。特别是大型的跨国公司，研发投入在其总资产中占很高的比重。可以说，研发是跨国公司的核心职能之一，也是跨国公司全球竞争优势的主要源泉。随着经济全球化的迅猛发展和全球研发产业的蓬勃兴起，跨国公司日益成为研发国际化的主要推动力量。发达国家为了充分利用各国现有的科技资源和人力资源，降低新产品研制过程中的开发成本与风险，根据不同东道国在人才结构、市场特点、科技实力及研发资源上的比较优势，开始了在全球范围内配置研发机构并从事研发项目运作的热潮。现在不仅是引领研发潮流的欧美等发达国家在研发国际化的舞台上运作，发展中国家也争相涌入研发国际化的潮流。现在，发达国家跨国公司间的强强合作以及跨国公司加强在新兴工业国家和发展中国家的研发活动已经成为研发国际化的核心态势。

研发国际化是指随着公司发展成为跨国组织形式，研发单位也随之跨出国界，建立海外实验室，形成研发国际化。跨国公司再逐渐将其海外研发单位整合到全球研发网络中，以寻求相应的位置进行最佳研发资源分配，从而使各研发实

①② ［美］迈克尔·波特．国家竞争优势［M］．北京：华夏出版社，2002.

验室相互依赖、相互渗透（Chiesa，1996；Gerybadze 和 Reger，1999；Serapio 和 Dalton，1999）。研发国际化的现象在 20 世纪 80 年代以后稍具雏形，一方面是基于跨国公司国际化成长策略的需要，另一方面则是因为全球科技分工日趋精细，跨国公司所需的科技资源散布全球各地，为取得这些科技优势，必须在技术来源国（或地区）设置研发中心。而研发区位的选择对于跨国公司技术成长及东道国都相当重要并具有高度影响力。

进入 20 世纪 90 年代，研发国际化有了新的发展趋势，即跨国公司的研发活动大量进入发展中国家。2005 年世界投资报告认为，“研发活动进入发展中国家的这种国际化既是意料之中，也在意料之外”①。在意料之中是出于两个原因：第一，由于跨国公司不断扩大在发展中国家的生产，可以预期有些研发活动（调整适应型）会随之跟进。第二，研发活动是服务活动的一种形式，与其他服务一样，有“分解性”，可将其中某些部分放在能够以最高效率实施的地方开展。在意料之外是因为，研发活动是技能、知识和辅助需求极强的一种服务活动，过去一向只在具有强大创新体系的发达国家才能得到满足。另外，研发被认为是经济活动中“分解可能”最小的活动，因为涉及的知识对于公司具有战略意义，也因为开展研发经常需要设在局部地区的集群内，以便于使用者和生产者之间的密集知识交流（其中相当部分是默契性的）。

作为全球经济发展体系中的一分子，中国企业必将受到研发国际化趋势影响。跨国公司研发国际化发展极大地促进了企业技术创新能力的提高，现阶段的中国企业已经置身于研发国际化的大环境中，面对跨国公司研发国际化所带来的压力，该如何抓住机遇，大力提高企业技术创新能力，增强国际竞争力已时不我待。目前跨国公司开展研发国际化的方式主要是设立研发中心、建立企业合作中心、直接投资企业项目、建立合资企业等。面对跨国公司在中国实施研发国际化计划，我国企业还不知道如何应对，如何在合作中占据主动地位。目前我国也有部分企业尝试开拓海外市场，在海外建立研发中心，但是这样的企业数量比较少，虽然也取得了一定成绩，但是发展还不成熟，不属于真正的研发国际化。因此，中国企业要想有更为广阔的发展空间，就应该积极提高企业技术创新能力，在研发国际化的大潮流中占据领先地位。

跨国公司在发展中国家的研发活动对发展中国家有何影响是个需要深入探讨的课题。现有的跨国公司研发国际化方面的研究主要包括以下内容：跨国公司研发国际化的动因、区位选择、组织管理，以及跨国公司研发国际化对母国和东道国的影响等。这些研究有助于我们对跨国公司研发国际化的理解。但是，现有研

① UNCTD. Transnational Corporatations and the Internationalization of R&D. World Investment Report，2005.

究中分析研发国际化对发展中国家企业和产业影响的文献则比较少，因而不利于发展中国家针对研发国际化制定合理的政策措施，促进技术创新。事实上，研发国际化“有可能帮助一些东道国加强自己的技术和创新能力。但是，这也有可能加大未能与全球创新网络衔接的国家的落后差距”①。研发国际化为发展中国家开辟了新的机会，使其可借以获得技术，生产高增值产品和服务，开发新的技能，通过向本地公司和机构溢出的效应培养创新文化。投入研发的外国直接投资能够帮助各国加强自身的创新体制，提升产业和技术，帮助它们发挥更高要求的职能，操作更先进的设备，生产更复杂的产品。但是，这些好处并不会自动出现，而且也有发生副作用的可能。接纳外国研发直接投资的经济体主要关注的问题包括：外国直接投资接管国内企业可能会使现有的研发活动萎缩，与跨国公司开展研发领域协作的当地企业和机构可能得不到公平的补偿，为了吸引外国研发直接投资而出现“冲底让利”的竞赛，以及跨国公司的不道德行为。另外，跨国公司与东道国政府之间也可能出现摩擦，因为跨国公司可能会力图保留专有知识，而东道国政府则会力求扩大溢出效应。

在外资的积极涌入下，我国正快速成长为东方科技大国。除了拥有丰富且优秀的人力资源外，我国庞大的内需市场更是高科技公司长线布局的着眼点。于是跨国公司由初期的利用我国廉价劳动力资源转向利用优秀的高科技人才，结合其母公司的全球化战略，纷纷在我国设立研发机构。根据国家商务部外资司的不完全统计，截至 1996 年底，跨国公司在我国设立研发中心的数量达到了 34 家；2003 年增至近 300 家，在此之后，每年以新建立 200 多家的速度持续增加；截至 2006 年 8 月底，研发中心数量增加到 750 多家。2008 年全球金融危机之后，由于中国对外开放进一步扩大，创新环境进一步改善，跨国公司在中国仍有丰厚回报，因而其在中国的研发投资出现逆势增长。2011 年，跨国公司在我国设立研发中心的数量约为 1400 家。在此背景下，研究跨国公司研发国际化对我国企业和产业的影响就显得尤为重要，因为研发国际化已经将我国纳入了整个世界的研发体系，研发国际化对我国在新的一轮国际竞争中的表现将产生重要的影响。而在这些分析中，研发国际化对发展中国家企业创新能力影响的分析又是重中之重，因为一国的经济发展需要靠每一个微观经济个体（特别是企业）的技术与创新能力，整个国家创新体系的有效运作也是以微观企业的创新活力为前提的。本书在原有研究的基础上，对跨国公司研发国际化的新现象进行介绍和分析，并对发展中国家企业和产业在这种变化中所受到的影响进行理论和实证分析，最后提出我国应对跨国公司研发国际化的策略。

① UNCTD. Transnational Corporations and the Internationalization of R&D. World Investment Report，2005.

第二节 研发国际化概述

一、研发国际化的定义

跨国公司研发的全球化实质上是世界经济全球化的结果。经济全球化是世界各国在全球范围内的经济融合。它是世界生产力发展的结果，其推动力是追求利润、取得竞争优势和谋求经济的发展。20 世纪 90 年代以来，经济全球化的趋势大大加强。发达国家的跨国公司为了适应经济全球化的发展趋势，从其长远战略出发，不断淡化以母国为研发基地的传统观念，逐步实现包括研发工作在内的整体业务的进一步国际化。

研发全球化具有多层含义，有学者将其归纳为如下六个方面（王学鸿，1998）。①某一主体的研发活动在两个或两个以上国家或地区之间开展，因而具有国际性，如跨国公司不仅在多国或地区从事生产经营，而且在不同国家或地区从事不同的研发活动，这是研发全球化最主要的内容；②同一研发项目需要不同国家或地区的企业或政府研发机构与大学协同努力才能完成，如各国派研究人员参加国际组织或其他主体（如企业）主持的研究项目；③不同国家的研发主体通过正式或非正式的协议或渠道，形成一定的合作关系，共同开展研发活动，如跨国公司为了使不同优势发挥协同作用，产生更大的优势效应，以便优势互补、共享技术成果和共担风险，因而形成花样繁多的技术战略联盟；④研发成果在国际上扩散的速度加快，技术生命周期（Technology Life Cycle）不断缩短；⑤国际性研发机构的出现，如欧盟、OECD 就设有此类研发机构；⑥研发项目资金的国际性筹措和支持。

从活动主体来看，研发的全球化表现在个人、政府以及企业三个层次上。在单个研究者的层次上，跨国合作是主要发展趋势，表现为越来越多的研究成果、发明和论文由不同国家的科学家合作完成。在政府层次上，国际合作与国际竞争并存。国际合作主要以双边或多边的形式出现，双边合作既有关于某一具体技术的合作，也有更广泛的其他形式的合作。与前两个层次相比，各国企业，尤其是跨国公司在推进研发全球化的进程中最具活力。在各个高科技领域，各国公司争夺市场，争夺人才，多方合作，策略联盟。其竞争之激烈，联盟之复杂，令人叹为观止。

二、研发国际化的类型

Cordell（1973）① 提出存在两种形式的海外研发中心：一种是“支持实验室”，肩负使母国的产品适应当地市场和使生产技术适用于当地市场这两项任务；另一种是“国际独立实验室”，其基本功能是进行基础研究，与东道国的生产无关，仅与母公司的国际化项目有关。Ronstadt（1978）② 将海外研发机构分成四类，即技术转移机构、当地技术机构、全球技术机构和公司技术机构。技术转移机构是支持制造技术转移到国外子公司，向客户提供技术服务的机构；当地技术机构是为当地市场开发新的或改良产品的机构；建立全球技术机构则是为了开发全球主要市场需要的技术；公司技术机构则是母公司为了做长线开发研究而设立的机构。Hewitt（1980）③ 也将跨国公司的海外研发中心区分为四种：产品适应研发、当地研发、工艺适应研发和全球研发。Hood 和 Young（1985）④ 将海外研发实验室分为支持实验室、本地一体化实验室和国际独立实验室三类。支持实验室是技术服务中心和国外技术翻译中心；本地一体化实验室主要进行当地产品创新开发和技术转移；国际独立实验室是参与公司国际项目的国际研究机构。Chiesa（1996）⑤ 提出，一个公司的技术系统存在三个网络，即持续技术的开发网络、产品开发网络和技术支持网络。这三个网络的全球化成因、目标、过程各不相同。另外，他提出三种组织模式，即全球中心实验室模式、全球专业实验室模式和全球一体化实验室模式，并探讨了这三种模式的特点。Medcof（1997）⑥ 设计了一种新的划分方法，即按照技术工作的性质（研究、开发还是支持），与开发机构合作的功能区域（市场、生产、市场和生产）以及与开发机构合作的地理区域（本地、全球）这三个维度，将海外研发机构分为八个类别，即本地研究机构、本地开发机构、本地市场支持机构、本地生产支持机构、国际研究机构、国际开发机构、国际市场支持机构以及国际生产支持机构。

---

① Cordell，Arthur J. Innovation，the Multinational Corporation：Some Implications for National Science Policy［J］. Long Range Planning，1973，September：22－29.

② Robert C. Ronstadt. International R&D：The Establishment and Evolution of Research and Development Abroad by Seven U. S. Multinationals［J］. Journal of International Business Studies，1978，Vol. 9，No. 1，pp. 7－24.

③ Hewitt，Gary. Research and Development Performed Abroad by U. S. Manufacturing Multinationals［J］. Kyklos，Blackwell Publishing，1980，Vol. 33（2），pp. 308－327.

④ Hood N.，Young S. Multinational Enterprise Economics［J］. London：Arnold，1985，pp. 25－40.

⑤ Chiesa.，V. Managing the Internationalization of R&D Activities［J］. IEEE Transactions on Engineering Management，1996，43（1）：7－23.

⑥ Medcof J. W. A Taxonomy of Internationally Dispersed Technology Units and Its Application to Management Issues［J］. R&D Management，1997，Volume 27，Number 4，pp. 301－318（18）.

三、跨国公司研发国际化的动因

同其他经济活动一样，跨国公司到国外投资研发活动的根本动机是追求成本最小化，利润最大化。由于成本包括多个方面，如生产成本、销售成本、管理成本，以及研发成本等，而同时成本往往又受多种因素的影响，因而其海外研发投资的动机也各不相同。

Hakanson 和 Nobel（1993）① 专门研究了瑞士跨国公司的海外研发活动。他们选择瑞士最大 20 家跨国公司的 150 家海外研发分支机构进行调查，结果发现瑞士跨国公司在海外建立研发分支机构的主要动机是：①为区位生产性子公司提供技术支持（5%②）；②适应市场对公司主要产品或生产工艺的适应性改造，使之更符合区位市场条件（32%）；③开发利用国外技术资源（8%）；④政治因素、环境条件、东道国政策影响（34%）；⑤综合动机（21%）。Serapio 和 Dalton（1999）③ 对设在美国的海外研发机构进行了访问调查，结果发现跨国公司到美国设立研发机构至少有 10 种动机。其中，获得美国的技术和跟踪美国的技术发展被多数外国研发机构认为是最重要的原因，这些公司所涉及的技术领域都是美国公司居领导地位的领域。Robert Pearce（1999）④ 对英国 180 家有代表性的外国研发机构进行了深入调查。他将海外研发机构的动机分为四类：①援助产品生产和工艺技术，扶持跨国公司在英国的生产性企业；②提供产品生产和工艺技术改造，扶持英国之外跨国公司的生产性企业；③与在英国的生产性企业的其他职能相配合，扶持跨国公司在英国的生产性企业，促使产品更好地服务于目标市场；④独立于区位生产性企业之外，专门从事基础研究或应用研究。跨国公司的研发国际化考虑的因素如表 1.1 所示。

表 1.1 研发国际化的决定因素

推进研发国际化的积极（向心）因素	阻碍研发国际化的积极（离心）因素
需求驱动的要素	经济规模和研发的投资规模
靠近消费者的需求	

① Lars Hakanson and Robert Nobel. Determinants of foreign R&D in Swedish Multinationals [J]. Research Policy, 1993b, 22, 5-6, pp. 397-411.

② 百分数表示选择该种因素的海外研发机构占全部 150 家接受调查的分支机构的比例。

③ Dalton H. Donald and Manuel G. Serapio. Globalizing Industrial Research and Development [J]. Washington, US Department of Commerce, Technology Administration Office of Technology Policy, 1999.

④ Robert D. Pearce. Decentralised R&D and Strategic Competitiveness: Globalised Approaches to Generation and Use of Technology in Multinational Enterprises (MNEs) [J]. Research Policy, 1999, 28, 2-3, pp. 157-178.

续表

推进研发国际化的积极（向心）因素	阻碍研发国际化的积极（离心）因素
使产品适应当地市场的需求	害怕关键技术泄密
供给驱动的因素	
邻近高技能科技员工	高昂的协调成本和控制成本
邻近知名的大学和研发实验室	
靠近潜在的合作伙伴（包括消费者和供货商）	在本土有较强比较优势和历史惯性
靠近低成本的研发活动人员	

资料来源：Criscuolo（2005）。

总的来说，研发国际化的动机可以归结分为三类：一是为了实现技术的本地化，以支撑其在东道国的生产企业；二是为了建立情报信息窗口，跟踪和获取东道国和竞争对手的技术；三是为了利用东道国的科技人才和研究环境，降低研发成本。

实现技术的本地化——开发设计出适合当地市场的产品以支撑其在当地的生产活动，这是多数跨国公司在东道国投资海外研发的主要动机之一。跨国公司海外附属公司的生产需要在当地开展研发活动，以开发设计出适合当地市场条件的产品和生产工艺。海外研发机构利用母国研究机构已有的科研成果、技术条件，针对该地区的市场和用户需求、技术差别、材料性能差异等对原有技术进行改良和革新，以实现母国科技成果的本地化。许多研究都发现，"技术本地化"或"适应"（Adaptation）是跨国公司从事海外研发的重要动机（Gunnar Fors 和 Mario Zajan，1996）。在海外建立研发机构，可以更接近市场，接近顾客，了解市场行情，以开发出适合当地市场的产品和生产工艺。由于文化背景和风俗习惯的差异，世界各国的消费习惯和消费倾向大相径庭。跨国公司在当地生产产品的款式和口味都必须适合当地的消费需求，这就需要在当地从事研究开发。

跨国公司到海外投资研发的另一重要动机是为了获取或跟踪东道国的先进技术，从当地研发的技术外溢中获利。Cohen 和 Levinthal（1989）指出，研发具有两个功能：一是创新开发；二是吸收其他公司的技术外溢。Jaffe（1986）认为，公司在那些有很多其他公司从事研发的技术领域，自己从事研发的专利、利润或市场价值等支出要高，技术外溢会随着距离的缩短而增加。Levin 等（1987）发现，同许可证、购买专利和雇用竞争对手的科技人才等方式相比，依附性的研发是"学习"其他公司的产品和生产工艺的最有效的方法（Gunnar Fors 和 Mario Zajan，1996）。一些跨国公司在海外设立研发机构，为母公司在国外建立了一个信息窗口和据点，能及时捕捉世界范围的新信息，从而在对技术信息的收集、整

理、加工运用的基础上，开发出符合母公司战略要求的新技术、新产品，最终达到将开发出来的科技成果传输到母国的目的。

研发活动可利用的技术资源既包括技术人才，也包括为保证研发活动得以顺利进行的技术基础设施和法律政策等良好的技术环境。在当今全球竞争的时代，技术人才尤其是研究与开发人才是企业赢得竞争优势的根本保证。随着国际竞争的白热化，企业对高质量研究与开发人才的需求日益加剧。人才的培养需要较长的周期，且供给的数量和质量又受多方面因素的制约，因而研究与开发人才的短缺成为许多国家面临的共同难题。跨国公司在海外设立研发机构，雇用国外的技术人员和技术骨干，在国际范围内网罗研发人才，则可以弥补国内技术人才的短缺。同时，研究与开发需要良好的基础设施、法律保护、政策和社会环境等多方面的支持，需要相关技术领域的协作。这些因素往往不是哪个国家（无论是发展中国家还是发达国家）所能全面提供的。为此，跨国公司避开本国的环境缺陷，在环境较好的国家设立研究与开发机构，将有可能获得较国内高得多的效率和更大的成功。

20 世纪 90 年代以来，跨国公司纷纷抢滩中国的研发领域，其中一个重要动机就是为了利用中国丰富且廉价的科技人才。中国具有世界公认的高智力人群，科技人员一般多具有扎实的科学基础、良好的研究素质和敬业的精神。但是在现有的科研管理体制下，科技产品转化为生产力的能力非常弱，很多科研人员没有机会使自己的知识、智力得到最充分的发挥。所以，跨国公司只需使用比国际上低得多的投入，就能调动他们的积极性，从而利用他们的才干。

四、跨国公司研发机构投资模式与位置选择

跨国公司海外研发机构的设置地点主要受三类因素的影响：母公司战略、分公司的潜在能力和东道国特征（Birkinshaw，2003）①，这三者之间相互影响、相互作用。从东道国的角度来说，更可行的是通过跨国公司子公司的能力及本国特征来影响跨国公司的战略，从而吸引跨国公司的研发投资。

1. 附属子公司的能力

附属子公司的能力对于研发投资是至关重要的。跨国公司研发任务往往是在不同国家和地区的几个具备潜在能力的子公司间通过竞争性招标进行分配（Jose

① Birkinshaw J. Future Directions in International Business Research: The MNE, Subsidiary and Host Country Agendas [J]. N. Hood (ed.), The Mutinational Subsidiary, pp. 301 - 312, Palgrave Macmillan, New York, 2003.

Lerner，2005）[①]。在这一过程中的成功部分归功于子公司经理向上的影响力和“卖问题”给总部的能力（Ling 等，2005）[②]。跨国公司子公司发展“动态能力”（即能够识别新的机会并获取利润，以及重新配置和保护他们的能力和知识）以实现可持续的竞争力（Teece，2000）[③]。

2. 东道国的特征

跨国公司研发投资选址的主要影响因素是世界一流的科研基础设施和熟练的劳动力（Cantwell 和 Lammarino，2001）[④]。而国家创新系统的活力，即不同企业和“知识生产及扩散组织”（包括大学和研究机构、产业协会、中介等）也同等重要。表 1.2 是跨国公司选择最新的研发投资地点的影响因素排序。

新兴经济体与发达经济体在吸引研发投资的原因上存在明显的差异。市场规模也是一个相关的吸引因素，特别是 HBE（技术利用型）的研发投资，其目的主要是根据当地情况对产品或生产流程进行适应性改进。然而，相关研究也认为市场规模对于技术搜寻（或知识资产增加）型和研发密集型 FDI 并不是那么重要（Bas 和 Sierra，2002）[⑤]。

除了市场规模以外，东道国国内的市场结构是另外一个重要因素。Cantwell（2001）的研究就表明，在竞争性不强的东道国市场，跨国公司不会设立研发机构，而在垄断竞争类型的市场结构中，由于占领竞争的需要，跨国公司会竞相在东道国设立研发机构。

劳动力成本和质量也是跨国公司海外研发机构设立地点确定的重要因素，尤其是低端和例行的研发活动。跨国公司在海外设立研发机构，雇用国外的研发人员和技术骨干以弥补国内技术人才的短缺。由于发展中国家人力成本低廉，研究开发成本会大大降低，如果具有相近质量的人力资源和基本的基础设施，也会对跨国公司的研发机构产生很大的吸引力。跨国公司在中国研发机构的快速增长，其中一个重要原因就是由于中国具有丰富而廉价的科技人才。

---

① Jose Lerner. The Economics of Technology Sharing: Open Source and Beyond [J]. The Journal of Economic Perspectives, 2005, 19 (2), pp. 99–120.

② Ling, A., S. Floyd, D. Baldridge. Towards a Model of Issue–selling by Subsidiary Managers in Multinational Organizations [J]. Journal of International Business Studies, 2005, 36 (6), pp. 637–654.

③ Teece, D. Managing Intellectual Capital [M]. Oxford University Press, Oxford and New York, 2000.

④ Cantwell, J. The Globalization of Technology: What Remains of the Product Cycle Model? [A]. In: Archibugi, D., Michie, J. (Eds), Technology Globalization and Economic Performance [C]. Cambridge University Press, Cambridge, 1997, pp. 215–240.

⑤ Bas, C., C. Sierra. Location Versus Home Country Advantages in R&D Activities: Some Further Results on Multinationals' Location Strategies [J]. Research Policy, 2002 (31), pp. 589–609.

表 1.2 跨国公司选择最新的研发投资地点的影响因素排序

新兴经济体	发达经济体
市场增长潜力	研发人员的素质
研发人员的素质	知识产权保护的水平
（税收减免后的）成本	大学教员的专业知识
大学教师的专业知识	与研究合作方协调知识产权归属的容易程度
支撑企业销售	市场因素，如增长潜力、支撑企业销售
与大学协作的容易程度	研发人员的素质

资料来源：Thursby and Thursby（2006）。

现有文献中关于其他的定位动机还包括其他跨国公司的研发活动、对于公司研发的公共刺激政策、知识产权制度、气候和生活质量、当地人的英语能力，以及创立运行一个研发机构相关的官僚制度、审批流程和消耗时间（Jose Guimon，2011）①。

五、研发国际化的管理

Behrman 和 Fischer（1980）② 总结了全球性创新网络中的五种决策模式：①绝对中心化（Absolute Centralization），即所有决策都由总部做出，子机构只负责执行；②参与中心化（Participative Centralization），即子机构参与决策制定；③合作决策（Cooperation），即子机构和总部通过协议平等地共同决策；④有监督的自由化（Supervised Freedom），即决策主要由子机构做出，总部监督；⑤完全自由化（Total Freedom），即子机构的一切行动完全自主。Arimura（1997）③则将研发国际化决策分为三种类型：①自上而下的方法（绝对中心化），即上级研发部门经理对全球研发管理有着较大的权力和责任；②自下而上的方法（完全自由化），即海外研发部门的经理自己制定研发目标，与不同的管理者讨价还价，上级经理很少对海外研发活动进行规划和评价，仅仅做出最小限度的指导和限制；③混合方法，即总部和分支机构共同参与制定决策。Niosi 和 Godin（1999）④

① Jose Guimon. Policies to Benefit from the Globalization of Corporate R&D: An Exploratory Study for EU Countries [J]. Technovation, 2011 (31), pp. 77 – 86.

② Behrman, Jack N. and William A. Fischer. Transnational Corporations: Market Orientation and R&D Abroad [J]. Columbia Journal of World Business, 1980, pp. 55 – 60.

③ Arimura, S. Global R&D Management: The Case Study of Matsushita Electric Industrial Co. Ltd. and Sony Corporation [R]. Papers Presented at PICMET' 97, Portland, 1997.

④ Niosi, J. and Godin, B. Canadian R&D Aboard Management Practices [J]. Research Policy, 1999, 28 (2 – 3), pp. 215 – 230.

根据决策的自主程度，将加拿大跨国公司在海外的研发活动分为三种类型：①相关多元化，在这种模式下，海外研发机构在人事管理和项目管理方面的自由度非常大，海外研发机构可以聘请当地人担任管理者，其经费由子公司提供，项目决策可以根据国外市场在当地进行，但这种模式存在海外研发机构与母公司的整体发展战略上的一致性问题；②垂直一体化，在这种模式下，基础研究在母公司进行，更接近市场的高级研究在国外进行，海外研发机构的自主权也很大，但是比前一种模式中研发机构的自主权要小；③全球化战略，在这种模式下，以母公司投资为主，在不同国家建立研发机构，研发创意主要来自母公司，海外研发机构主要职能是从加拿大对外技术转移，支持母公司的营销活动，母公司通常提供大量的研究经费，参与项目决策，并对研发活动进行更多的监控。日本学者 Asakawa（2001）① 以日本跨国公司为例，从母公司与子公司的关系、信息共享、学习效应等方面对跨国公司研发组织的张力进行了研究，发现在跨国公司研发国际化的不同发展阶段，研发组织张力并不同。在起步阶段，母公司对海外研发机构严格控制；经过一段时间的发展之后，海外研发机构培育了一定的创新能力，开始具有相应的自由性；随着海外研发机构贡献度的增加，母公司对其控制的欲望越发强烈，但这时的控制将转变成双方的信息交流和合作，组织结构将由总部中心型（The Headquarter - centered MNC Model）向分支机构中心型（The Subsidiary - centered Model）转变。

① Kazuhiro Asakawa. Organizational Tension in International R&D Management: The Case of Japanese Firms [J]. Research Policy, 2001, 30 (5), pp. 735 - 757.

第二章　研发国际化的发展历程

第一节　研发国际化的现状和特征

研发是跨国公司的核心职能之一，也是跨国公司全球竞争的主要优势。研发国际化一般是指跨国公司的研发国际化。长期以来，为了防止创新技术的外溢，跨国公司普遍将其研发活动集中在母国，置于公司总部的严格控制之下。然而，自20世纪80年代以来，特别是进入90年代之后，随着经济全球化的迅猛发展和国际竞争的日趋激烈，一些颇具实力的大型跨国公司为了适应世界市场的复杂性、产品的多样性以及不同国家消费者偏好差异性的要求，同时也为了充分利用世界各国现有的科技资源，降低新产品研制过程中的成本和风险，一改以往以母国为研发中心的传统布局，根据不同东道国在人才、科技实力以及科研基础设施上的比较优势，在全球范围内有组织地安排科研机构，以从事新技术、新产品的研发工作，从而促使跨国公司的研发活动朝着国际化、全球化的方向日益发展。

一、研发国际化的发展历程

传统上，跨国公司一般将研发活动限制在母国内进行。然而，在过去的20多年中，这种形势在不断地发生变化，北美、欧洲和日本的许多跨国公司开始将它们的研发活动扩展到海外。

研发国际化现象是从20世纪70年代后期显现的，80年代末开始引人注目。国际研发投资主要源于经济合作与发展组织（以下简称OECD）国家，而大多数也流向OECD国家，其中美国是国际研发投资的最大来源国和接受国，非OECD国家中的中国和印度近年来也成为研发国际化的重要参与者。1986年，荷兰、瑞士跨国公司的国外实验室数量已超过国内（Pearce和Singh，1992）。据美国商务部统计，1986～1997年美国跨国公司在海外的研发支出由46亿美元增加到146亿美元，2008年达到了369.91亿美元，20年间增加了7倍。而同期跨国公司在美国国内的研发支出仅增加 3 倍多，海外研发支出的增长速度明显快于国内研发支出的增长速度。2008 年，美国公司在海外的研发支出占公司全部研发支出的比重上升到 15.67%，而在 1997 年、1990 年和 1985 年这一比重分别只有 12.02%、9.7%和 6.4%。

与此同时，外国公司在美国研发支出的增长速度也大大高于美国公司在国内的研发支出的增长速度（Donald H. Dalton 和 Manuel G. Serapio，1999）。据美国经济分析局（BEA）调查，1987～1997 年，外国公司在美附属公司的研发支出费用增加了 2 倍多，数额由 65 亿美元上升到 197 亿美元，年平均增长速度达 11.6%以上。1987～1997 年，美国公司在本国的研发支出总量由 610 亿美元增加到 1330 亿美元，增加了 118%。而同期，外国附属公司在美国的研发支出总量增加了 165%（Donald H. Dalton 和 Manuel G. Serapio，1999）。2005 年，美国跨国公司将 179 亿美元投入欧盟，17 亿美元投入日本；欧盟将 191 亿美元投入美国，39 亿美元投入日本。日本在海外研发则相对保守，2004 年仅在美国投入 11 亿美元，在欧盟投入 7 亿美元。

海外研发机构是跨国公司在东道国专门从事研发活动的部门，其数量的增多是研发全球化的最直接表现。跨国公司在海外经营研发机构已有许多年的历史。据 Ronstadt（1997）对美国跨国公司的研究，早在 1974 年，IBM 在海外的研发支出就达到约 2 亿美元，大约占其研发预算的 30%。其他公司，如 Otis Elevator，CPC International 和 Exxon，同期在海外研发的支出分别占各自研发预算的 50%、38%和 25%。不过，跨国公司海外研发机构的加速发展出现在 80 年代后期和 90 年代。OECD 针对 32 家医药和电子行业的跨国公司进行的一项研究表明，1985～1995 年，这些公司在海外新建研发机构的数量比前 10 年增加了将近 3 倍（OECD，1999）。美国商务部的资料显示，到 1997 年，美国已有 86 家跨国公司在 22 个国家建立了 186 家研发机构；同期，有 24 个国家和地区的 375 家跨国公司在美国建立了 715 家研发机构，雇用的科学家和工程师接近 12 万人，而且这些研发机构中有一半以上是在 1986 年以后建立的。有关资料表明，1986～1990 年，日本企业在海外设立研发机构的数量增加了 86.6%，雇员增加了 121.2%。1995 年，日本在欧洲的研发机构达 300 多家，比 1990 年增加了 2 倍多（European Commission，1997）。1993 年，日本在美国的研发机构为 141 家，1997 年达到 251 家（Donald H. Dalton 和 Manuel G. Serapio，1999）。

在海外设立研发机构的企业大多是实力雄厚的跨国公司，而这些公司为了赢得激烈的市场竞争，弥补自身科技资源和某些关键学科领域竞争实力的不足，通常都将研发机构设立在具有这方面相对优势的国家和地区。到海外建立研发机构的企业不仅有发达国家的跨国公司，一些新兴工业化和发展中国家和地区的企业

也已卷入到这股洪流之中。随着跨国公司海外研发机构的增加，其雇用的科学家和工程师的人数越来越多，且增长幅度大大高于非研发部门。以德国为例，1980年原西德跨国公司在海外制造业领域中创造的工作岗位占整个公司就业人数的17.1%，1995年这一比例上升到25.1%。其中，在非研发部门中，1982年国外就业人数占其全部就业人数的9.6%；1995年这一比例仅增加到15.4%。与此相比，在研发部门中，1982年国外就业人数占其全部就业人数的24.1%；1995年这一比例又猛增到32.8%（柴进东，1999）。可见，其增长幅度已大大超过了在非研发部门中就业人数所占的比例，这也充分表明了德国跨国公司研发的国际化程度一直在不断提高。欧、美等工业发达国家的跨国公司在德国的直接投资也具有相同的发展趋势。

二、研发国际化的特征

国际化研发的扩张主要表现在以下几项特征：①国内研发活动中国外公司拥有的股份增加；②海外研发经费增加；③跨国公司建立的海外研发机构的数量增长和这些机构中成员规模的增加；④专利在海外研发活动中扮演更积极的角色；⑤科研论文出版以及其他与研发相关的跨国合作增加。除此之外，跨国公司研发国际化还表现出很强的阶段性特征。概括起来，主要包括以下四点：

1. 专利的国际化

统计资料和大量的研究表明，跨国公司海外研发机构获得的专利占其全部专利的比重正在不断上升，并已达到相当高的水平。据 Patel 和 Vega（1998）对世界500家最大的跨国公司中359家公司的考察，1992～1996年美国、日本和西欧的跨国公司海外附属公司获得的专利数占其专利总数的比重达12.6%，已高出其同期海外研发支出的比重（Patel P. 和 Keith Pavitt，1998）。欧洲一些国家，如比利时、荷兰和英国，其海外附属公司的专利比重已占到50%以上。同时他们还发现，从80年代早期到90年代中期，这些公司的海外专利数增加了2.4%，其中欧洲公司的海外专利增加最快，达3.3%，而日本公司略有下降。西欧各国间的差异很大，海外专利发展最快的是法国，这期间增加了12.9%。从主要发达国家间相互申请的专利数中可以看出其国际化的程度。

纽约科学院的报告显示，在几乎所有的OECD国家里，外国公民申请专利的数目都比十年前增长了好几倍；OECD国家的科学家和科研机构在该组织之外的国家所申请专利的数目也在不断增加（潘沐谷，1998）。另据OECD报告，从20世纪80年代中期以来，美国专利与商标办公室（USPTO）和欧洲专利办公室（EPO）接受的国际专利申请比之前增加了一倍多，如1996年USPTO和EPO批准的专利中有一半是来自外国申请的（OECD，1999）。据美国商务部的资料显示，1996 年在美国登记的专利共计约 110000 项，其中外国人发明的专利达 49000 项，占 45%（Donald H. Dalton 和 Manuel G. Serapio，1999）。80 年代以来，在美国申请专利的国家和地区由 8 个增加到 14 个，包括日本、德国、英国、韩国、中国台湾、澳大利亚、以色列、巴西、爱尔兰、中国、中国香港、新加坡、印度和马来西亚。1982 ~ 1996 年，这些国家和地区在美国申请的专利共达 428867 项之多（Abert，M. B.，2000）。而且，这些国家和地区在美国申请的专利数均有不同程度的增加，其中尤以韩国、中国、中国台湾、新加坡和印度的专利数增加最为迅速。

通常，公民或企业在国外申请的专利数与其在国内申请的专利数之比被用来衡量技术创新的扩散速度。专利国际化的发展表明，研发的创新成果在全球范围内的扩散速度正在加快。据有关资料显示，1987 ~ 1993 年，在 OECD 国家，创新扩散速度提高了 2 ~ 3 倍；在北欧各国，这一指标从 3.7 升至 11.58（潘沐谷，1998）。不过，有研究表明，早在两次世界大战期间，跨国公司已开始大量在国外注册专利（Cantwell，1995）。各国也存在很大差异，例如，与公司总部相比，法国、瑞典和德国的跨国公司子公司的注册专利相对较少（3% ~ 6%）；而比利时的跨国公司有 95% 的专利是来自国外；英国、意大利和瑞典的跨国公司处于中等水平（28% ~ 31%）；美国属中等偏下（7%）。20 世纪 70 年代以后，美国跨国公司在国外注册专利的比重逐步提高；欧洲国家普遍保持较高的比率，但在 1978 年以前其平均水平一直在下降，此后持续上升；日本公司仍将大多数创新放在国内。

更直接地，人们通常使用跨国公司海外研发分支机构的发明专利占其全部专利的比例这一指标来表示技术全球化的程度。研究发现，1991 ~ 1995 年，世界最大跨国公司在美国注册专利的 11% 是在母公司以外的国家研究获得的（UNCTAD，1999）。同期，世界主要国家的跨国公司在美国取得的专利中平均 88.7% 来源于公司母国，如果不包括日本则为 83.5%。从专利统计数量看，跨国公司研究开发的国际化程度仍不是很高，且国家之间差别较大。国际化程度最高的是英国、荷兰和比利时，超过 50% 的注册专利由母国以外的研究开发机构发明。日本最低，外国研究机构发明的专利仅占其全部专利的 11%。从动态角度看，在 1969 ~ 1972 年以及 1990 ~ 1995 年，所有跨国公司在美国注册专利中来源于非母国的比例不断上升。另外，Niosi（1997）① 通过分析 1970 ~ 1990 年的专利趋势，发现在西方七国注册专利中，除加拿大以外的国家中来自国外的比例迅速提高，表明技术国际化趋势不断加快。

---

① Niosi，J. The Globalization of Canada's R&D [J]. Management International Review，1997，37（4），pp. 387 – 404.

Bas 和 Sierra（2001）[①] 对 1988～1990 年的 345 家和 1994～1996 年的 350 家跨国公司进行了调查分析，这些公司均是在国外申请专利数量最多的。该调查发现在这 345 家和 350 家跨国公司中，分别有 15.8% 和 19.5% 的专利是在国外申请的，申请的专利数量占该期间内欧洲专利局专利注册数量的比例分别为 47.5% 和 45.6%。从数据上看，日本公司在海外发明的专利最少，不足其全部发明专利的 4%（1988～1990 年则低于 2%）；处于中等水平的包括德国（16.7%）、韩国（17.1%）和美国（17.3%）；法国、意大利、瑞士和英国处于第三等级，其海外发明专利占全部专利的比例为 23%～44%；海外发明专利水平最高的国家是瑞典和荷兰，这两个国家大约 60% 的专利都是来源于海外的研发活动。

2. 研发国际化的地理分布出现新特征

美、日、欧是全球经济最发达的地区，同时这些地区的科技水平也最高，可以为跨国公司研发活动提供技术支持[②]。因此，跨国公司一般将其研发机构设置在包括美、日、欧的“大三角”地区。这些地区跨国公司研发投资以欧美之间的相互投资为主，这一方面是由于欧美之间具有相似的文化背景，人员与技术的交流具有传统的密切关系；另一方面，欧洲经济一体化的不断推进，特别是欧盟最终实现经济、货币统一，使得欧盟内部的技术交流更为频繁[③]。

以美国的海外研发投资为例，美国跨国公司在海外的研发支出最集中的 10 个国家，除巴西和澳大利亚外，都分布在“大三角”内。1989 年美国海外研发有 85% 集中在这些国家，1997 年这一比重虽已大幅下降，但仍高达 77%。其中，美国的海外研发投资绝大部分（67%）集中在德国、英国、加拿大、法国和日本 5 个国家。从美国海外研发机构的分布来看，1997 年，186 家海外研发机构中有 150 家设在“大三角”内，占海外机构总数的 81%。海外研发机构最集中的国家是日本（45 家）、英国（27 家）、加拿大（26 家）、法国（16 家）和德国（15 家）。从美国外资研发的流入来看，也主要来自“大三角”内，尤其高度集中在瑞士、日本、英国、德国、法国、加拿大和荷兰，这些国家在美国的研发支出，占美国吸纳外资研发的 90%。80 年代中期以来，美国吸纳国外研发的数量在不断增加，但外资流入的空间格局基本上没有改变。1987～1997 年，外国公司在美国的研发支出增加了 132 亿美元，这其中大部分来自上述除加拿大以外的 6 个国家，其中尤以日本在美国的研发投资增长最快，从 1987 年的 3.07 亿美元

---

① Christian Le Bas and Christophe Sierra. Location Versus Home Country Advantages' in R&D Activities: Some Further Results on Multinationals' Locational Strategies [R]. Research Policy 1312, 2001, pp. 1－21.

② Wolfgang Keller. Geographic Location of International Technology Diffusion [R]. NBER Working paper 7509, 2000.

③ 李安方. 跨国公司研发全球化——理论、效应与中国的对策研究 [M]. 北京：人民出版社，2004.

增加到1997年的32亿美元，平均年增长速度达94%。

虽然跨国公司海外研发主要集中在发达国家和地区，但近几年有向发展中国家扩散的趋势。这一方面是由于一些发展中国家在技术上取得了很大的进步，培养了一大批具有较高技能的科研人员，有助于跨国公司进一步降低研发成本；另一方面，跨国公司之间的竞争日渐加剧，必须不断拓展海外市场，而在当地进行适应性研发活动则可以有效提升跨国公司在当地市场的竞争力。

发展中东道国在跨国公司的全球研发体系中所占的份额正在增加，但发展并不均衡。少数经济体吸引了大部分研发活动，亚洲发展中国家是最为活跃的接受地区。例如，在美国跨国公司海外子公司的研发开支中，亚洲发展中国家的份额从1994年的3%激增至2002年的10%。中国、新加坡、中国香港和马来西亚的增长尤其明显。在瑞典跨国公司的国外研发活动中，美、欧、日以外国家所占的份额增加了一倍以上，从1995年的2.5%增加到了2003年的7%。针对德国和日本的调查结果以及其他数据证实，发展中国家和一些转型经济体作为跨国公司研发活动地点，其重要性正在不断加强。

近期关于外国直接投资项目的数据也表明，研发活动正在加大力度向新地点扩张。从了解到的信息看，2002~2004年，在涉及全世界研发活动的1773个外国直接投资项目中，大多数（1095个）项目实际上是在发展中国家或东南欧实施的，仅亚洲和大洋洲发展中国家就占了近一半项目（861个）。2004~2005年，贸发会议对世界上研发活动开支比较大的公司进行了一项调查，显示出了研发活动新地点的重要性正在不断提高，所调查的跨国公司有半数以上已经在中国、印度或新加坡开展研发活动。

一项由日本国际合作银行所做的调查发现，日本公司正趋向于改变它们的研发战略，其研发活动更加国际化。该调查中所涉及的公司建立的研发基地总量在2000~2004年增长了70%，达到了310个，其中在发展中国家的研发基地增长了3倍以上，达到了134个。这种增长主要是由于日本在中国的研发机构大量增加的缘故，2000~2004年，日本在中国设立的研发机构占其全部海外研发机构的比例从7%上升到了22%。

跨国公司研发活动向发展中国家和地区扩散，表明成本和研发人员的可获得性已经在研发活动中占据重要地位。研发费用的上升，伴随着降低成本和迅速为市场提供新产品的强大压力，促使跨国公司去寻找更多的解决方法，包括加快研发速度、将非核心工作外包以及将研发活动置于具有低成本和大量科研人员的国家等。对于那些无法在母国找到足够科技人员的公司来说，这些方法显得更加重要。一项关于外国公司在印度从事研发活动情况的调查表明，对于从事传统技术的公司来说，靠近生产地和印度市场是其在印度从事研发活动的主要动机。而对于从事新技术产业的公司来说，研发人员的可利用性和低廉的研发成本则是其重点考虑的因素。[①]

3. 研发国际化的行业特征

海外研发支出占国内研发支出的比例是衡量研发全球化程度的重要指标，通常称之为研发全球化强度。不同行业间研发全球化强度的差异，可以反映一个国家研发全球化的行业结构特征。从美国海外研发支出的情况来看，1997 年，所有制造业的海外研发支出与国内研发支出的比例是 13%，全球化程度最高的行业是药品和医学（33%）、汽车及零部件（27%），从绝对支出量来看，也是这两个行业最高，其支出额均超过 37 亿美元，合计约占所有行业海外研发支出的 60%；其次是食品和饮料行业，研发全球化强度达 19.8%，但这一行业的研发支出绝对量却不高，而研发支出绝对量较高的电子电器和工业机械行业，研发的全球化程度并不高。从美国海外研发机构的设置情况来看，分布格局也大致如此，数量最多的行业是汽车及其零部件（32 家）、药品及生物技术（28 家），其次是计算机（25 家），以及化学和橡胶（23 家）。

从外国公司在美国的研发支出来看，其行业结构与美国在海外的研发支出情况并不完全一致。1997 年，外国附属公司在美国的研发支出集中在医药与生物技术、电子和工业化学三个行业，这三个行业占外国附属公司在美国研发支出的 60%。尤其是医药与生物技术行业，外国公司研发支出额高达 57 亿美元，约占同期美国境内所有公司研发支出额的一半，这说明医药和生物技术确实是研发全球化强度最高的行业。同美国公司相比，外国公司在机械工业（不包括计算机）和交通设备（航空和汽车）行业的研发支出很少。外国公司约有 16% 的研发投资分布在服务和批发等非制造行业。外国公司在研发服务业（电脑和数据处理）、财会、研究和管理服务的支出达 10 亿美元。在美国的外资研发机构中，数量最多的是医药与生物技术以及化学、橡胶与材料这两个行业，各有 116 家；其次是电子电器和计算机（包括外设和软件）行业，分别有 112 家和 96 家。

从德国的海外研发支出来看，其行业结构与美国明显不同。德国海外研发支出额最高的行业是化学工业。1995 年，德国化学工业在海外的研发支出经费高达 45 亿马克，相当于跨国公司母公司全部研发经费的 50%；电子产品支出 13 亿马克，相当于母公司全部科研经费的 15%；机器制造业支出 2.6 亿马克，相当于母公司全部科研经费的 11%（柴进东，1999）。

不同国家海外研发支出行业结构的差异，表明跨国公司海外研发投资的行业选择并没有固定的模式。如德国跨国公司之所以将海外科研开发的重点集中在化

① Reddy Prasada. Globalization of Corporate R&D: Implications for Innovation Systems in Host Countries [R]. London and New York: Routledge, 2000.

学、电子、机器制造等领域内，主要是因为这些领域一直是德国的传统优势产业，专业化技术实力雄厚，生产国际化水平比较高，具有开展跨国研发的优势。其次，跨国公司母公司在对外转移生产技术时，受世界各国产品规格与技术标准不统一的限制，必须重新进行研发，及时协调母公司生产技术与东道国实际情况不相适应的地方，而这一现象在次高技术领域表现得特别明显（柴进东，1999）。

一些文献认为，跨国公司投资海外研发的行业集中在高新技术领域（Patel P. 和 Keith Pavitt，1996；陈荣辉，1998）。但据 Patel 和 Pavit 的研究，研发的国际化程度与高新技术发展情况并不是正相关。除药品行业外（某种程度上化学工业也是如此），企业在国内从事创新活动的比重随该行业的技术强度的增加而增加。这就是说，除医药行业外，某行业的技术水平越高，则该行业在国内从事研发的比重越大。换言之，技术水平较低的行业，其研发的国际化水平较高。这里需要说明的是，Patel 和 Pavitt 在证明这一结论时用了两个指标：专利和研发强度（R&D Intensity）（Patel P. 和 Keith Pavitt，1998）。研发强度是企业研发经费投入量与企业销售收入之比。这一指标实际反映了产业的技术密集程度。一般来说，研发投入比例越高，则该行业的技术难度越大。如前所述，专利是研发的主要产出结果，在国外申请的专利数占比是反映研发国际化程度的重要指标。所以，这两个指标在一定程度上能够说明研发全球化强度与行业技术密集程度的关系。Patel 在其 1996 年以前的研究中，从公司层面上也证明了这种关系的存在（Patel，1977）。他对这一现象做了如下解释：一是因为传统产品需要改进以适应当地需求（如食品和饮料、建筑材料），或者需要将技术活动置于原材料产地（如石油、食品、饮料和建筑材料），所以这些行业的技术密集程度虽然不高，但研发的全球化程度却很高；二是由于高技术产品具有世界通用性，无须在海外设立研发机构进行产品改进以适合当地市场的需要（如民用飞机和汽车等），所以这些行业的研发全球化程度相对较弱。

4. 研发国际化具有阶段性特征

研发国际化是一个渐进的过程，有一定的规律可循。早在 1978 年，美国学者 Ronstadt① 就曾对 7 家美国跨国公司的海外研究机构进行了调查。1931 ~ 1974 年，这 7 家公司在海外共设立了 55 个研发机构。根据对这些研发机构的调查结果，Ronstadt 将美国跨国公司海外研发机构的作用划分为四种类型：①技术转移机构（Transfer Technology Units，TTU），即从总公司向海外子公司转移生产制造技术的机构，负责对海外客户提供相关的技术支持；②技术本土化机构（Indigenous Technology Units，ITU），即为供应当地市场而开发新产品的机构，这些产品

① Ronstadt. R. C. International R&D：The Establishment and Evolution of Research and Development Abroad by Seven US Multinationals［J］. Journal of International Studies，Spring – Summer 1978（9）.

都不是从母公司直接提供的新技术；③全球产品开发机构（Global Technology Units,GTU），即面向世界市场开发新产品、新技术的机构；④全公司的技术开发机构（Corporate Technology Units，CTU），即为公司整体的长远发展开展探索性和前瞻性研究的机构。

Ronstadt 指出，这四种类型的研发机构分别代表跨国公司研发国际化的四个进化过程：技术转移—技术的本土化—面向全球的技术开发—企业整体技术开发。而在他研究的这些海外研发机构中，大多数都还停留在技术转移这一初期阶段，属于高级阶段的活动很少。后来的一些学者也沿着这一思路进行了研究，得出的结论与此类似。

日本学者高桥浩夫（2000）[①] 结合日本企业的国际化发展过程，将跨国公司研发活动的国际化发展过程划分为五个阶段。

第一阶段，收集技术信息。企业国际化开始于产品出口和海外销售机构的设立，向海外市场销售其在本国开发的产品是该阶段的首要目标。与研发相关联的活动主要包括开展市场调查，了解竞争企业的技术水平，收集技术的动态信息等。

第二阶段，针对当地市场开展应用开发。跨国公司为保持其海外市场，开始向海外市场转移生产职能。当本国开发的产品或生产技术不能完全适应当地市场的需要或技术状况时，企业需要对原有产品或生产技术进行部分改良，或者开发适应当地需求的产品。当技术的复杂程度和难度均较大时，企业通常采取在生产机构内部设置相应技术部门的方式。

第三阶段，反复试验和学习技术。在此阶段，企业一般在海外设立小规模的实验研究设施。海外研究机构的主要任务不在于实施真正意义上的研发活动，而是作为承担总部技术战略的部门，担负着多种使命。

第四阶段，开发新产品。随着海外生产步入正轨，企业对当地市场的了解更加深入，为了进一步开拓当地市场，企业开始独立开发新产品。进入新产品开发阶段时，企业开始向当地研究机构投入大量的资源，研究机构的地位和作用也迅速提高，自主性明显增强。到这一阶段，跨国公司在其主要的海外市场形成从研究开发到生产销售的较为完整的价值链。

第五阶段，开展独创性研究。这是研发国际化发展的最高阶段。在这一阶段，跨国公司的海外研究机构除了产品的开发研究外，还要开展基础性研究。跨国公司从全球经营的战略高度出发，充分利用海外研究机构各自的资源优势，在公司内部构筑研发活动的国际分工，并把母国的研发机构同分布于世界各地的海

① ［日］高桥浩夫．研究开发的全球网络［M］．同文馆，2000.

外研发机构联结起来，建立互补、互动的全球创新网络。已步入这一阶段的跨国公司很少，多见于美国的少数巨型跨国公司，如 IBM、福特、GE、埃克森美孚等。

我国学者李安方（2004）的研究则将跨国公司研发国际化的发展进程划分为三个阶段。

第一阶段是 20 世纪 60 年代以前，为跨国公司研发国际化的初级阶段，或者说是研发国际化的萌芽时期。“二战”后，随着“马歇尔计划”的实施，美国的跨国公司在欧洲各国进行的研发活动有所增加。为了与美国公司相抗衡，欧洲各国的跨国公司也加大了对美国的研发投资力度。

第二阶段是 20 世纪 60 年代至 80 年代中期，为跨国公司研发国际化的发展阶段。这段时期，跨国公司研发国际化的深度和广度都获得了很大的发展。其表现在两方面：一方面，从地域范围来看，日本跨国公司开始积极参与到跨国研发活动中，一些新兴市场经济国家也吸引了部分跨国公司的研发投资；另一方面，从研发领域来看，全球科技取得了突破性进展，为跨国公司研发活动提供了更大的空间。

第三阶段是从 20 世纪 80 年代中期至今，是跨国公司研发全球化发展阶段。在这一阶段，一些跨国公司着手推行全球化的经营战略，公司开始从全球的角度出发，统一组织国内外的研发活动，并将研发投资与公司的其他经营活动结合起来，将其置于公司的全球化发展战略之中，从而使跨国公司的研发进入了一个全球化的新时代。

第二节　跨国公司在我国研发活动的现状

自 20 世纪 90 年代中期以来，许多跨国公司就在中国设立研发中心。跨国公司在我国的研发活动的迅猛发展，是跨国公司研发活动国际化因素以及中国这一特定区位因素共同作用的结果。近年来，跨国公司在我国的研发活动日趋活跃，对我国的经济建设、社会发展和科技进步的影响日益显著。

一、跨国公司在我国研发活动的发展历程

在我国进行研发投资，是跨国公司投资战略的重大调整，也是跨国公司国际直接投资的新特征、新趋势、新现象。概括来说，大致经历了以下三个发展阶段。

1. 探索和策略合作阶段

从 20 世纪 90 年代早期到中期，可称之为探索和策略合作阶段（Exploratory

and Strategic Partnerships）。此阶段的特征是外商为了进入我国市场，配合政策要求，缔结合资关系。此时的研发大多属于捐赠先进设备供训练之用，在大学内设立象征性的实验室，或从事适应当地市场的研发。

跨国公司开始在我国设立研发中心，是在20世纪90年代中期。1994年，加拿大北方电讯公司来到中国，与我国的北京邮电大学组建了“北邮—北电研究开发中心”，该中心是跨国公司在我国设立的第一家研发中心。此后，其他国家的跨国公司也积极在我国开展研发投资活动。1994年，跨国公司在我国设立研发中心的数量只有1家；1996年，已经有34家跨国公司的研发中心在我国落户。

2. 研发投资扩充阶段

20世纪90年代中期到末期，这一阶段为研发投资扩充阶段（Expansion of R&D）。一方面，我国在此时提出西部大开发政策，吸引了大批外商前来投资；另一方面，全球IT市场的蓬勃发展，以及内需市场竞争日趋激烈等因素强化了外商在中国投资研发的意愿。此时，跨国公司开始强化其研发活动，并将部分研发外包给大学，不过此时的研发仍是以开发为主，较少涉及研究。

1997年，我国制定出台了《鼓励设立中外合作合资研发中心办法》（以下简称《办法》）。该《办法》的出台与实施大大推动了跨国公司在我国的研发投资活动，各大跨国公司在我国投资研发成为一个热点。1998年，微软斥资8000万美元在北京设立的微软中国研究院，是其除英国剑桥外在海外设立的第二家全球研发机构。其后微软又在中国设立了4家机构，其中3家属于研发性质。有“蓝色巨人”之称的美国IBM公司，早在1995年就建立起IBM中国研究中心，1999年底，又在浦东建立了软件开发中心。世界第一大通信公司朗讯科技旗下的中国贝尔实验室成立于1998年，是目前中国境内最大的跨国公司研究机构。1999年冬天，朗讯科技投资900万美元在深圳设立宽带网络研发中心，成为中国最大的网络宽带研发中心。到2000年底，跨国公司在我国的设立研发中心的数量约增加到75家。

3. 研发整合阶段

20世纪90年代末期迄今，为研发整合阶段（Consolidation of R&D）。此时很多跨国公司在我国以较审慎和策略性投资的角度来从事研发布局。一方面，由于我国加入了WTO后，放宽了对外商的管制，使得很多外商将原本分散在各地的研发部门加以整合成为独资的研发部门；另一方面，外商也开始从事较高级的研发活动，虽然仍是以开发为主，但已经涉及较具战略性的产品或技术开发。

以2001年我国加入WTO为契机，跨国公司到我国建立研发机构的积极性更高。一些跨国公司在中国的研发中心规模也在不断扩大，如通用电气（GE）于2003年5月建成的GE中国研发中心现有研发人员已达1400多人，截至2009年底共申请了450多项专利。微软公司自1998年在北京成立微软中国研究院以来，先后在北京、上海和深圳设立了9个研发机构，2010年将其合并组建成立微软亚太研发集团，将亚太地区的研发中心转移到中国。英特尔公司1998年在北京创立了亚太地区第一个研究机构，并先后在北京、上海、深圳设立了4个研发分支机构，2005年9月在上海紫竹科学园区成立了英特尔亚太区研发有限公司，同样将亚太地区研发中心转移到了中国。从目前来看，跨国公司在中国的研发活动多为集成创新，因为集成创新的周期短，且多为适应中国市场需求进行的本地化开发。因而，跨国公司在我国的研发活动多集中在信息与通信软件开发等不需太长研发周期的领域。

2003年，跨国公司在我国设立研发中心的数量已增加到近300家。其后，继续以每年新建立200多家的速度增加。到2006年8月底，研发中心数量已增加到750多家。在这短短的几年间里，跨国公司在我国设立研发中心的数量从无到有，成倍翻番。2008年，国际金融危机之后，整个世界经济处于低迷状态，由于我国对外开放的力度进一步扩大，招商引资环境进一步改善，面对这样的情况，跨国公司在我国投资仍有利可图，其在我国研发投资也就出现了逆势增长的喜人局面。截至2011年底，跨国公司在我国设立的研发中心已发展到约1400家，在2006年的基础上又翻了一番。

二、跨国公司在我国研发投资的方式

跨国公司的一切活动都是服务于其全球化战略，它们通常会权衡利弊后选择对其最有利的方式在我国进行研发投资，所采取的方式是多样化的。

1. 与高校或科研机构合作

我国的高等院校、科研机构是国内研发水平较高的单位，与它们合作是跨国公司的明智选择。跨国公司在我国建立研发机构，尽可能地利用当地研究开发资源，通过项目委托、联合研究开发、建立培训中心、合资建立联合研究中心等形式，广泛开展与高校、科研机构的合作，以减少开发成本，获得广泛信息，得到最新的成果。清华大学与国外著名跨国公司成立了3个研究所、4个实验室和12个培训中心，1997年当年国际合作研究项目即达71项。IBM在中国的研究开发总机构名为中国大学合作部，除了在清华、北大成立IBM创新研究院之外，还和复旦大学、浙江大学等高校合作进行项目研究。

2. 设立研发部门

跨国公司大都是以事业部的形式管理的，每个事业部经营一类产品，事业部之间相对独立。为了使产品更适应市场需求，很多事业部在其内部设立研发部门，从事产品的技术开发和部分应用性研究。如摩托罗拉在手机部和蜂窝电话部

门下分别设立研发部门，从事具体业务的研究开发工作。为保持其产品的先进性以及使产品及时适应中国当地市场的需求，几乎所有的合资企业或独资企业都有研发部门或与企业配套的技术开发公司。这一类型的研究部门主要从事与生产密切相关的技术开发工作，实现了研发的本地化，其与跨国公司在我国设立的企业联系紧密，而与总部联系较弱。合资企业内部研发工作一般经历两个阶段：消化阶段和技术创新阶段。第一阶段主要是实现技术的本地化，将跨国公司成熟的技术根据本地市场需求特点、原材料特点等进行技术改造，实现生产的本地化。第二阶段是在国外提供的设备、技术基础上研究开发新产品，更好地满足东道国甚至国际市场的需求。经过多年的研发建设，很多跨国公司在我国设立的企业的研发部门已完成消化吸收过程，进入创新开发阶段。

3. 成立技术联盟

该类型研发是指与中国的企业合资进行研究开发活动，并在此基础上实施产品生产经营和市场营销等活动。经过多年的发展，我国有实力的企业为了增强竞争实力，大幅度提高了其科技创新能力，涌现出一批本土创新企业。跨国公司也会选择与我国的创新型企业进行合作，结成技术联盟，从而实现技术上的互补与共享。跨国公司在与中国企业合作进行研究开发的同时，成立合资企业，对研发的技术、产品直接进行市场化经营，并通过市场的反馈不断改进产品。

4. 设立独立研发中心

很多跨国公司在中国成立独立的研发中心或技术开发中心。这些研发中心一般直属于跨国公司在中国的控股公司，同时又是跨国公司全球网络的一个分支，由跨国公司总部管理。成立独资研发中心是跨国公司在中国投资的最成熟、最集中、最高级的形式，也是其在中国研发活动的核心及研发投资本地化的具体表现。作为跨国公司全球战略的重大步骤，它是由跨国公司最高领导层决策建立并由公司总部直接管理的全球研发网络的一个分支，是跨国公司在中国的核心研究力量。IBM、SUN、松下、诺基亚、宝洁、爱立信、微软等世界大型跨国公司都在我国设立了独资研发机构。这类研发机构与跨国公司总部联系紧密，但与其在中国的企业联系相对较弱，其主要任务是研究公司长期发展所需要的关键技术。世界500强企业大多选择这种投资方式。比如，甲骨文中国研发中心，是甲骨文公司全球重要的研发中心，与美国、印度研发中心是持平的。

三、跨国公司在我国研发投资的地区分布

跨国公司在我国设立的研发机构，大多分布于东部地区，尤其是上海、北京、天津、江苏、广东、浙江等经济发达省市，具有明显的区域集中现象。2004年，跨国公司在中国建立的研发中心包括：北京185家，上海140家，广东100

家，江苏 70 多家，天津 50 多家，深圳 26 家。跨国公司在北京、上海、广州、深圳等中心城市建立的研发中心，已占其在我国研发中心总数的 85%。据初步测算，2010 年环渤海地区（北京、天津、辽宁、山东）的研发机构数占全国的 30% 以上，长江三角洲地区（上海、江苏、浙江）的研发机构数占全国的 40% 以上，珠江三角洲地区（广东）的研发机构数约占全国的 10%。再具体到各省市来说，上海研发中心数量占比达 37%，居我国第一位；北京达 24%，居我国第二位；江苏达 10%，居我国第三位。紧随其后的有广东（9%）、天津（4%）、浙江（4%）、辽宁（3%）、福建（2%）和山东（2%）。同时，也有少量的跨国公司在湖北、陕西等中西部地区设立研发机构，其中湖北占 3%，陕西占 1%。

跨国公司在中国的研发中心主要集中在科研资源和基础设施较为发达的城市，并且多靠近大学和研究机构集中的地区，或集中在开发区，以享受相应的优惠政策。跨国公司较少在我国中、西部地区进行研发投资，这些地区目前现有的研发机构也多为我国研发网络的分支机构。上海是国内跨国公司最为集中的地区之一，根据“2010 外资研发中心论坛”公布的数据，截至 2010 年底，已有 316 家外资研发中心落户上海，涉及汽车、化工、电子、生物医药、机械制造等多个行业。通用电气、英特尔、埃克森美孚等国际知名企业都在上海设立了全球研发中心，层次逐步由产品本地化、应用技术研究向基础性研发、全球研发转变。在沪外资研发中心规模不断扩大，其中投资总额 1000 万美元以上的机构就达 47 家，占总数的 14.9%。引人注目的是，医药行业外资研发中心已达到 85 家，占上海外资研发中心总数的 27%。位列 2010 年度“财富 500 强”企业的 12 家全球知名制药企业中，已有 9 家在上海设立了研发中心，形成了产业研发中心群。2009 年，上海规模以上外资工业企业研发经费支出达 132.59 亿元，占全市规模以上工业企业研发经费支出总额的 55.5%。上海对跨国公司在沪设立研发中心大力鼓励，以构建更加开放的创新体系，促进创新体系的国际化。

四、跨国公司在我国研发投资的行业分布

从跨国公司研发机构的绝对数量来看，跨国公司在我国的研发投资主要集中于电子、信息、软件、化工、电气、制药、汽车等高技术行业，其中电子、信息行业集中研发机构的数量远远高于其他行业，而软件、电气、化工、制药等行业的研发机构的数量基本相当，占跨国公司在中国研发机构总数的比例达 5% ~ 10%，汽车行业的研发机构所占的比例不足 3%。从统计资料来看，在高新技术领域，跨国公司在中国的研发机构主要分布在电子及通信设备制造业、医药制造业和生物技术产业。2000 年以后三资企业科技机构增长迅速，2008 年高新技术领域中三资企业科技机构总计 933 家，比 2000 年增长近 4 倍，其中电子及通信

设备制造业中研发机构由2000年的102家增加到2008年的561家。其他领域，如航空航天器制造业在2008年也出现了3家研发机构，医疗设备及仪器仪表制造业由2000年的15家上升到2008年的96家。这种资源配置格局使得中国在短期内大幅度提升了这些领域的研发水平，但也造成了高新技术产业对跨国公司的依赖，影响了国内企业在复杂技术、技术整合和自主创新等方面的能力发展。

跨国公司主要在电子、汽车等行业进行研发投资，其原因主要有以下几个方面：第一，研发活动是一种高智力的活动，在利用外商研发投资方面，我国的技术密集型行业处于领先地位，发展潜力也较高，跨国公司更有意愿在这些行业进行研发投资。第二，跨国公司在我国的外商直接投资主要集中在电子、汽车等行业，而研发投资作为其外商直接投资的一部分，行业分布也必然与外商直接投资趋于一致，集中于电子、汽车等行业。第三，出于战略竞争的考虑，跨国公司为了能够迅速有效地应对需求变化，从而确立稳固的市场地位，竞相在我国设立研发中心。例如，软件系统开发行业的英特尔、微软，汽车及配件行业的通用、大众，通信电信行业的诺基亚、爱立信、朗讯，这些跨国公司作为竞争对手，在我国进行研发投资的时间和地区的相似性都比较强。

在发达国家与发展中国家，跨国公司研发国际化的行业分布情况是不尽一致的。Pearce（1989）和Kuemmerle（1999）指出，电子和医药行业研发活动的国际化程度相对最高。Serapio和Dalton（1999）等的研究发现，美国境内的外国研发机构中，制药业和生物行业研发机构的雇员规模最大，而信息与电子行业、生物与制药以及化学行业则是研发机构数量较多。还有一些研究（Gassmann和Zedtwitz，1999；Dalton和Serapio，1999；OECD，1998、1999）发现，一国的市场发展水平，外资公司投资与市场占有的行业特征，以及该国某些专门科研知识的供应状况等因素都会对外资研发机构的行业分布产生影响。

跨国公司在我国的研发机构之所以出现这样的行业布局，除受全球因素的影响以外，还与中国的市场区位特征以及跨国公司在华战略有关。随着近年来中国经济的持续快速增长，目前中国已经成为世界上计算机、通信、汽车等行业最重要的市场之一，跨国公司为了抢占中国市场，就近研发，不得不将其研发机构搬到中国。另外，新技术领域的技术更新比较快，对传统的技术依赖比较小，中国在这些领域具有一定的创新能力和人才优势，能为跨国公司的研发机构提供支持。

五、跨国公司在我国研发活动的主要内容

跨国公司在中国研发的重点内容仍然在应用研究、产品开发和地方化等方面，而基础性研究进行的较少。从需求方面看，跨国公司进行海外研发投资的主

要目的在于支持当地的生产和销售，而能满足这些需求的主要是应用型研究开发机构。从供给方面看，基础性研究需要大量配套研究设施和高质量的研究人员，并且基础性研究项目往往得到政府政策的支持，跨国公司轻易不会将这类研发移到国外。此外，基础性研究对企业未来的发展具有极为重要的意义，这类研究的保密性要求也很高，跨国公司往往把这类研究置于其总部附近，以便管理和控制。李蕊（2005）① 对2003年7月之前在我国设立的316家跨国公司研发机构的研究内容进行了分析，发现这些研发机构中，专门从事基础研究工作和兼做基础研究工作的研发机构共有28家，占研发机构总量的比例不足9%。截至2002年，每年新增从事基础研究的研发机构的数量为：1995年3家，1997年3家，1998年4家，1999年3家，2000年4家，2001年5家，2002年6家，具有逐年增多的趋势。

① 李蕊．跨国公司在华研发投资与中国技术跨越式发展［M］．北京：经济科学出版社，2005.

第三章 研发国际化动因

第一节 研发国际化动因的早期理论和新发展

随着跨国公司将研发活动向海外扩展，国内外学者对于跨国公司海外研发投资活动日益关注，并通过深化拓展国际直接投资的相关理论，来解释研发国际化的动因。

一、研发国际化动因的早期理论

早期的研究认为，跨国公司设立海外研发机构的动机一般是为了使产品和工艺适应当地市场。Mansfield、Teece 和 Romeo（1979）曾对美国公司在海外的研发活动进行过一项研究，结果表明“大多数公司在海外进行研发活动的主要目的是开发而不是研究，是对产品和工艺进行改进而不是开发全新的产品和工艺”[①]。Ronstadt 的研究也得出了类似的结论：美国跨国公司在国外建立研发机构就是想进行技术转移，并使得技术适应当地市场要求。

Gerybadze 和 Reger（1999）[②] 认为，传统范式下的研发国际化活动可以看成是单一的技术转化过程，即本土主要的研发基地创造出新的产品概念和新的技术知识，然后通过在国外设立研发机构，将这些新的概念和技术知识复制到国外。随着时代的发展，技术的迅速发展和竞争的不断加剧使得跨国公司需要有不止一个技术创新中心。公司希望能吸收外部知识（如本土技术创新中心吸收国外某区域的知识），并将先进的技术应用于国内。要吸收外部知识就要求跨国公司在技术先进区域设置海外机构。为了增强吸收知识的能力，跨国公司不得不在相关的

---

① Mansfield E.， Teece D. j.， Romeo A. Overseas R&D by US – based Firms ［J］. Economica，1979（46），pp. 187 – 196.

② Gerybadze A.， Reger G. Globalization of R&D：Recent Changes in the Management of Innovation in Transnational Corporations ［J］. Research Policy，1999，Volume 28，Number 2，pp. 251 – 274.

科学技术中心建立稳固的技术创新组织。同时，为尽快地对区域技术优势的动态变化做出反应，又必须在具有优势的区域设置技术创新分支机构。

自20世纪70年代末期跨国公司海外研发逐渐被人们重视以来，其海外研发的动因分析也就开始成为跨国公司研究的热点之一。跨国公司研发全球化动因的传统理论包括：需求—资源关系理论、HBE—HBA理论、研发集中—分散理论、辅助资产理论、供求因素理论、战略性研发投资理论、产品生命周期理论、内部化理论、国际生产折衷理论等。在此基础上，一些学者进行了更为深入细致的研究，总结起来，主要包括以下几种理论。

1. 需求—资源关系理论

需求—资源关系理论（简称N—R理论）是日本学者斋藤优在其1989年出版的《技术开发论——日本的技术开发与政策》一书中提出的①。斋藤优认为，企业进行技术开发时，首先有对某种技术的外部市场需求（National Need），然后企业根据外部需求利用自己拥有的资源（Resource）满足需求，进行技术创新活动。这里的资源是广义的，包括技术、资本、劳动力、原材料、机器设备等。资源能否满足市场需求是一个非常重要的问题。如果有足够的资源满足需求，那么N—R关系是不成问题的，企业就没有获取新技术进行技术创新的必要。但当资源不能满足市场需求时，就会形成瓶颈制约，N—R关系就成了关键问题。这时企业就会产生技术创新的内在要求。新技术的出现可以节约资本、劳动和原材料等。所以技术创新可使N—R关系变得平衡，从而解决了这一瓶颈制约问题。N和R是企业进行技术创新必不可少的两个因素，企业的研发活动实际上是这两个基本因素综合作用的结果。斋藤优认为，经济全球化的发展给企业的技术创新带来了很大的变化，跨国公司为了适应这些变化不得不改变原来将研发活动集中在母国的做法，于是出现了研发全球化的现象。

首先，在斋藤优的理论中，当前跨国公司进行技术创新面临的需求和资源环境发生了一些变化。一方面，从技术创新需求角度来看，科技进步使新技术、新产品的创新周期明显缩短，技术创新速度明显加快；另一方面，随着全球经济的发展，企业国际化程度不断提高，所生产的产品更多地要面向国际市场，这种全球范围内的技术创新需求，使得跨国公司必须充分利用外部研发资源，开展国际化研发活动。

其次，从研发资源来看，跨国公司进行技术创新需要越来越多的资金和技术人员。一些跨国公司由于无法在国内招募到足够的研发人才，影响了其研发创新的速度。日本本国科技人员存在极度短缺现象，为了弥补研发资源的不足，跨国

① ［日］斋藤优．技术开发论——日本的技术开发与政策［M］．北京：科学技术文献出版社，1996.

公司开始实施研发国际化的战略，在全球范围内网罗研发人员。

再次，由于当代技术的发展呈现出复合化发展态势，许多技术开发需要多学科交叉渗透。另外，现代科学技术的研发风险越来越大，跨国公司也需要在更大的范围内共担风险，因此全球范围内的研发合作逐渐成为跨国公司研发的潮流。

最后，技术条件和宏观政策的变化促进了跨国公司研发国际化的发展。一方面，信息技术的发展改变了传统的研发方式，跨国公司可以更容易地将遍布全球的研发机构组织在一起进行研发活动；另一方面，很多国家为了利用外部研发资源促进本国技术进步，纷纷采取措施鼓励跨国公司来本国设立研发机构。再加上国际知识产权合作日趋完善为跨国公司海外研发活动提供了更好的保障，从而促进了跨国公司研发国际化的发展。

2. HBE – HBA 理论

Kuemmerle（1999）① 在邓宁（1992）、Wesson（1993）和其他学者研究的基础上，将跨国公司的海外研发投资分为两类：以母国为基础的技术开发型（Home – base Exploiting，HBE）和以母国为基础的技术增长型（Home – base Augmenting，HBA）。HBE 型对外研发投资是为了更好地利用跨国公司在母国创造的技术优势，因为技术创新具有初次投入大而边际使用成本小的特点。跨国公司在海外设立研发机构，正是利用了母公司在技术创新方面的垄断优势来开展对外投资的，将母公司现有技术知识在东道国进行本地化改造后，直接用于生产，开拓国际市场。所以，影响跨国公司研发对外直接投资的主要因素是东道国的市场规模和成长潜力。HBA 型对外研发投资旨在从海外获取新的技术和知识，增强母公司的技术存量，从而提高母公司在全球竞争中的国际竞争力。Kuemmerle 对医药业和电子业中最大的 32 家跨国公司进行了调查，发现这 32 家公司共在海外建立了 156 个研发分支机构，平均每家有 4.9 个。其中，有 118 个研发分支机构（占总数的 76%）位于 5 个国家：美国 48 家，英国 24 家，日本 19 家，德国 14 家，法国 13 家。全部样本共分布于 19 个东道国。事实表明，跨国公司研发机构的对外直接投资主要是在发达国家之间进行的。即使跨国公司在其他经济不发达国家设立有研发分支机构，一般属于例外情况，或者东道国具有特殊的要素禀赋或东道国政府给予了补助，或者东道国具有较大的市场潜力，或者跨国公司迫于东道国的政治压力。研究还表明，HBA 机构建立的时间平均比 HBE 短 3.6 年，也就是说，跨国公司在海外进行 HBA 的投资之前，常常是首先利用国内的技术优势。

在其研究基础上，Kuemmerle 总结了两种类型海外研发投资的侧重点，他认

① Walter Kuemmerle. The Drivers of Foreign Direct Investment into Research and Development: An Empirical Invstigation [J]. Journal of International Business Studies, 1999, Vol. 30.

为，HBE 型海外研发投资主要强调：①产品的区位适应；②产品的多样化生产；③工艺技术的区位适应。而 HBA 型海外研发投资强调：①创造核心产品；②支援核心产品；③工艺创造。近年来，技术增长型对外直接投资在跨国公司对外直接投资总额中所占比例有增大的趋势，这与近来其他研究学者的研究发现相一致（Florida，1997；Hakanson 和 Nobel，1993）。

3. 研发集中—分散理论

许多学者提出了不同的模型来对海外研发机构的动机和区位选择进行说明。如 Pearce（1989）[①] 将跨国公司从事海外研发的影响力区分为离心力和向心力两种力量。按照 Pearce 的解释，离心力是指那些将研发拉向边缘地带的因素，相反，向心力是指那些促使将研发集中安排在一个主导实验室的因素。Granstrand、Hakanson 和 Sjolander（1992）[②] 将影响跨国公司研发国际化的因素分为驱动因素与阻止因素。驱动因素是一种离心力，推动企业的研发机构趋于分散化，具体包括：支持当地生产、满足当地消费者的生产需求、获得国外先进科学技术、降低研发人力成本、东道国政府政策影响及重要的国外收购行为。阻止因素是一种向心力，吸引跨国公司的研究机构趋于集中与聚合，包括：严格控制与监督研发活动、降低协调及通信成本和母国政策影响等。跨国公司在制定研发战略时，需比较两种因素的平衡力量。

Cheng 和 Bolon（1993）[③] 分析了各种与研发国际化有关的条件、动机和环境因素。跨国公司在海外进行研发投资的条件包括使得海外研发投资成为可能或者在经济上合理的内部因素或者外部因素；研发海外投资的动机反映了公司渴望从海外研发活动中取得的利益；环境因素反映了促成公司开展海外研发直接投资活动的内部和外部因素。同时，该研究指出了一些促使跨国公司实行研发分散化策略的理由：①向海外生产性子公司转移技术通常需要对基本的设计做一定程度的适应性调整；②利用东道国的研发资源需要跨国公司建立或者收购海外研发机构；③新产品、辅助性产品或者更先进的产品将吸引跨国公司收购当地的公司；④研发活动贴近海外市场可以使公司更好地利用当地资源；⑤可以更好地服务于当地市场；⑥东道国提供了比母国更有利的优惠措施，吸引跨国公司在当地进行研发投资；⑦一些重要海外市场中的东道国政府、跨国公司子公司和消费者的压

---

① R. Pearce. The Internationalization of Research and Development by Multinational Enterprises [M]. St Martin's Press, New York, 1989.

② Ove Granstrand, Lars Hakanson, Soren Sjolander. Internationalization and Diversification of Multitechnology Corporation [J]. In Ove Granstrand, Lars Hakanson, Soren Sjolander (Ed) Techonlogy Management and International Businesss: Internationalization of R&D and Technology [M]. John Wiley & Sons, 1992.

③ Joseph L. C. Cheng, Douglas S. Bolon. The Management of Multinational R&D: A Neglected Topic in International Business Research [J]. Journal of International Business Studies, 1993, 24 (1), pp. 1-18.

力促使跨国公司在海外建立研发机构。

4. 辅助资产理论

Serapio（1997）[①] 将 Teece（1986）的辅助资产理论用于跨国公司海外研发投资的动机分析，认为 ·些跨国公司进行海外研发投资主要是为了保证公司内部关键性资产的安全。例如，一些公司是为了利用海外研发基地的基础研究专门技能来增强自身的基础研发能力；而另一些公司通过投资于海外的应用或者开发设施来弥补自身在基础研究方面的不足；还有一些公司从事海外加工技术的研发以便增强产品的专业化程度。Serapio 认为辅助资产对跨国公司的海外生产和经营活动至关重要，跨国公司的海外经营或者技术转移，常常需要公司根据当地市场情况进行适应性技术开发，部分产品要求重新设计或工艺改造，这就需要跨国公司在海外建立研发机构以支持海外生产或经营。针对许多跨国公司建立海外多区位研发机构，并将各区位机构并入全球一体化研究与开发网络的行为，辅助资产理论解释为：公司产品或创新的关键技术资产可能分布于国外多个研究机构，先进技术的创新需在国外多个研究区位同时进行；跨国公司为了能从辅助技术的研发中获得最大收益，将在国外拥有先进技术的区位设立研发分支机构，并将所有这些研究机构纳入研发的全球化网络。

5. 供求因素理论

从供求因素出发，对研发国际化的动机进行研究，是动机研究领域的主流。供求因素理论主要从技术创新国际化活动的供给和需求方面来解释海外研发活动的动机。研发国际化动因的需求方面因素，主要指企业在东道国的生产经营活动对技术创新投资的需求，即将研发吸引到东道国的各种因素；研发国际化动因的供给方面因素，指外国技术创新活动的要素以及成果的供给情况对企业海外技术创新活动的影响。

Hakanson（1993）[②] 通过对瑞典跨国公司的海外研发活动情况进行研究，认为瑞典跨国公司的海外研发主要是由需求因素拉动的，例如扩大市场潜力或适应当地市场。从需求方面看，Hakanson 认为瑞典跨国公司研发国际化的主要动机为：①为海外子公司提供技术支持；②适应当地市场条件，对企业的产品和工艺进行技术改造等。从供给方面看，Hakanson 认为瑞典跨国公司研发国际化主要是为了利用国外的技术资源。

---

① M. Serapio. Macro – micro Analysis of Japanese Direct R&D Investment in the U. S. [J]. Management International Review, 1997 (33) pp. 209 – 225.

② Lars Hakanson and Robert Nobel. Determinants of Foreign R&D in Swedish Multinationals [J]. Research Policy, 1993 (22), pp. 397 – 411.

Dalton 和 Serapio（1999）① 对在美国的外国研发机构和美国跨国公司的海外研发活动进行了调查研究，总结了 20 世纪末美国跨国公司海外研发活动的动机，并将其分为需求驱动型和供给导向型两类。需求驱动型包括将美国研发活动吸引到东道国的各种因素，主要包括：设计开发适合于当地市场的产品，为当地市场开发新产品，支持母公司在东道国的生产、销售或服务机构等。供给导向型的动因包括推动美国公司到海外进行研发活动的一系列因素，主要包括：挖掘研发人才，发展新科学和新技术，为全球性的客户群开发新产品，监测国外技术发展，参与合资或合作研究等。他们的研究还证明，不同产业的海外研发活动的动机存在差异。例如，电子产业跨国公司在美国从事研发活动的主要动机是获取美国技术以满足美国顾客的需求；生物工程产业则以获取技术、跟踪技术发展和利用美国有利的研究环境为主要目的。

6. 战略性研发投资理论

战略性研发投资理论实际上是战略性对外投资理论在跨国公司海外研发投资方面的应用，是在海—金的垄断优势理论和尼克博克（Frederick T. Knickerbocker）的寡占反应论（Oligopolistic Reaction Theory）的基础上发展起来的。该理论认为，在全球化时代，跨国公司对外投资的目的已经不再局限于获取当前最大利润，而更多的是为了建立企业长期的"战略优势"。跨国公司进行海外研发投资是从全球战略竞争的角度，在充分考虑竞争对手的战略反应的情况下做出的战略性投资选择。1995 年，凡格勒斯（Reinhilde Veugelers）建立了一个博弈论模型，分析了寡占企业对外投资的战略性动机，该理论可以用来解释跨国公司的研发全球化现象。研发全球化实际上反映出跨国公司进行国际竞争的两个重要战略变量：一是跨国公司全球经营活动的内部整合优势，即跨国公司将其研发活动在不同地区进行布局，以获得最佳的整合优势；二是跨国公司与外部的协调态势，即跨国公司对外部环境的战略反应以及经营活动的协调程度。研发全球化是上述两个变量共同作用的结果。

7. 产品生命周期理论

哈佛大学教授弗农（Vernon，1966）根据产品生命周期的变更，认为跨国公司的国际投资是产品或产业生命周期特定阶段演进的结果。Pearce（1989）② 根据产品生命周期理论模型，认为跨国公司的海外研发是根据跨国公司的总体占领，在技术生命周期的后期阶段伴随着生产性分支机构的海外转移进行的。海外

---

① Donald H. Dalton and Manuel G. Serapio. Globalizing Industrial Research and Development [R]. U. S. Department of Commerce, Technology Administration Office of Technology Policy, 1999.

② Pearce R. The Internationalization of Research and Development by Multinational Enterprise [M]. NY: St. Martin's Press, 1989.

研发分支机构的主要职能是转移技术，帮助子公司开展生产经营，海外研发的主要潜在职能是对不同国家的研发分支机构加以协调，同时获得东道国的创新技术。Cantwell（1995）[①] 则认为产品生命周期模型并不适合解释跨国公司的研发投资，当前跨国公司研发国际化实际上是发达国家之间的技术专业化。在地理空间上表现为，研发投资向少数几个拥有良好创新环境和传统技术优势的国际技术创新中心集中。

8. 内部化理论

Buckley 和 Casson（1976）首次从交易成本的角度来解释跨国公司的对外投资动机，提出了内部化理论。内部化理论不同于以往从寡占市场结构角度研究发达国家海外投资的动机，首次从公司层面研究国际投资的动机。作者认为企业的研发活动具有初期投入大、风险高而收益不确定的特点，并且研发的产品和技术又很难通过市场进行定价。跨国公司为了更好地利用技术优势，一种选择就是通过内部化的方法，向海外进行研发投资，在当地设立研发机构，将自己的研究成果用于产品的生产和销售。因此，研发国际化实际上是跨国公司技术内部化的一种表现，通过将研发活动的内部化，使其能够保持技术领先优势，享受研发的最大收益（刘云，2007）[②]。

9. 国际生产折衷理论

Dunning（1996）[③] 提出了国际生产折衷理论用来解释发达国家跨国公司的海外投资。他认为企业在进行对外直接投资时必须具有三个优势：所有权优势（Ownership Advantage）、内部化优势（Internalization Advantage）和区位优势（Locational Advantage），也被称为"OLI"模型。所有权优势主要包括技术优势、企业规模优势、组织管理优势和融资能力优势四个方面，其中技术优势最重要，广义上是指生产工艺、专利、专有技术、管理组织技术、销售技能、研发能力等方面。作者认为当跨国公司认为自己具有一定的所有权优势，希望通过对海外的内部化研发活动获得理想收益时，就会从事海外研发投资，这样能加强公司业已存在的优势，有利于公司保持和加强竞争地位。跨国公司的海外研发投资是为了承担以下职能：①产品、原材料或生产工艺的适应性改进；②进行基础材料或新产品的研发；③生产研发的合理化或成本最小化；④了解和监视国外技术能力的发展变化。发达国家跨国公司在发展中国家设立的研发机构主要是市场导向型

① Cantwell J. The Globalization of Technology: What Remains of the Product Cycle Model? [A]. In: Archibugi, D., Michie, J. (Eds), Technology Globalization and Economic Performance [C]. Cambridge University Press, Cambridge, 1997, pp. 215－240.

② 刘云. 跨国公司技术创新研发国际化的组织模式及影响［M］. 北京：科学出版社，2007.

③ Dunning, J. H. The Geographical Sources of Competitiveness of Firms: The Results of a New Survey [J]. Transnational Corporations, 1996, 5 (3), December: 1－30.

的，以技术本地化为目标，针对东道国市场开发新技术、新产品以占领市场。而其在新兴工业化国家的研发投资则主要是为了利用这些国家低成本的科技人力资源，属于资源导向型研发投资。发达国家之间的相互投资则为效率导向型研发投资，相互利用对方的研发设施和技术基础，从技术专业化中受益，形成国际性的技术创新中心。

二、研发国际化的影响因素

跨国公司要进行研发国际化，一般会考虑以下几点因素：东道国生产的规模与特性、东道国的资源、东道国的政策环境等。

1. 东道国生产的规模与特性

许多研究表明，跨国公司在东道国从事研发活动的程度与其市场渗透程度有关。如 Mansfield 等（1979）、Lall（1980）、Hirschey 和 Caves（1981），以及 Pearce（1989）均通过对美国公司的研究，证明了海外附属公司的生产是跨国公司投资海外研发最主要的驱动因素。这是因为 FDI 在一国经济中的渗透程度综合反映了该国的投资环境状况。可以这样认为，对跨国公司 FDI 有吸引力的国家同样对其研发活动具有较大的吸引力。所以，可以设定，海外研发活动与跨国公司在东道国经济中的参与程度呈正相关关系。

从研究活动的规模经济看，东道国的市场规模会对研发机构的设立产生重要影响。因为较大的市场规模意味着跨国公司有可能在此进行较大规模的直接投资，为了支撑其在当地的附属生产公司，区域性研发机构通常会紧随公司的主要市场建立起来。所以，如果其他因素不变，在市场较大的国家运营的附属公司应该有更好的机会建立研发机构。Zejan（1990）和 Hakanson（1992）通过对瑞士跨国公司的研究均发现市场规模对研发区位决策具有重要决定作用。所以，可以肯定，由一国国民经济所决定的市场规模会增加其对海外研发活动的吸引力。

附属公司的市场导向会对当地的海外研发活动产生重要影响。一个完全服务于当地市场的附属公司与生产全球产品的附属公司对技术投入的需求是不一样的。为当地市场服务的附属公司可以根据当地实际情况进行进一步研究开发，因为附属公司是按既定的设计进行生产，因而不需要大量的研发投入。为区域市场和全球市场生产的海外附属公司则需要在当地建立研发机构。Hirschey 和 Caves（1981）通过产业层面的研究发现，出口到非美国市场的生产目的对海外研发活动的影响尤其重要。所以，可以预料，附属公司在一个国家从事研发活动的强度与其在当地市场（东道国）销售的比例和出口到非母国市场的比例呈正相关，而与出口到母国市场的比例无关。

技术密集程度较高的附属公司一般比其他公司需要更多的研发投入。所以，如果其他条件不变，在东道国的附属公司生产经营获得的技术密集程度越高，则东道国对跨国公司研发投资的吸引力越大。

2. 东道国的资源

有相当一部分跨国公司的海外研发活动是为了从东道国正在从事的研究中获取技术外溢，以及享受东道国现有的技术设施和资源。跨国公司的研发活动高度集中于少数技术发达国家的事实正好证明了这一假设。因而，如果其他条件不变，技术效能较高的国家更有可能吸引跨国公司的研发活动。

一部分跨国公司到海外开展研发活动是为了减少研究开发成本，所以，合理的区位应该是能够持续供给训练有素的低成本技术员工的地区。所以，如果其他条件相同，从事研发活动工资成本较低的国家有可能吸引较多跨国公司的研发活动。

研发活动需要与公司内部不同区位的生产和研发机构进行不断的交流。所以，适当的通信设施是一个国家吸引跨国公司研发投资的基本条件。但是，基础设施的便利与否与研发活动的发展程度不是线性和连续的关系，只能说，良好的通信设施会对跨国公司的研发投资产生正面影响。

3. 东道国的政策环境

在一些文献中，关于知识产权保护对一国 FDI 流量的影响存在许多争议（Frischtak，1989；Ferrantino，1993；Mansfield，1994）。研发活动的直接产品是知识产品，需要有良好的知识产权保护法予以保护，跨国公司绝不会将其关键性的研发机构设立在那些缺乏知识产权保护的国家。所以，一国对知识产权保护的程度便成为跨国公司海外研发活动的重要影响因素。另外，如果海外研发活动是面向当地市场或者为跨国公司在当地的生产提供辅助支撑，而不是进行新产品开发，则知识产权法对海外研发活动的区位选择就没有太多的意义。所以，知识产权保护对研发活动区位选择的影响力取决于研发活动的行为类型。

税收政策也是跨国公司在海外进行研发活动需要考虑的一个重要因素。一些国家为了鼓励国内外企业的创新活动，在税收方面制定了一系列优惠政策。这些优惠政策有助于降低企业的研发成本，因此在其他基本条件具备的情况下，该项政策措施对跨国公司吸引力较大。特别是一些发展中国家，为了吸引国外投资，设立了一些经济特区，在税收方面给外资企业比国内企业更多的优惠。这也是近些年跨国公司开始在一些发展中国家进行研发活动的一个重要原因。

三、跨国公司研发国际化动因理论的新发展

Edler 等做了一项研究，以美国、欧洲和日本的 200 多家跨国公司为调查对

象，分析了研发国际化的九个原因（Edler 等，2002）①。对于这些样本企业来说，研发国际化三个最重要的动机包括：在当地市场应用国外的技术，接近高技术研究人员，了解国外市场和顾客；四个中等重要程度的动机包括：利用国外企业的成熟技术，跟踪国外的技术，支持本地化生产和遵从当地市场进入的规则及压力；两个重要性最低的动机包括利用东道国的公共研发资源和避开母国不合适的研发环境。

Fisch、Jones 和 Teegen 在研究中分别发现，一般情况下当跨国界的信息传输和沟通成本较高时，跨国公司更愿意将研发活动限制在母国内进行。这些成本会由于地理、经济、文化和语言上存在的差距而升高（Fisch，2003；Jones 和 Teegen，2001）。他们还发现，当跨国公司想对其创新过程和结果保持更大的控制权时，它们就不愿在国外设立研发中心。另外，由于存在技术"漏出"的风险，跨国公司也不愿在知识产权保护不完善的地方从事研发活动。企业的规模和产业结构也会对跨国公司在国外的研发活动产生影响。规模大的跨国公司有更多分布广泛的机构和更多的经验与组织技术，因此建立海外研发机构相对更容易。而小公司则缺乏建立和管理分散的研发体系的组织资源。

Reddy（2000）根据年代的不同，从企业的角度提出了四项影响研发国际化的因素（见表 3.1）。

表 3.1　研发国际化的驱动因素

	20 世纪 70 年代	20 世纪 80 年代和 90 年代
需求因素	1. 了解、学习世界新趋势，夺取海外市场 2. 技术转移海外，有效降低生产成本	1. 了解、学习世界新趋势 2. 多方面搜寻技术投入资源
供给因素	1. 大型的当地市场 2. 接近生产企业	1. 资讯、通信技术的改进 2. 新技术的弹性允许制造业研发分离 3. 东道国具有比较优势
外部因素		1. 经济全球化、自由化 2. 消费者偏好具有同质性 3. 区域市场的兴起 4. 新技术的科学基础
内部因素		企业组织运作合理化使子公司更加专业化

资料来源：P. Reddy. Globalization of Corporate R&D：Implications for Innovation Systems in Host Countries，Routledge：London，2000.

---

① Edler，Jakob，Frieder Meyer－Krahmer and Guido Reger. Changes in the Strategic Management of Technology：Results of a Global Benchmark Survey［J］. R&D Management，2002，32（2），pp. 149－164.

Yasuyuki 和 Satoshi （2005）[①] 将跨国公司的海外研发活动区分为两类：创新性（Innovative）研发活动和应用性（Adaptive）研发活动。前者是为利用和获得母国不具备的国外高科技知识，后者是为了使现存的技术和产品能够适应东道国的当地条件。这两种类型的研发在性质上存在较大的差异，因此它们的决定因素也不同。创新性研发更可能选择在高技术水平国家进行，相反，应用性海外研发则不太关注技术水平而更关注东道国的市场大小。他们的研究发现，这两种类型的研发之间存在着很大的差异。首先，创新性研发的规模和东道国的全要素生产率（TFP）是正相关的，而应用性研发则与全要素水平无关。其次，海外创新性研发和在母国的创新性研发一样，可以促进母国的全要素生产率增长，而海外应用性研发则对母国的全要素生产率没有影响。最后，海外分支机构的创新性研发活动没有促进分支机构自身的全要素增长，而海外应用性研发则对此有积极的影响。这些结果显示，跨国公司的海外创新性研发主要着眼于国外高技术知识的利用，通过引入国外知识来帮助母公司提升生产能力；与之相反，跨国公司海外应用性研发的主要目的则是通过利用母公司而不是东道国的知识来提升跨国公司在东道国的生产能力。其他一些学者的研究也发现，以支持国外生产和适应当地技术条件为目的的应用性研究仍旧是跨国研发的主要形式，即使是现在，以适应当地条件为目的的研发仍然在跨国公司海外研发中占主要地位（Edler 等，2002；Roberts，2001；Ambos，2005）。但是，这种适应性研发也只有在一定的条件下才能适用（Voelker 和 Stead，1999）[②]。如东道国经济必须与跨国公司母国的经济存在足够的差异；经营规模必须足够大（国内市场广大或生产是以出口为主要目的）；东道国必须拥有必需的人力资源和制度框架等。

跨国公司将海外研发机构设置于那些存在集中性大城市的国家的另外一个重要原因，是进行技术外包和监测。这些城市和地区能够作为监测前哨服务于跨国公司追踪新技术发展的目的（Cantwell 和 Janne，1999；Kuemmerle，1999；Patel 和 Vega，1999；Roberts，2001；Le Bas 和 Sierra，2002）。这些研发国际化行为是为了增加母公司的技术资产，因此许多电子和信息技术企业将研发机构建立在硅

① Yasuyuki Todo and Satoshi Shimizutani. Overseas R&D Activities by Japanese Multinational Enterprises: Causes, Impacts, and Interactions with Parent Firms ［J］. ESRI Discussion Paper Series, 2005 (132).

② Rainer Voelker, Richard Stead. New Technologies and International Locational Choice for Research and Development Units: Evidence from Europe ［J］. Technology Analysis & Strategic Management, 1999, 11 (2), pp. 199 – 209.

谷，而制药企业将研发机构聚集在波士顿周围。根据 Von Zedtwitz（2005）① 的调查，技术外包和监测也成为了发展中国家企业研发国际化的一个重要驱动因素。

Gynthia Hardy 等（2003）用三种国际合作效应来概括跨国公司研发国际化的动因②。其一是战略效应，即通过转移或分享资源来增强发展企业能力的潜力，尤其是转移或分享某一地区所特有的对企业竞争优势最具价值的资源。战略效应涉及国际研发的多种活动，如转移、分享某一地区特有的资源和知识，利用该地区资源发展企业的知识和全球化能力，获得销售渠道，熟悉和了解新的区域市场等。其二是知识创造效应，合作创新除了有助于知识的转移和学习外，更重要的是能够推动知识的创造。一个企业的合作联系越广泛，合作伙伴的差异性越大，它就越有可能产生新的知识。国际研发在全球范围内扩展了组织的学习和联系，因此其知识创造的效应也更明显。其三是政治效应，指企业在合作关系中与其他企业的相互作用与影响。政治效应与植根性有关，对跨国公司而言，它在某一区域或市场中的植根性程度越高，则其产生的政治效应也越大。为此，跨国公司通过国际研发与当地有关机构进行合作，加强产品对当地的适应性，以及招聘本地化人才等措施，内在地提高了产品及企业在当地的植根性，从而扩大对当地企业和市场的影响，增强其在当地的竞争力。

第二节 跨国公司研发国际化动因的模型分析

大多数关于跨国公司研发国际化动因的研究一般采取调查分析的方法，对其进行经验分析和总结，找出内在规律（Hirschey 和 Caves，1981；Pearce，1989；Hakanson，1992；Roberts，2001；Fisch，2003），而以理论模型方法进行分析的文献则很少。实际上，运用模型对动因进行分析一方面有助于对经验研究进行理论说明，另一方面也有利于从动态的角度理解研发国际化的动因。

本书利用 Sanna－Randaccio 和 Veugelers（2001）③ 的一个理论模型，对研发国际化的动因进行了进一步的说明。在该模型里，跨国公司在赋予其分支机构在

① Von Zedtwitz 以中国汽车制造企业——东风发动机为例，说明了这一问题。东风发动机为靠近其主要竞争者及其技术基地在美国、德国、英国和法国都建立了监测点。详见 Von Zedtwitz，Maximilian. International R&D Strategies in Companies from Developing Countries－the Case of China. Paper Presented at the UNCTAD Expert Meeting on the Impact of FDI on Development，Geneva，2005，24－26 January.

② Gynthia Hardy，Ndson Phillips and Thomas B. Lawrence. Resources，Knowledge and Influence：The Organizational Effects of Interorganizational Collaboration［J］. Journal of Management Studies，40：2 March 2003.

③ Sanna－Randaccio F. and R. Veugelers. Multinational Knowledge Spillovers with Centralized Versus Decentralized R&D：A Game Theoretic Approach［C］. CEPR Discussion Paper No. 3151，2001.

创新方面一个积极的角色时，要面对一个协调问题，即研发活动的组织形式是分散的还是集中的。分散化的研发活动使用分支机构专有的知识，解决了集中性创新活动还需要适应当地市场的问题。另外，研发分支机构可以被用来吸收当地可用的外部专有知识。但是，为从这些区位的专有知识中获益，跨国公司必须组织当地专有知识向内转移。同时，研发活动向分支机构的分散使得跨国公司要面对一些挑战，如非法窃取核心技术知识，以及阻止有价值的知识溢出到国外竞争者手中等。因为研发活动的分散化对公司内技术转移和公司间技术溢出都有影响，所以国外分支机构和当地竞争者之间的战略性互动就可能会产生一个均衡结果。这个模型将内部和外部溢出纳入一个博弈论框架中，并且使用外部溢出这一概念，将吸收能力加入该模型。分析结果显示，对于海外研发来说，很强的当地知识基础既有正面影响也有负面影响，并指出了管理内外部知识溢出对增加研发分散化的收益起着重要的作用。模型还说明，东道国产品市场竞争的强度是非常重要的，特别是在决定外溢成本时尤其如此。

一、基本模型

经验证据表明研发国际化已经成为一个重要的趋势。Francesca 和 Reinhilde（2001）的模型以经验研究为基础，假定跨国公司的分支机构所在的国家具有当地的知识基础，且公司内和公司外的知识转移是互惠的。模型假设两个国家（国家 1 和国家 2），国家 1 是一个跨国公司（厂商 1）的母国，该跨国公司在母国市场上是垄断者，且控制着位于国家 2 的分支机构的生产活动，在国家 2 内还有一个当地生产者（厂商 2）存在。跨国公司要决定是否将其研发活动分散到分支机构。

内部和外部的知识流动取决于跨国公司是否进行研发活动分散化。当跨国公司的国外生产厂积极从事研发活动时，就会形成与当地竞争者之间互惠的外部知识流动。也就是说，跨国公司分散化研发机构将从当地市场吸收知识，但同时当地竞争者也从该研发机构吸收知识①。在集中化的形式下不存在外部知识流动，即跨国公司没有知识溢出到当地厂商，同时跨国公司也不能从当地获取知识。在集中化的形式下，内部知识从母国到分支机构单向流动，而在分散化形式下，内部知识流动则是双向的。

---

① 李安方（2004）建立了一个关于跨国公司研发投资动机的博弈模型，用来分析跨国公司在发展中东道国研发投资模式的选择。该模型假设跨国公司的技术高于东道国企业，因此不发生东道国企业向跨国公司的技术扩散效应。事实上，这种假定是不合理的，能否从东道国获得技术外溢是跨国公司选择研发区位的一个重要影响因素，这从本书的第四章实证分析中也能得到验证。实证分析表明，跨国公司利用国内企业的技术外溢，强化了自身的创新能力。本书的模型认为跨国公司与东道国企业之间存在着双向的技术外溢，因此更符合现实。

模型用两阶段博弈来分析跨国公司研发的分散化决策。在第一阶段，厂商 1（跨国公司）进行研发区位的选择，考虑其区位选择对自身和竞争对手的产量的影响。在第二阶段，分支机构和当地生产者进行古诺竞争，同时决定在国家 2 生产和销售多少产品，母公司作为一个垄断者则选择其在国家 1 的销售量。

1. 自有研发资源和内外部研发溢出

跨国公司和当地厂商都从事产品创新。在短期内，假设每个厂商用于研发的全部资源是固定的。因此，用 $\bar{x}_m$ 和 $\bar{x}_l$ 来代表跨国公司和当地生产者各自给定水平的自有研发资源。因为当地生产者只在其母国市场进行生产和创新活动，跨国公司必须决定是否分散其研发活动。

$$\hat{x}_m^c = \hat{x}_m^d = \bar{x}_m \tag{3.1}$$

$$\hat{x}_l^c = \hat{x}_l^d = \bar{x}_l \tag{3.2}$$

式中，上标 c 代表研发集中，d 代表研发分散。注意：不仅每个厂商的研发资源是固定的，而且在集中或分散的情况下假定全部研发资源都是相同的。

尽管跨国公司的研发资源在企业的水平上是固定的，但母公司和分支机构各自可利用的研发资源会因为跨国公司研发区位选择的不同而有所差异。跨国公司可以将其全部研发资源 $\bar{x}_m$ 放在国家 1 内，这是研发集中的情况。另外，跨国公司也可以将 α 比例的研发资源放在国家 2，分配给其分支机构一项创新任务，这是研发分散化的情况。因此，在研发集中化情况下，母公司和分支机构的自有研发资源为：

$$\hat{x}_p^c = \bar{x}_m \tag{3.3}$$

$$\hat{x}_s^c = 0 \tag{3.4}$$

而在研发分散化的情况下有：

$$\hat{x}_p^d = (1-\alpha)\ \bar{x}_m \tag{3.5}$$

$$\hat{x}_s^d = \alpha \bar{x}_m \tag{3.6}$$

每个工厂能够用来进行生产创新的全部有效知识，不仅包括自有的研发资源，而且还包括同一企业内的其他工厂，或其他企业工厂的研发资源。至于分支机构和母公司之间的内部技术转移，假定跨国公司在每个市场产生的知识都可以被转移到另一单位，参数 β^{Ip} 代表母公司生产的转移到分支机构的知识份额，参数 β^{Is} 代表分支机构生产的转移到母公司的知识份额（见图 3.1）。这些内部转移是不完全的，因为知识转移是有成本的，而且双方对转移来的知识进行适应也需要成本。因此有：

$$\beta^I \leqslant 1 \tag{3.7}$$

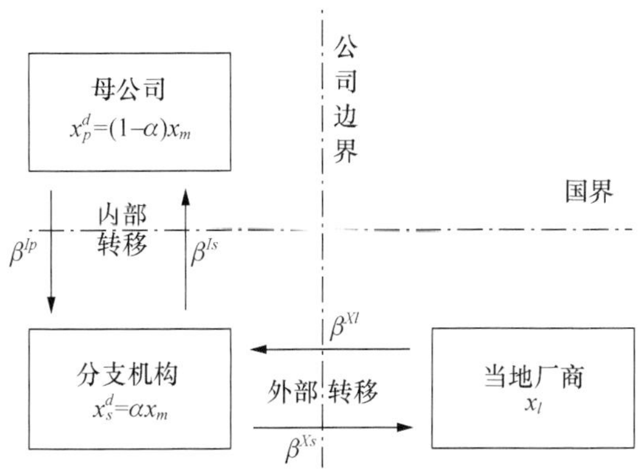

图 3.1 分散研发情况下的内外部知识溢出

参数 β^{Ip} 反映了将在母国实验室生产的知识应用到东道国市场环境所产生的成本，其值小于1。产生这些成本的原因是母国的产品和工艺需要被修改以满足东道国的要求。母国和国外市场的差异越大，适应的需求就越大，也就是说，β^{Ip} 将越小。

跨国公司和当地竞争者之间也存在外部知识转移。假设只有研发活动在空间上接近时，才会存在知识的扩散和传播，这意味着只有当跨国公司决定将其研发活动分散化时，才会与当地竞争者之间存在外部知识溢出，且这种溢出是双向的。一方面，研发分散化使得跨国公司吸收当地知识成为可能，这是向内的溢出 β^{Xl}；另一方面，跨国公司将研发资源投放于当地市场，有助于这些资源向当地竞争者扩散，这是向外的溢出 β^{Xs}。

$$\beta^{X}>0 \qquad \text{如果 } \alpha>0 \tag{3.8}$$

当地化溢出的假设进一步说明，即使 $\alpha>0$，国家 1 中的知识资源，即 $\hat{x}_p^d=(1-\alpha)\ \bar{x}_m$，也不会无意识地传播到当地的厂商。只有分散的研发资源才有可能溢出，这说明，跨国公司通过其研发分散化决策能够影响知识向当地生产者的流动。

另外，该模型还解释了一种现实情况，即事实上外部溢出与当地知识基础的整合程度取决于接收者的吸收能力，而自有研发资源服务于厂商的吸收能力。因此，跨国公司分支机构从当地厂商那里获得的外部溢出为 $(\beta^{Xl}\alpha\bar{x}_m)\bar{x}_l$，这说明跨国公司通过分散研发资源的数量对于向内的外部溢出的影响程度。相似地，当地厂商获得的外部溢出为 $X_s^c=\beta^{Ip}\bar{x}_m$，这说明当地竞争者的研发基础越强，则来自于跨国公司分支机构的外部溢出对当地厂商的影响越大。这里需要做出一些限制，即 $\beta^{Xl}\alpha\bar{x}_m\leqslant1$ 且 $\beta^{Xs}\bar{x}_l\leqslant1$。

根据前面的假设，可以对每个公司的有效知识基础的特点进行概括。这种有效的知识基础，整合了自我研发资源以及通过内外部溢出获得的知识，它与厂商在无法获得溢出条件下为得到相同的研发产出而必须投入的研发资源相等。在研发集中的情况下，跨国公司母国、分支机构和当地厂商的有效知识基础分别为：

$$X_p^c = \bar{x}_m \tag{3.9}$$

$$X_s^c = \beta^{Ip}\bar{x}_m \tag{3.10}$$

$$X_l^c = \bar{x}_l \tag{3.11}$$

在研发分散的情况下，各自的有效知识基础则为：

$$X_p^d = (1-\alpha)\bar{x}_m + \beta^{Is}\alpha\bar{x}_m + \beta^{Is}(\beta^{Xl}\alpha\bar{x}_m)\bar{x}_l \tag{3.12}$$

$$X_s^d = \alpha\bar{x}_m + \beta^{Ip}(1-\alpha)\bar{x}_m + (\beta^{Xl}\alpha\bar{x}_m)\bar{x}_l \tag{3.13}$$

$$X_l^d = \bar{x}_l + (\beta^{Xs}\bar{x}_l)\alpha\bar{x}_m \tag{3.14}$$

2. 市场竞争

接下来，模型对第二阶段，即市场竞争阶段的特征进行说明。两个完全分割的市场中的需求函数是线性的，母公司在其母国市场上是垄断者，在当地市场上其分支机构和当地竞争者进行古诺竞争。因为要考察产品创新，所以生产者各自需求曲线的位置取决于其有效知识基础。因此有：

$$p_1 = A_1 + X_p^k - b_1 q_p^k \tag{3.15}$$

$$p_{2s} = A_2 + X_s^k - b_2(q_s^k + \varphi q_l^k) \tag{3.16}$$

$$p_{2l} = A_2 + X_l^k - b_2(q_l^k + \varphi q_s^k) \tag{3.17}$$

式中，$k=c$，d。参数 b_1（b_2）与国家 1（国家 2）的市场规模呈反比关系。参数 φ 代表产品的差异。φ 值越高，说明跨国公司分支机构与当地厂商的产品差异越小，进而在国家 2 的产品市场上的竞争更激烈。

3. 厂商利润

跨国公司的利润为其在两个市场上获得的利润之和。因此，在研发集中的情况下，有：

$$\prod\nolimits_m^c = \pi_p^c + \pi_s^c \tag{3.18}$$

$$\prod\nolimits_l^c = \pi_l^c \tag{3.19}$$

$$\pi_p^c = [A_1 + \bar{x}_m - b_1 q_p^c - c_p]q_p^c \tag{3.20}$$

$$\pi_s^c = [A_2 + \beta^{Ip}\bar{x}_m - b_2(q_s^c + \varphi q_l^c) - c_s]q_s^c \tag{3.21}$$

$$\pi_l^c = [A_2 + \bar{x}_l - b_2(q_l^c + \varphi q_s^c) - c_l]q_l^c \tag{3.22}$$

在研发分散化的情况下，有：

$$\prod\nolimits_m^d = \pi_p^d + \pi_s^d - \frac{\gamma}{2}(\alpha\bar{x}_m)^2 \tag{3.23}$$

$$\prod\nolimits_l^d = \pi_l^d \tag{3.24}$$

$$\pi_p^d = [A_1 + (1-\alpha)\bar{x}_m + \beta^{Is}\alpha\bar{x}_m + \beta^{Is}(\beta^{Xl}\alpha\bar{x}_m)\bar{x}_l - b_1 q_p^d - c_p]q_p^d \tag{3.25}$$

$$\pi_s^d = [A_2 + \alpha \bar{x}_m + \beta^{Ip}(1-\alpha)\bar{x}_m + (\beta^{Xl}\alpha \bar{x}_m)\bar{x}_l - b_2(q_s^d + \varphi q_l^d) - c_s] q_s^d \tag{3.26}$$

$$\pi_s^d = [A_2 + \bar{x}_l + (\beta^{Xs}\bar{x}_l)\alpha \bar{x}_m - b_2(q_l^d + \varphi q_s^d) - c_l] q_l^d \tag{3.27}$$

在研发分散化的情况下，跨国公司的利润函数中出现负项是因为研发具有规模经济的特征，这在相关文献里被看作一个主要的向心力。如果研发是分散的，规模经济就不能得到完全的利用，这意味着在投入到研发上的资源不变的情况下，研发经费增加了。

二、主要结果

1. 影响跨国公司建立海外研发实验室的区位因素①

这一节考察在研发分散化的情况下，驱动跨国公司盈利的因素。在研发分散化的情况下，为了辨别出跨国公司分支机构的利润驱动因素，需要特别注意影响跨国公司在特定的海外市场从事研发活动决策的主要区位因素。本书对当地市场规模或成本条件和当地知识基础这两个区位因素进行集中讨论。

在分散化情况下，求解母公司在国家 1、分支机构和当地厂商在国家 2 的最优产量问题，可以得到：

$$\hat{q}_p^d = \frac{M_p}{2b_1} + \frac{(1-\alpha)\bar{x}_m}{2b_1} + \frac{\beta^{Is}\alpha \bar{x}_m}{2b_1} + \frac{\beta^{Is}(\beta^{Xl}\alpha \bar{x}_m)\bar{x}_l}{2b_1} \tag{3.28}$$

$$\hat{q}_s^d = \frac{M_s}{(4-\varphi^2)b_2} + \frac{2\beta^{Ip}(1-\alpha)\bar{x}_m}{(4-\varphi^2)b_2} + \frac{(2\beta^{Xl}\alpha \bar{x}_m - \varphi)\bar{x}_l}{(4-\varphi^2)b_2} + \frac{(2-\varphi\beta^{Xs}\bar{x}_l)\alpha \bar{x}_m}{(4-\varphi^2)b_2} \tag{3.29}$$

式中，$M_p = A_1 - c_p$ 和 $M_s = (2-\varphi)A_2 - 2c_s + \varphi c_l$ 代表初始边际成本。在讨论工厂的利润水平时，要注意这些方程，因为每个单位（母公司，分支机构）的利润随其产量增加而增加②。

这部分要探讨的主要问题是对分支机构利润的影响。式（3.29）表明分支机构的产量及利润随着东道国市场规模（由 M_s 和需求曲线斜率 $\frac{1}{b_2}$ 决定）的扩大而增加，在这种情况下，即使在分散研发的情况下，母公司的研发资源仍能够被分支机构有效利用，但在该条件下这种转移是不完全的。分支机构使用中心资源的能力越强，则其利润就越高。

作为区位因素，当地知识（$\bar{x}_l$）、向内和向外的外部知识溢出的角色还不是很清楚。有趣的是，通过式（3.29）可以得到知识转移和产品市场竞争相互作用的

① 此模型考察了东道国市场规模、知识基础、知识产权保护和相互的技术溢出等对跨国公司研发区位选择的影响，分析得比较全面。但是，模型中没有涉及政府的税收和补贴等对跨国公司研发活动的影响，这是该模型的一个缺陷。

② 如在均衡时有：$\hat{\prod}_m^d = b_1(\hat{q}_p^d)^2 + b_2(\hat{q}_s^d)^2 - \frac{\gamma}{2}(\alpha \bar{x}_m)^2$，且 $\hat{\pi}_l^d = b_2(\hat{q}_l^d)^2$。

方式。

第一，从技术消化吸收的角度来看，当地知识基础 $\overline{x}_l$ 的规模是一个重要的区位因素。模型表明，当地竞争对手的研发活动通过三种方式影响跨国公司分支机构的利润，其中两种可以由式(3.29)的第三部分获知。第一种效应(见图3.1中的内部转移)是通过跨国公司分支机构在当地从事创新活动($(\beta^{Xl}\alpha\overline{x}_m)\overline{x}_l$)而获得的向内流动的外部技术溢出，且这一效应是正的。但是由于这一效应取决于分支机构的吸收能力，而吸收能力又取决于分散到分支机构的自有研发资源，因此这一效应对 $\hat{q}_s^d$ 的影响范围最终随着 $\overline{x}_l$ 的增加而增加。

第二，当地知识对跨国公司分支机构的第二种效应(见图3.1中的外部转移)来源于产品市场的竞争，且这种效应是负的。当地生产者的研发资源水平越高，投入的 $\overline{x}_l$ 将使其在产品市场上越强大，这对分支机构的产出水平具有负面的影响。并且产品市场上两生产者的竞争越激烈(即 φ 值越高)，这种影响就越强。

第三，$\overline{x}_l$ 增加了当地厂商吸收跨国公司分支机构知识外溢的能力，这一点通过式(3.29)最后一部分可获知。由此，当地知识基础对 $\hat{q}_x^d$ 及利润具有负面影响。当地厂商的研发基础越强，其从跨国公司分支机构吸收知识便越容易，进而成为一个更强大的竞争者，这种效应取决于产品市场的竞争(正如事实所展示的那样，向外流动的外部溢出 $\beta^{Xs}\overline{x}_l\alpha\overline{x}_m$ 被 φ 扩大了)。例如，如果 $\varphi=0$，则 β^{Xs} 对 $\hat{q}_s^d$ 没有影响，因为在这种情况下，即使跨国公司分支机构的知识被传播到当地，也不会对其造成负面影响。

因此，$\hat{q}_s^d$ 随着当地厂商研发投入($\overline{x}_l$)而增加的充分必要条件为：

$$(2\beta^{Xl}-\varphi\beta^{Xs})\alpha\overline{x}_m>\varphi \tag{3.30}$$

这意味着满足这一条件的概率随着产品差异和内向外部溢出强度差异(即更低的 φ)的扩大而增加。因此，可以通过外部溢出和竞争效应来比较净效应。式(3.30)是使当地研发投资能够有效增加跨国公司分支机构利润的一个条件。

当地厂商的知识基础也影响母公司的利润。式(3.28)讨论了当分支机构进行分散化研发时，$\overline{x}_l$ 对跨国公司母国工厂的影响。该式的最后一部分代表在研发分散化的情况下，跨国公司母国的工厂从国家2获得的知识外部溢出。事实上，$\hat{q}_p^d$ 以及母公司的利润至少在 β^{Xl}(从当地生产者到跨国公司分支机构的外部知识溢出)存在的条件下随着 $\overline{x}_l$(当地生产者投入的研发资源数量)的增加而增加。进一步地，因为每个单位的吸收能力是厂商特有的，分支机构获取并传播到母公司的潜在溢出数量随着分支机构自有研发($\alpha\overline{x}_m$)的增加而增加。因此，研发活动被分散到的分支机构越多，通过吸收当地溢出而产生的对母国工厂的正面影响就越大。然而，对于跨国公司来说，从当地研发活动中获取的收益取决于跨国公司将知识从分支机构转移到公司其他地区的能力。因此，内外转移机制的相互作用决

定了对母公司的最终效应。

式(3.29)的最后一部分说明，因为$\beta^{Xs}\bar{x}_l \leqslant 1$，所以“自有研发效应”是正值。这意味着，即使允许部分知识漏出到当地厂商，跨国公司分支机构的产出及利润也与国家2的研发活动($\alpha\bar{x}_m$)成正比。正如前面讨论的那样，向外流出的外部研发溢出受当地厂商吸收能力和产品市场竞争强度的影响。

自有研发活动对$\hat{q}_s^d$的正效应因跨国公司分支机构具有吸收能力而得到强化。也就是说，正如式(3.29)第三部分所示，流向分支机构的外部知识溢出取决于$\alpha\bar{x}_m$。因此，跨国公司分支机构自有研发资源有助于加强其来源于当地经济的学习效应。

$\hat{q}_p^d$与跨国公司分支机构自有研发资源($\alpha\bar{x}_m$)成正比的充分必要条件为：

$$\beta^{ls}(\beta^{Xl}\bar{x}_l + 1) > 1 \tag{3.31}$$

2. 跨国公司研发分散化的决策

(1)研发分散化的条件。

利用第一阶段博弈的解可以判别在何种条件下跨国公司会决定将其研发活动分散化，也就是说，在何种情况下跨国公司会将其一部分研发活动放在国家2进行，让位于那里的分支机构在其全部研发活动中扮演一个角色。

在以下条件下，跨国公司会选择分散其研发活动：

$$\hat{\prod}_m^d - \hat{\prod}_m^c > 0 \tag{3.32}$$

因此，讨论分散化决策就涉及比较分散和集中情况下分支机构和母公司的总利润。由前可知：

$$\begin{aligned}\hat{\prod}_m^d - \hat{\prod}_m^c &= (\hat{\pi}_p^d - \hat{\pi}_p^c) + (\hat{\pi}_s^d - \hat{\pi}_s^c) - \frac{\gamma}{2}(\alpha\bar{x}_m)^2 \\ &= b_1[(\hat{q}_p^d)^2 - (\hat{q}_p^c)^2] + b_2[(\hat{q}_s^d)^2 - (\hat{q}_s^c)^2] - \frac{\gamma}{2}(\alpha\bar{x}_m)^2 \\ &= b_1[(\hat{q}_p^d + \hat{q}_p^c)(\hat{q}_p^d - \hat{q}_p^c)] + b_2[(\hat{q}_s^d + \hat{q}_s^c)(\hat{q}_s^d - \hat{q}_s^c)] - \frac{\gamma}{2}(\alpha\bar{x}_m)^2\end{aligned} \tag{3.33}$$

在分析总体效应之前，首先要分析一下研发分散化对母公司和分支机构的各种利润的影响。这一过程有助于我们更加清楚研发分散化是如何影响跨国公司内部不同单位的利润的。

因为产出水平是非负的，即$\hat{q}_j^k \geqslant 0$（其中$k = c, d$且$j = p, s, l$），通过式(3.33)，可以得到：

$$\text{Sign}(\hat{\pi}_p^d - \hat{\pi}_p^c) = \text{Sign}(\hat{q}_p^d - \hat{q}_p^c) \tag{3.34}$$

$$\text{Sign}(\hat{\pi}_s^d - \hat{\pi}_s^c) = \text{Sign}(\hat{q}_s^d - \hat{q}_s^c) \tag{3.35}$$

因此，（$\hat{q}_p^d - \hat{q}_p^c$）>0 且（$\hat{q}_s^d - \hat{q}_s^c$）>0 的充分必要条件就成为研发分散化能够增加跨国公司各种利润的充分条件。

（2）研发分散化对母公司利润的影响。

对于研发分散化对母公司均衡产量水平（进而对母公司利润）的影响，有如下表达式：

$$\hat{q}_p^d - \hat{q}_p^c = -\frac{(1-\beta^{Is})\alpha\,\bar{x}_m}{2b_1} + \frac{\beta^{Is}\beta^{Xl}\alpha\,\bar{x}_m\bar{x}_l}{2b_1} \tag{3.36}$$

式中的第一项表明研发分散化对母公司均衡产出水平具有负面影响，这种效应源于所考察问题的短期性质。在短期内，跨国公司投入的全部研发资源是给定的，因此分配给海外分支机构一部分就意味着国内研发资源的降低。这对母公司的均衡产量及利润具有负面的影响。实际上，这种负效应能够部分地被分支机构转移回母公司的知识所补偿。但因为 $\beta^{Is} \leqslant 1$，所以这种转移又是不完全的。总之，这种负效应因为存在内部转移 β^{Is} 而得到缓解，且取决于分支机构向中心转移知识的能力。只有在极端的情况下，即存在完全的内部转移（$\beta^{Is}=1$）时，这种负效应才会消失。

式中的第二项代表了研发分散化对母公司产出水平的正效应。之所以存在这种正效应，是因为分支机构与当地生产者接近，可以获得国外的潜在溢出。然而，对于母公司来说，这种效应同样取决于 β^{Is} 的值。因此，分支机构转移知识回母公司的能力就发挥了一个过滤器的作用。母公司是否能够从流入的外部溢出中获益，还取决于分支机构的吸收能力。由于分支机构的吸收能力取决于其自有研发资源（由 $\alpha\,\bar{x}_m$ 给定），因此研发分散化对母公司利润的正、负方向的影响随着其投入到分支机构研发资源的增加而上升。

因此，使 $\hat{q}_p^d - \hat{q}_p^c > 0$，即在研发分散化情况下，母公司利润更大（即 $\hat{\pi}_p^d - \hat{\pi}_p^c > 0$）的充分必要条件就是：$\beta^{Is}$（$\beta^{Xl}\bar{x}_l + 1$）>1。这一条件清楚地指出，分支机构将知识输送回母公司的能力是研发分散化对母公司利润产生影响的一个关键性决定因素。它强调了跨国公司内部知识管理的重要性，同时还强调了内外部知识转移机制间相互配合的重要性。内向流动的外部溢出越大，该条件成立的可能性就越大。尽管（$\hat{q}_p^d - \hat{q}_p^c$）的符号并不取决于分散化研发资源的数量，但其正（负）效应的大小却随着 $\alpha\,\bar{x}_m$ 和国家 1 市场规模的增大而增加。

（3）研发分散化对分支机构利润的影响。

研发分散化对分支机构（进而对分支机构利润）的影响表达式如下：

$$\hat{q}_s^d - \hat{q}_s^c = \frac{2(1-\beta^{Ip})\alpha\,\bar{x}_m}{(4-\varphi^2)b_2} + \frac{2(\beta^{Xl}\alpha\,\bar{x}_m)\bar{x}_l}{(4-\varphi^2)b_2} - \varphi\,\frac{(\beta^{Xs}\bar{x}_l)\alpha\,\bar{x}_m}{(4-\varphi^2)b_2} \tag{3.37}$$

式（3.37）的第一项与研发分散化的适应性动机有关，即建立海外研发实验

室需求方面的动因。当跨国公司将一部分研发资源（$\alpha\bar{x}_m$）分配到东道国，而不是全部分配给母公司的实验室时，其国外实验室的创新工作很大程度上就是为了满足当地市场的需求，另外也可以通过与当地生产者接近，获得外部溢出而获益。如果跨国公司将其全部研发资源集中在母公司中，分支机构就不必再负担这种适应当地环境的成本。β^{Ip}越低，在东道国使用的母公司知识的份额也就越低，进而，在当地进行研发活动的收益也就越大。所以，在当地从事$\alpha\bar{x}_m$的研发活动的收益需乘以（$1-\beta^{Ip}$）。（$1-\beta^{Ip}$）可以被看作是转移到分支机构的母公司知识适应当地条件的单位成本。如果$\beta^{Ip}=1$，则式（3.37）中的第一项消失，这意味着当母国和分支机构间出现完全的内部知识转移（因此不再需要适应成本）这种极端情况时，源于上述动机的研发分散化的激励效应不复存在。

式（3.37）的第二项表示研发分散化供给方面的动机，与学习动机有关。它解释了内向流动的外部溢出效应，这种效应由于分支机构的实验室与当地生产者之间空间上接近而得到加强。通过研发分散化，跨国公司能够从当地厂商那里吸收知识，从外部溢出中获益。式（3.37）说明外部溢出对跨国公司分支机构利润的正效应不受产品市场竞争的影响。

然而，让研发资源接近当地生产者也存在着危险。式（3.37）的第三项解释了由于外部溢出效应的存在而带来的成本。由于位置接近，部分分支机构创造的知识会漏出到当地生产者手中，分支机构自身的研发向当地厂商的扩散，对分支机构的利润具有负面影响，因为它增加了当地厂商在产品市场上的竞争力。因此，外向流动的外部溢出通过产品市场竞争显示了其效应。这也解释了为什么外向流动外部溢出的负面影响强度取决于φ（产品差异参数）。产品差异越大，则产品市场的竞争强度越低（具有更低的φ），由于研发活动接近当地厂商而带来的成本也就越低。当地生产者从这些溢出中获益的程度取决于其吸收知识的能力，而吸收能力又由其自身投入的研发资源$\bar{x}_l$决定。因此，当地竞争者的知识基础越雄厚，由于外部溢出而给跨国公司分支机构带来的负面影响越大。

因此，使$\hat{q}_s^d-\hat{q}_s^c>0$，即在研发分散化情况下，分支机构利润更高（即$\hat{\pi}_s^d-\hat{\pi}_s^c>0$）的充分必要条件为：

$$2(1-\beta^{Ip})+2\beta^{Xl}\bar{x}_l>\varphi\beta^{Xs}\bar{x}_l \tag{3.38}$$

由此可知：

$$2+2\beta^{Xl}\bar{x}_l>2\beta^{Ip}+\varphi\beta^{Xs}\bar{x}_l \tag{3.39}$$

如果外部溢出参数是对称的（$\beta^{Xl}=\beta^{Xs}$），则该条件在$\varphi<2$且$\beta^{Ip}\leqslant1$时自动满足。因此，如果外部技术溢出的强度（β^{X}）是行业/技术特定的，则分支机构的均衡产量（和利润）将在研发分散化情况下随着α、β^{Ip}和φ的增加而增加。这是因为内向流入的外部溢出具有外部性，其正面效应是直接的，而外向流出的外

部溢出则需要通过在产品市场上竞争来发挥其负面效应。另外，如果 $\beta^{Xl}=\beta^{Xs}$，则式（3.31）就不再被满足。因此，模型暗示着研发分散化有可能使分支机构获得比母公司更高的利润。

如果外部溢出参数是非对称的（$\beta^{Xl}\neq\beta^{Xs}$），则可知，使 $\hat{q}_s^d-\hat{q}_s^c>0$，即在研发分散化情况下，使分支机构利润更高（$\hat{\pi}_s^d-\hat{\pi}_s^c>0$）的充分条件为：

$$\beta^{Xl}\geqslant\frac{\varphi}{2}\beta^{Xs}\tag{3.40}$$

这里要注意，式（3.40）没有进行过多的限制，也允许外向溢出参数比内向溢出参数大。

另一种特殊情况是当地厂商不是直接竞争者，例如他们是研究机构或者只是与技术有关但不从事产品生产的企业。如果 $\varphi=0$，外部溢出的负效应就会消失，这意味着无论其他参数取何值，跨国公司分支机构都能从分散化中获取利润（$\hat{\pi}_s^d-\hat{\pi}_s^c>0$）。

总体上看，跨国公司将研发活动分配给其海外分支机构，将可能增加后者的利润，因此分支机构渴望获得跨国公司研发资源。

（4）研发分散化对跨国公司整体利润的影响。

评价研发分散化对跨国公司的整体影响，不仅要考虑其对分支机构利润的影响，而且还要考虑对母公司利润的影响，以及由于可预料的规模经济而产生的额外研发成本的角色。从总体上，该模型提出了研发分散化的三项成本和三项收益。

收益1：避免了分支机构将母公司的技术创新在当地进行适应性调整的成本（式（3.37）第一项）。

收益2：流入到分支机构的外部溢出可以使跨国公司受益（式（3.37）第二项）。

收益3：流入到母公司的外部溢出可以使跨国公司受益（式（3.36）第二项）。

成本1：研发上具有可预料的规模经济（式（3.33）最后一项）。

成本2：向外流动的外部溢出对分支机构的影响（式（3.37）第三项）。

成本3：从母公司分散到分支机构的研发资源，由于内部转移的不完全而不能全部挽回的损失（式（3.36）第一项）。

三、影响研发分散化的因素分析

在影响跨国公司研发分散化决策的因素中，需要特别注意的是当地的知识基础和内外部知识转移机制。

1. 当地知识基础

第一个影响 $\hat{\Pi}_m^d-\hat{\Pi}_m^c$ 及研发分散化决策的重要因素是当地知识基础 $\bar{x}_l$。由前述可知，雄厚的当地知识基础能够增加分支机构和母公司的外部溢出收益（收益2和收益3）。但同时，如果当地竞争对手有更强的吸收能力，它也可能扩大了外向流出的外部溢出成本（成本2）。从分支机构来看，当地知识基础的净效应可能是正的（即成本2小于收益2），式（3.30）是这一问题的充分必要条件。如果考察当地知识基础对研发分散化激励的整体效应，式（3.30）不仅是增加分支机构利润的充分必要条件，而且对于充当研发分散化驱动因素的当地研发基础$\overline{x}_l$来说，它也是一个充分条件，这一点可以通过表达式（3.41）看出来：

$$\frac{\partial(\prod_m^d - \prod_m^c)}{\partial \overline{x}_l} = \frac{\partial(\pi_p^d - \pi_p^c)}{\partial \overline{x}_l} + \frac{\partial(\pi_s^d - \pi_s^c)}{\partial \overline{x}_l}$$
$$= \hat{q}_p^d \beta^{Is} \beta^{Xl} \alpha \overline{x}_m + \frac{2}{4-\varphi^2}[\hat{q}_s^d(2\beta^{Xl}\alpha \overline{x}_m - \varphi\beta^{Xs}\alpha \overline{x}_m - \varphi) + \hat{q}_s^c\varphi] \tag{3.41}$$

式（3.41）并不是恒为正的，这意味着对研发分散化来说，当地知识基础不完全是积极的因素。当外向流出的溢出成本很重要时，就会出现这种情况。当竞争很激烈（即φ比较大），并且学习效应是非对称（即β^{Xs}较高而β^{Xl}较低）时，这一成本将开始占支配地位。

2. 内部知识转移

另一个决定研发分散化收益和成本规模的重要因素是跨国公司内部的内部知识转移过程。其表达式如下：

$$\frac{\partial(\hat{\prod}_m^d - \hat{\prod}_m^c)}{\partial \beta^{Is}} = (\alpha \overline{x}_m + \beta^{Xl}\alpha \overline{x}_m \overline{x}_l)\hat{q}_p^d > 0 \tag{3.42}$$

式（3.42）表明研发分散化的激励随着β^{Is}增加而增强。从分支机构到母公司高效的内部知识转移会降低分散化成本（成本3），提高流向母公司的外部溢出（更高的收益3）。例如，从分支机构到母公司具有完全的内部转移，即$\beta^{Is}=1$，将消除母公司的适应成本（成本3）。

从母公司到分支机构的更有效的内部转移并不总是阻止研发的分散化。事实上，β^{Ip}对跨国公司投资于海外研发活动的激励具有很大的影响。对此有如下表达式：

$$\frac{\partial(\hat{\prod}_m^d - \hat{\prod}_m^c)}{\partial \beta^{Ip}} = \frac{4\overline{x}_m}{(4-\varphi^2)}[(1-\alpha)\hat{q}_s^d - \hat{q}_s^c] \tag{3.43}$$

由此可知：

$$\mathrm{Sign}\,\frac{\partial(\Pi_m^d - \Pi_m^c)}{\partial \beta^{Ip}} = \mathrm{Sign}((1-\alpha)\hat{q}_s^d - \hat{q}_s^c) \tag{3.44}$$

这意味着在分散化的情况下，如果分支机构的产量足够大，从母公司到分支机构更有效的内部转移将对研发分散化起到激励作用。

3. 外部知识转移

在研发分散化情况下，当存在着来自当地资源的更多溢出时，母公司和分支机构都能获得更高的利润（收益 3 和收益 2）。对此有如下表达式：

$$\frac{\partial(\hat{\prod}_m^d - \hat{\prod}_m^c)}{\partial\beta^{Xl}} = [\beta^{ls}\alpha\bar{x}_m\bar{x}_l]\hat{q}_p^d + 2[\frac{2\alpha\bar{x}_m\bar{x}_l}{(4-\varphi^2)}]\hat{q}_s^d > 0 \tag{3.45}$$

这意味着从当地到跨国公司的更高溢出是研发分散化的一个激励因素。但是，当存在着更高的流向当地的外部溢出时，分支机构的利润将会下降（成本 2）。因此，还可得到如下表达式：

$$\frac{\partial(\hat{\prod}_m^d - \hat{\prod}_m^c)}{\partial\beta^{Xs}} = -\varphi\left[\frac{2\alpha\bar{x}_m\bar{x}_l}{(4-\varphi^2)}\right]\hat{q}_s^d < 0 \tag{3.46}$$

式（3.46）意味着如果能阻止知识向当地溢出，研发分散化的情况能够得到改善。然而，因为 β^{Xs} 的负面作用取决于 φ，式（3.46）也意味着为了降低 β^{Xs}，知识保护措施方面的投资对于面对产品竞争的厂商来说是非常重要的。

如果外部溢出参数是对称的（$\beta^{Xl}=\beta^{Xs}$），因为对分支机构来说收益 2 大于成本 2，所以整体效应是正的。

该模型从东道国市场规模、知识基础和内外部知识溢出等方面考察了影响研发国际化的因素，实质上是对 Pearce（1998）研发集中—分散理论的一个模型化表述，其主要结论与 Pearce 及其他经验分析也基本上一致。该模型的假设建立在现实基础之上，通过严谨的逻辑推导过程得出了令人信服的结论，这有助于我们对研发国际化动因的深入理解。但是，由于还有一些重要影响因素没有被纳入模型，使得模型在解释力上尚显不足。例如，东道国研发活动的税率，以及对本国企业的补贴也是影响研发区位选择的重要因素，但在该模型中这些因素没有被分析。因此，如果将该模型的结论与第一节的相关分析结合在一起，就能对跨国公司研发国际化的动因有一个比较全面的认识。

第三节　模块化与研发国际化动因

跨国公司在海外进行研发活动是为了获得技术创新和技术垄断，进而占领当地及全球市场。从前面的内容可以看出，母国和东道国各自的技术水平及其差异是跨国公司研发国际化的重要影响因素，这在很多研究中都有所体现。但是，在这些研究中，技术本身的发展对研发国际化的影响则被忽视了，或研究得还不够深入。实际上，“模块化”作为现代技术的一个重要特征，大大推动了研发国际化的进程。正如第二节模型研究得出的结论，内外部的知识溢出是影响研发国际化的重要因素，而“模块化”技术的发展则在很大程度上影响了知识溢出的数量和方式。因此，本节将从模块化的角度分析技术本身的发展对研发国际化进程的影响。

一、模块化的概念和形式

“模块化”现已成为经济学中一个流行的概念，它对于经济中一些新的现象和新的趋势有很强的解释力和预测力，因此受到学界的重视。按照青木昌彦和安藤晴彦的说法，“‘模块化’的概念不仅是经济学、经营学专家之间最热门的话题之一，而且它还有可能彻底改变现存产业、企业的结构，具有十分强大的冲击力”。① 哈佛大学商学院的 Badlwin 和 Clark 于 1997 年在《哈佛商业评论》上发表了极富冲击力的论文：《模块化时代的管理》，2000 年他们又联合出版了《设计的规则：模块化的力量》第一卷。两位作者敏锐地指出了模块化对于产业结构变革所具有的革命性意义，认为当今的产业已经进入到模块化设计、模块化生产、模块化消费的模块化大发展时期。从 20 世纪 90 年代中后期开始，三位日本学者国领二郎（1995）、池田信夫（1997）和青木昌彦（2000）分别以互联网产业为研究对象，各自独立地发展了模块化理论（昝廷全，2003）。青木昌彦（2003）进一步指出，新产业结构的本质就是模块化。

事实上，模块化的概念还没有定型。在很多情况下，不同的作者对此有不同的解释。例如，有人侧重于设计电脑系统那样复杂的产品体系的模块（分解）化，有人则侧重于汽车那样的物理产品的模块化（零部件通用化），也有人论述组织的模块化（自律性）。Baldwin 和 Clark（1997）认为，模块化是指“通过每个可以独立设计的，并且能够发挥整体作用的更小的子系统来构筑复杂的产品或业务过程”②。青木昌彦对模块化进行了更完整和富有启发性的定义：“模块”是指半自律性的子系统，通过和其他同样的子系统按照一定的规则相互联系，构成更加复杂的系统或过程。他提出了“模块分解化”概念，即复杂系统或过程按照一定的联系规则，分解为可进行独立设计的半自律性的子系统的行为；以及“模块集中化”概念，即按照某种联系规则将可进行独立设计的子系统（模块）统一起来，构成更加复杂的系统或过程的行为。③

青木昌彦将模块集中化分为金字塔型分割、信息同化型联系和信息异化型联系三种基本形式。他考察了一个由抽象的三个单位构成的系统，该系统的目的是

①③ ［日］青木昌彦，安藤晴彦．模块时代——新产业结构的本质［M］．上海：上海远东出版社，2003.

② Baldwin C. Y. and K. B. Clark. Managing in an Age of Modularity［J］. Harvard Business Review，1997，75（5），pp. 84－93.

尽可能以更低的成本来设计、生产最终产品。该系统被分为两个子系统（即模块），由两个单位承担不同的子系统的设计、实施，另一个单位负责处理系统信息。系统中的信息有两种，在青木的书里分别叫作“系统信息”和“个别信息”，而在鲍德温和克拉克（2000）的书里则叫作“看得见的信息”和“看不见的信息”。个别信息（看不见的信息）是有关各模块活动（设计、工序等）的固有环境的信息，因此，个别信息可以相互保密；系统信息（看得见的信息）则同时影响两个模块之间的活动，是有关系统环境的信息。在处理这种信息之后作出的决策决定了子系统之间的联系规则乃至界面的状态。青木借用 Arrow 和 Hurwicz（1960）经济系统理论的古典论文①里的表达方法，将负责处理系统信息的那个单位叫作“舵手”。在此基础上，他将模块集中化区分为以下三种基本模式。

1. 金字塔型分割（见图 3.2）

在这种形式里，“舵手”负责处理专业的、排他的系统信息，事先（在设计、生产各模块之前）决定模块的联系规则（设计规则或界面规则）。各模块的活动开始后，即使系统环境发生了很大的变化，也只有“舵手”有权决定改变联系规则。即“舵手”起系统设计师的作用。各模块在“舵手”发出“看得见的”信息的条件下，负责处理各自活动所必需的个别信息。

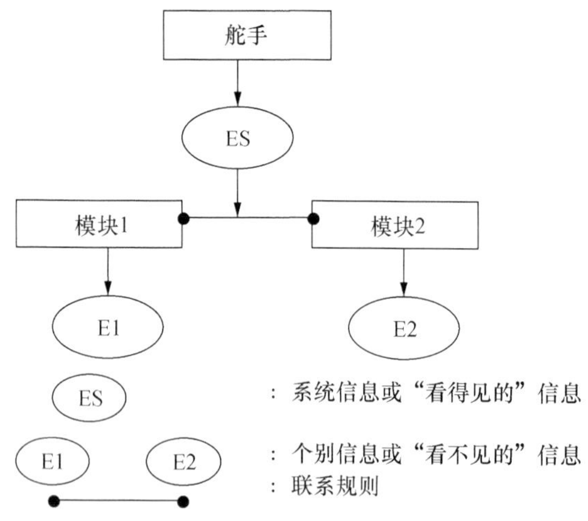

图 3.2　金字塔型分割

---

① Arrow K. J. and L. Hurwicz. Decentralization and Computation in Resource Allocation [M]. In R. W. Pfouts (ed) Essays in Economics and Econometrics, pp. 34 – 104, Chapel Hill: University of North Carolina Press, 1960.

2. 信息同化型联系（见图3.3）

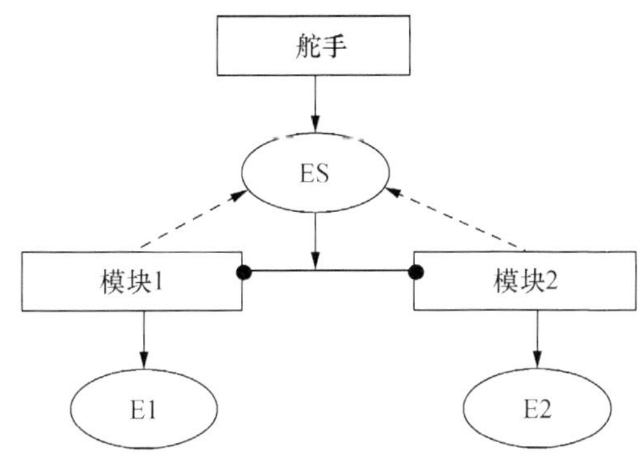

图3.3 信息同化型联系

在“舵手”的领导下，“舵手”与模块之间（或者在某种情况下是模块与模块之间）不断地交换经常发生变化的系统信息，各模块的活动开始后，联系规则也会做细微的调整。在这里，“看得见的”信息在“舵手”与模块之间来回流动，被两方面所利用。

3. 信息异化型·进化型联系（见图3.4）

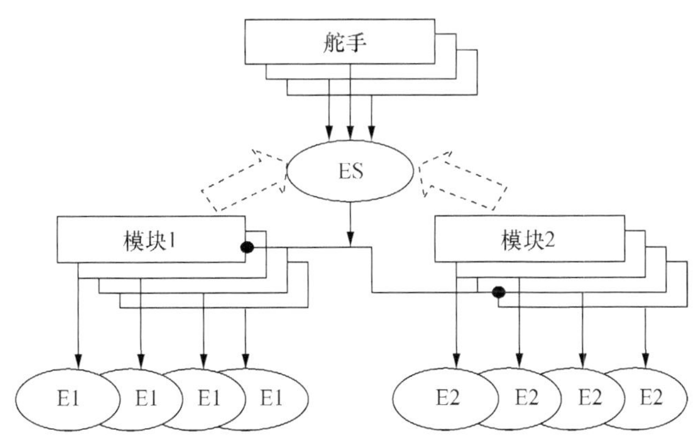

图3.4 信息异化型·进化型联系

这种形式假定多个模块主体同时在反复活动，而且也存在多个“舵手”。各模块主体独立于其他模块，负责处理个别信息和有限的系统信息。于是，各模块发出的“看得见的”信息不一定是相同的，而可能是不同的信息。但是，这种异化的信息由“舵手”从其本身所处的系统环境角度对它加以解释，而后以简约的形式再反馈到整个系统。于是，各子系统的活动主体对系统信息的处理就包括对反馈过来的异化信息的比较、解释、选择等活动。通过这种分散的信息处理、传达、交换，使单一的（有时是多数的）模块之间的联系规则不断被筛选，从而进化发展。“舵手”通过事后（即在各主体的信息处理、设计、生产之后）对整体规则的整合，找出最合适的模块组合，形成生产系统。在这里，“舵手”的功能其实就是找出路径的人（Path Finder）。

二、模块化与研发国际化

1. 模块化的组织形式

青木昌彦（2003）根据模块之间信息传递方式的不同，把组织模式分为金字塔型组织模式、信息同化型组织模式和信息异化型组织模式。其他一些学者也从不同角度对此进行了分析和研究。Sanchez 和 Mahoney（1996）指出，“模块化的产品设计需要企业组织设计的模块化”。在他们研究成果的基础上，Somaya 和 Linden（2000）从模块之间市场交易方式的角度出发，把组织模式分为内部组织模式、元件市场交易模式和授权设计交易模式；我国学者周鹏（2004）根据企业之间实力地位和影响力的不同，把组织模式分为核心型企业网络组织模式和分散型企业网络组织模式。尽管这些学者研究的出发点和侧重点有所不同，但这些不同组织模式的分类之间存在着既交叉又互补的关系。另外一些国内学者（雷如桥、陈继祥、刘芹，2004）通过对这些研究成果进行总结和提炼，把适应模块化产品设计的组织模式归纳为以下三类。

（1）一体化的企业组织模式。

一体化的企业组织模式是指在企业内部进行模块化产品的设计、制造和组装。模块在设计、制造之前，企业的系统设计师负责确定系统的设计规则。各模块的设计、制造部门在系统的设计规则约束下确定个别的设计规则并独立开展各自的活动。系统设计师和各部门之间的信息传递是自上而下单向流动的，各部门没有信息反馈给系统设计师。各部门的模块设计活动开始后，即使系统环境发生了很大的变化，也只有系统设计师有权决定改变系统的设计规则，各部门在此过程中没有任何决策的权力。

（2）核心企业协调下的网络组织模式。

核心企业协调下的网络组织模式是指在核心企业的协调下，各个模块制造商负责设计、制造各个模块（配件），最后由核心企业统一整合成最终产品。在这种组织模式下，核心企业负责确定系统的设计规则，从而确定各模块之间的结构、界面和标准。各模块制造商在此规则的指导下，独立地开展本模块的设计、

制造活动。与一体化的企业组织模式不同的是，核心企业和各模块制造商之间可以就不断变化的环境信息进行交流和沟通。各模块设计、制造活动开始后，核心企业根据环境信息的变化情况，对系统的设计规则作出细微的调整。在这里，模块制造商和核心企业之间存在着信息反馈，对系统的设计规则进行调整、完善的信息在核心企业和模块制造商之间来回流动。

（3）模块集群化的网络组织模式。

模块集群化的网络组织模式是指大量的模块制造商和模块整合商集聚于某一特定的地理空间，共同从事模块化产品或服务的设计、制造和整合工作。与前两种组织模式分别由系统设计师和核心企业确定系统的设计规则不同的是，在这种组织模式中，没有哪个成员在网络组织中处于控制和支配的地位。系统的设计规则是由模块制造商、模块整合商、行业组织协会以及其他一些中介机构通过市场选择或共同协商来决定的，是一个不断演化完善的过程。在各模块制造商开展独立的模块设计、制造活动之前，网络组织中系统的设计规则是有限的，没有被完全确定下来。各个模块制造商接收到的系统的设计规则不一定是相同的，彼此之间存在着一定程度的差异。但是，在行业组织协会以及其他中介组织的协调下，模块制造商和模块整合商之间通过不断地沟通和协商缩小了对规则认识上的差异。此外，市场会对体现模块产品兼容性的技术标准进行优胜劣汰的选择，促使系统的设计规则以网络组织行为主体共同认可的形式反馈给各个模块制造商。通过这种对分散规则的处理、传播、交换，使系统的设计规则不断地被筛选，从而进化发展。系统的设计规则的异化和筛选整合过程是这一模式的显著特征。

2. 模块化与研发国际化

从上述分析来看，模块化作为一种分析工具和组织现象，有助于我们对研发国际化的动因和区位选择做出合理的解释。实际上，模块化对研发国际化的影响可通过两种途径：一种是直接途径，即模块化的技术特征和与其相适应的组织特征本身就使得具有模块化特性的技术能够合理地分散于不同区位，从而进行研发。这种分散化的研发促进了不同子模块之间的竞争，从而加快了创新的速度。另外一种是间接途径。在研究研发国际化动因的文献里，大多把技术外溢作为一个重要的影响因素。如果东道国的研发活动存在很强的技术外溢，则跨国公司就不愿将其研发活动置于该国。而对于具有模块化特征的技术来说，则不必过多考虑这一影响因素，因为合理的组织设计会大大降低技术外溢程度。因此可以说，正是由于很多产品具有模块化这种特征，才使得企业有动力在全球范围内开展研发活动，模块化理论对研发国际化的动因具有较强的解释力。

但是，在研究研发国际化动因的学者当中，却很少有人用模块化理论来进行解释。Dieter Ernst（2005）[①] 研究了芯片设计和研发转移到亚洲的原因。在研究中，他将芯片所代表的高科技产业进行研发国际化的原因区分为“拉动”因素、“政策”因素和“推动”因素三类。其中，“拉动”因素指的是吸引研发活动到特定区位的需求导向和供给导向的力量（Granstrand 等，1993；Cantwell 和 Iammarino，2003），如前面提到的离心力—向心力理论。“政策”因素能够影响跨地区创新活动成本的差异，因此被认为是研发国际化的另一个有力的驱动因素。Ernst 认为这两个因素基本概括了现存的研发国际化的动因，在此基础上，他提出了另外一个被以往研究所忽视的因素——“推动”因素。在他看来，“推动”因素主要是指创新方法和创新组织方面的变化。而“模块化”就是创新方法中非常重要的变化，它与模块化的组织一起使得复杂的设计活动克服了认知和组织上的障碍，从母国或母公司扩展到了其他地区。由此，我们可以把研发国际化看作是适应技术模块化特征的一种组织和制度安排，这种组织和制度安排因此也具有模块化的特征，与技术模块化一起促进了研发活动在全球的布局。

① Dieter Ernst. Complexity and Internationalisation of Innovation: Why is Chip Design Moving to Asia? [J]. International Journal of Innovation Management, 2005, 9 (1), pp. 47-73.

第四章 研发国际化对东道国企业的影响机理

经验研究显示，研发和经济增长存在直接的关系。研究发现，公共研发投入和商业研发投入对经济增长具有很强的长期影响（Guellec 和 B. van Pottelsberghe，2004），其中，在国外开展的商业研发活动也扮演着重要的角色。另外，不断增加的国内商业研发投入强化了公共研发和外国商业研发的积极作用。也就是说，商业研发投入（国内资金或国外资金）对一国的经济增长既有直接影响又有间接影响，其中间接影响是通过对公共研发和在他国从事的研发成果的改进吸收获得的。

跨国公司在研发国际化中扮演着主要角色。2002 年，世界上研发费用排名前 700 家公司（其中 98% 以上是跨国公司）共计投入 3100 亿美元研发，几乎占世界全部研发费用的一半（46%）和世界商业研发费用的 2/3（69%）以上。事实上，研发全球化不是一个新现象，但最近几年跨国公司海外研发步伐加快且逐渐扩展到了发展中国家，这种新趋势引起了人们的关注。另外，跨国公司在发展中国家的研发活动不再将目标仅定位于发展符合当地条件的适用性技术，他们开始在发展中国家从事“创新性”研发，包括为区域性和世界市场研发新技术。同时，一些发展中国家的跨国公司也开始在海外进行研发投资，一些在发达国家进行研发投资，是为了靠近高级技术及提升研究能力，另一些在其他发展中国家投资则是为了生产适应新市场的产品，以及获得特殊的专门知识资源。

关于研发全球化对发展中东道国的影响，国内外学术界一般存在着两种截然相反的观点（见表 4.1）。持肯定态度的学者认为，研发的国际化趋势在一定程度上推动了世界各国高技术领域内的交流与合作，对世界经济的发展和科学技术的进步都产生了极其重大而又深远的影响。“技术研究与开发的国际化，不仅增加了工业发达国家之间在高技术领域内的交流与合作，而且在一定程度上也带动了发展中国家技术水平的提高和科研环境的改善。”（林进成、柴忠东，1998）持否定态度的学者认为，虽然跨国公司在东道国从事研究开发活动会促使国外科技资源和研究与开发技能的流入，但是大量的实证资料表明，跨国公司的海外研发活动对东道国的技术扩散效应是十分有限的，并且“跨国公司的海外研发活动也可能对东道国的经济技术发展产生不利影响，因为它将吸纳一部分当地科技资源。东道国的这部分科技资源将被纳入跨国公司的研发体系中，为跨国公司的全球利益服务，而不再仅仅为本国的经济技术服务。从一定意义上讲，这构成东道国一种现实的科技资源流失”（邱立成，1993）。国外也有学者认为，跨国公司的海外研发活动趋向于扩大技术富国和技术穷国之间的差距，因为它们的海外研发投资主要集中在技术先进国家（Kuemmerle，1997）。

表 4.1　跨国公司研发国际化对东道国的潜在影响

潜在的收益	潜在的成本
改善国家创新系统（NIS）的结构和绩效 对人力资源发展的贡献（研发雇员，培训，支持高等教育，逆智力流动效应） 知识溢出 对产业升级的贡献	现有本地研发的缩减或失去对技术的控制 对本地发展的知识产权的不公平补偿 挤占劳动力市场 对基础研究的潜在危害 技术泄露 为竞争采取低级和不道德行为

资料来源：World Investment Report 2005：Transnational Corporations and the Internationalization of R&D.

第一节　研发国际化对发展中东道国的影响

从历史发展的角度看，始于 20 世纪 80 年代的跨国公司研发全球化浪潮主要是由研究开发资源的全球配置启动的，而这一浪潮又进一步引起了国际科学技术结构的巨大变化。跨国公司研发全球化对于发展中国家的影响，主要就是通过这种国际科学技术结构的变化来展示和传递的。一方面，跨国公司研发全球化确实使发展中国家在全球科技发展中的地位和处境变得更为严峻了；另一方面，如果能够充分利用当代科学技术新发展所提供的机会，发展中国家客观上也可以从跨国公司研发所带来的科学技术知识的溢出中获得一定收益。

一、研发国际化对发展中东道国的负面影响

由于跨国公司的研发全球化活动直接服务于其全球经营战略和全球利益，所以，跨国公司研发全球化及其所引起的国际科技结构变化的主要受益者为西方发达国家。对于发展中国家来说，跨国公司研发全球化并没有改变其研发投入不足的状况，本土企业难以加入跨国公司技术网络。发展中国家参与的战略技术联盟

极少，并多限于东亚新兴工业化国家和地区与美欧国家的跨国公司之间的合作。由于发展中国家对跨国公司研发全球化的准备相对不足，且有效利用全球科技资源的经济基础、科技基础以及制度环境等方面也较差，因此处于相对不利和被动的地位。

1. 本土技术进一步边缘化

目前，全球正在分化成为三个以区域科技合作为基础的相对独立的科技圈，即以美国为首的北美科技圈、以欧盟为主的欧洲科技圈和以日本为首的东亚科技圈。研究证明，尽管流向发展中国家的外国直接投资有了大幅度的增加，但是自20世纪70年代中期以来，面向发展中国家的技术转移增长速度远远落后于全球技术转移的增长速度，因而发展中国家在全球技术转移中所占的份额有所下降（纳基什·库马尔，1997），这也意味着发展中国家与发达国家在科学技术方面差距的扩大，发达国家和跨国公司对国际科学技术知识资源的控制力进一步加强，跨国经营企业能够更有效地控制面向发展中国家的技术转移。另外，跨国公司在发展中国家的研发活动以应用研究和试验开发为主，基础研究不足，科技发展缺乏后劲。总而言之，发展中国家对于发达国家的科技依附进一步加大，本土技术也在持续走向边缘化。

2. 东道国研发资源的流失

跨国公司研发全球化实际上也意味着跨国公司对全球范围内研发资源的利用更加有效。跨国公司在知识高地的研发投资持续增长，这在一定意义上克服了母国的人才、知识和技术资源的相对局限性。跨国公司通过其海外研发机构以及这些研发机构与世界主要知识高地之间的紧密联系，形成了一张庞大而严密的知识网络。通过该网络，跨国公司拥有良好的感应系统和有效的传导系统，从而可以适应外部复杂多变的市场和快速发展的技术。跨国公司在发展中国家建立研发机构，与发展中国家的大学、研究机构以及当地的优秀企业进行技术合作，在一定程度上形成了对战略性研发资源的竞争。

与本地企业和科研机构相比，跨国公司能够提供更为优厚的工资和工作条件，对科技人才具有更大的吸引力，从而导致优秀人才从国内企业向跨国公司的流动。此外，跨国公司雄厚的资本实力和强大的技术吸收能力也会在技术市场上表现出更大的优势。东道国的企业和研发机构将在人才市场、技术市场上直接面对跨国公司的挑战。与跨国公司相比，本地企业一般规模偏小，技术水平也不高，在竞争中处于劣势，而要改变中小企业在与跨国公司在研发资源竞争中的弱势地位，将是一个相当漫长的过程。另外，跨国公司对软件业人才的高薪酬标准对人才市场具有一定的导向作用。因而发展中国家的企业和研发机构将在人才市场、技术市场上直接面对跨国公司的挑战。

3. 东道国技术发展的路径依赖性增强

路径依赖是指现有的技术状况会影响到未来的技术发展方向。随着跨国公司研发全球化的发展，其与发展中国家研发机构之间的互补性趋于明显，发展中国家的研发机构有可能趋于专门从事某些特定领域的研发活动。这一方面提高了跨国公司对发展中国家所拥有的专门知识的需要和依赖，另一方面也可能在一定程度上使发展中国家在某一时期内的研发资源集中配置在某些领域。

跨国公司设立研发机构选址时的一个条件就是该地区需具有某一方面的独特技术能力。而跨国公司对该地区这一技术能力的充分利用又会对该技术能力起到强化作用，使得该地区研发机构的路径依赖性增强。如跨国公司在印度的研发机构主要从事软件开发等方面的工作，而在中国，跨国公司的研发活动也主要集中在信息与通信领域的软件开发等方面。对于发展中国家来说，这种研发资源的配置格局可能会使该国在短时间内提高某些领域的研发水平，但就长远而言，则可能会造成其在某些专门领域上的路径依赖，或者造成这些发展中国家对某些跨国公司的依赖，影响其在复杂技术、技术整合等方面的能力发展。

4. 本土企业技术控制权弱化

随着科技全球化的发展，跨国公司的控制和协调能力正在不断提高，实现规模经济、范围经济与战略柔性并重的可能性大大提高，跨国公司将成为更加灵敏和开放的庞然大物。对于发展中国家的企业来说，这意味着将要面临更强大的对手，在一定程度上会使发展中国家中以本土知识为基础的企业面临更加严峻的市场竞争。发展中国家的企业参与到国际战略技术联盟中，有可能面临自身技术能力空心化的挑战。这些企业自身力量相对薄弱，但往往在某些专门领域拥有一定的知识积累或诀窍，而这些知识和诀窍又为发达国家的跨国公司所需要，因而能够与之建立战略技术联盟关系。在这种情况下，如果发展中国家的企业失去对联盟的控制权，特别是对技术发展的控制权，则可能面临自身技术能力的空心化。因为发达国家跨国公司的技术获取能力异常强大，在联盟中，有可能完全控制技术并为其所用，而影响了发展中国家企业合作目标的实现。

二、研发国际化对发展中东道国的正面影响

跨国公司研发全球化很大程度上是服务于以美国、欧盟和日本为首的发达国家和地区，及其跨国公司的全球利益，其收益主要流入了经济发达国家。这种跨国公司研发全球化以及由此而来的国际科技的结构变化，维持甚至扩大了它们与发展中国家之间业已存在的科学技术差距。但是这决不意味着跨国公司研发全球化对于发展中国家获取科学技术知识、培育科技能力没有任何积极意义。事实上，长远看来，跨国公司研发全球化在向发展中国家提出严峻挑战的同时，又为

其提供了难得的技术赶超机会。这主要表现在以下三个方面：

1. 科技资源的集聚和创新能力的提升

研发国际化增加了发展中国家的研发资金。研发是一种高风险、高投入的经济活动，需要大量的资金支持，发展中国家普遍面临研发资金不足的困境。发达国家及其跨国公司在跨国公司研发全球化过程中居于主导地位，这一事实只是表明科学技术资源向发展中国家的流动速度慢于向发达国家的流动速度。从绝对规模来看，无论是发达国家投放在发展中国家的研发支出，还是面向发展中国家的技术流动，其规模都有相当大幅度的增加。因此，跨国公司的研发活动增加了东道国的研发资金投入，在一定程度上改善了当地研发投入不足的窘境。

发展中国家的地方科研部门、高等院校与跨国公司研发机构之间的交流与合作，有助于技术信息、专门知识和科研人员在各部门间的流动，加速知识传播。同时，地方企业可以从跨国公司研发活动中学习到研发管理技术和经验，有助于提高企业的科研管理水平。另外，为了满足跨国公司的需求，政府部门必须想方设法建立有利于开展研发活动的整体环境和氛围。各种创新主体之间的互动，创新环境的形成和改善，有助于建立学习型区域，促使东道国创新能力的进一步提高。

2. 技术溢出效应强化和产业结构升级

当今社会，跨国公司是世界先进技术最主要的创造者和拥有者，它们在东道国的活动不可避免地会将先进技术引入该地区。跨国公司技术扩散的途径主要有四种：①与生产、教学和研究机构的相互作用；②供应链；③合作或授权；④人员流动。跨国公司在技术研发领域的投资和成果，在全球范围内占有很大比例，它们在发展中国家的投资基本上集中在高新技术领域。跨国公司的地方研发活动，将加速先进技术向研发机构所在地的转移，提升当地的技术水平。

另外，研发活动具有很强的外部性。跨国公司投资研发活动不可能将所有的收益都收归已有，研发活动的效益会通过产业内溢出、产业间溢出产生溢出效应，刺激和带动相关行业和部门的发展。跨国公司在发展中国家的研发活动始终集中在与时代同步的高新技术领域，无形中促进了相关产业的发展和技术进步，有助于发展中国家提升产业结构，加快技术升级。

3. 跨越发展的可能性增大

在跨国公司研发全球化浪潮中，一些经济发展水平相对较高、科学技术基础设施比较完善的发展中国家有可能通过积极参与国际科学技术交流与合作，充分发挥后发性优势，从而进一步缩小与经济发达国家之间的科技差距，并最终实现经济技术的赶超。一般来说，现代工业的初步建立使这些国家对现代科学技术知识有着极为强烈的需求，经济的初步发展繁荣使它们有足够的支付能力购买所需要的科学技术知识，同时相对完善的国内科学技术基础设施也使它们对于外国先进科学技术知识有着相当强大的吸收能力。从这个角度考虑，研发国际化可能会促成东道国的跨越式发展。

第二节 研发国际化与技术溢出

跨国公司在制定海外研发投资的决策时，技术外溢是其需要考虑的重要因素之一。跨国公司一方面希望能从东道国企业和研发机构那里获得更多的技术外溢，另一方面则尽量减少自身技术知识向东道国企业和研发机构的外溢。这两种外溢的数量将影响跨国公司是否进行分散化研发。对于东道国来说，吸引跨国公司研发活动的一个重要原因也是为了获得其技术外溢，这对于发展中国家来说尤为重要。基于这些原因，本节将通过分析研发国际化与技术外溢之间的关系来研究研发国际化对东道国的影响。

一、两个相关概念：技术扩散和技术溢出

1. 技术扩散

技术扩散可简单定义为技术通过一定渠道在潜在使用者之间传播采用的过程，包括时间和空间两个维度。与技术发明或创造不同，技术扩散过程是一个连续而且缓慢的过程。Nathan Rosenburg（1972）提出，扩散过程有两个特征：扩散过程整体缓慢，不同的技术被采用的速度之间存在很大差异。前一特征表现在其扩散路径上呈现出“S”形。1957 年，Zvi Griliches 关于杂交小麦技术扩散的实证研究就提出了技术扩散的“S”形曲线。1968 年，Edwin Mansfield 研究了美国煤、钢铁、酿造和铁路等产业主要技术革新的扩散过程，也验证了“S”曲线的存在。“S”曲线表现为早期采用新技术的用户很少，技术扩散缓慢，随着用户逐渐增多，扩散过程逐渐加速，到了一定时间和数量后，又开始减速。一些学者认为技术扩散是一个“学习”的过程，即在模仿的基础上还有不断的自主创新活动。Komoda（1986）① 将技术扩散定义为“对理解和开发所引进技术的能力的一种转移”，并认为判断技术扩散成功与否的标准应该是，技术引进方能否在没有外在援助的条件下对所引进的技术完全独立地加以吸收、操纵和完善，是否具有一定的改进、扩展和开发所引进的技术能力为标准。

对于一个国家或地区来讲，技术扩散是非常重要的。技术扩散是技术创新取得社会效益的源泉。因为，一项新技术的经济效益主要来自于它的扩散，新技术

① 李平．技术扩散理论及实证研究［M］．太原：山西经济出版社，1999.

只有大规模地进行扩散，整个社会才能取得更大的经济效益，从而形成巨大的社会效应。那些还没有采用新技术来获得超额利润的企业会纷纷模仿，通过反求工程或者通过市场途径购买该项新技术，以期获得超额利润，从而整个社会的经济技术水平得到提高。国际技术扩散，是指一国的开发能力通过消费和生产使用的各种方式为另一国所使用、吸收、复制和改进的过程，绝不是简单的翻版，而是需根据当地特定的社会、政治、技术、气候、经济、教育等条件进行相应的改造，从而适应这些外在的环境。国际间的技术扩散主要通过国际贸易和国际直接投资两个渠道进行。

2. 技术溢出

技术溢出也称技术外溢，是指通过技术的非自愿扩散，促进东道国技术水平和生产力水平的提高。Caves（1974）① 将跨国公司对东道国的技术外溢效应划分为三类，即打破原有的市场垄断、竞争压力和示范效应以及本国的模仿。此后，大量学者使用局部均衡理论模型分析与东道国有关的技术外溢效应和影响技术外溢的各种决定因素，本文将在接下来的部分进行详细介绍。对于技术外溢，理论上可以分为水平溢出和垂直溢出，但在实际中有时难以清楚地加以区分，因为两种外溢可能同时存在并交织在一起。水平溢出一般指技术源企业的技术溢出到同行业企业，而垂直溢出则表现为技术外溢到不同行业，如上下游产业，从而使这些企业间接地获得新技术的好处。从微观经济学的角度考虑，技术外溢效应是一种正外部性的特定情况，是技术领先者带来的，却难以从中获得相应的回报。

从技术扩散和技术溢出的定义中可以看出，二者是两个不同的概念。技术溢出是通过技术的非自愿扩散促进东道国的技术水平和生产力水平的提高，是技术扩散的外部效应。技术扩散既包括扩散方有意识的主动性扩散行为，也包括无意识的被动性扩散行为，即技术溢出。本节考察研发国际化通过技术扩散和技术溢出对东道国企业的影响，没有详细区分二者各自的影响因素和影响途径，实际上是将二者作为等同的概念使用。

二、技术扩散、技术溢出与FDI

1. 相关研究回顾

Caves（1974）② 把技术扩散的外在性分为三类：①具有强大行业壁垒的产业，由于跨国公司的进入，使垄断行为受到遏止，资源配置得到改善；②由于跨国公司不断增加的竞争压力或示范效应，使东道国能够更加有效地使用资源，推动当地技术效率的提高；③由于竞争、反复模仿或其他原因，跨国公司的进入将

①② Richard E. Caves. Multinational Firms, Competition, and Productivity in Host - Country Markets [J]. Economica, New Series, 1974, 41 (162), pp. 176 - 193.

加快技术转移和扩散的速度。Findlay（1978）[①] 则构建了一个简单内生动态模型，用来说明发达国家对技术落后的发展中国家进行直接投资和技术扩散的情况，该模型检验了技术差距、外资活动范围等静态特征对技术扩散的影响。其结论认为，东道国与跨国公司的技术差距越大，其可供利用的机会越多，压力也越大，因此有助于东道国更快地对新技术进行模仿和应用。同时，跨国公司的活动范围越广，则技术的扩散也就越快。

Glass 和 Saggi（1998）[②] 的研究中也考察了东道国和母国之间的技术差距对技术扩散的影响，却得出了与 Findlay 不一样的结论。他们把这种技术差距看成是反映东道国吸收能力的一个指标，差距越大，则东道国在人力资源、基础设施等方面吸引投资的能力就越弱，这不仅影响了投资，而且还影响了技术转移的质量。

Kokko（1992）[③] 认为技术溢出效应的发生来自两个方面：一是示范、模仿和传播；二是竞争。前者是技术信息差异的增函数，后者取决于跨国公司与东道国企业的市场特征及其相互影响。Parente 和 Prescott（1994）[④] 认为在前后各种技术吸收过程中，企业在边干边学中积累的专有技术知识为进一步的技术引进做好了准备，并证明了企业技术吸收的决策和产出增长依赖于资本市场的有效性。

Aitken 和 Harrison（1999）[⑤] 对 4000 多家委内瑞拉企业进行了考察，得到了两个重要发现：其一是总体上外国对委内瑞拉企业的直接投资存在技术溢出，但进一步分类发现这种溢出仅存在于雇员少于 50 人的小企业，而在大企业中这种效应不复存在；其二是随着外国直接投资的增加，本国企业的生产能力反而下降，即外国直接投资带来了负溢出。Blomstrom 认为，如果把上述两项正负方面的影响相加，则外国直接投资对委内瑞拉企业的生产能力的影响是很小的。Gorg 和 Greenaway（2003）[⑥] 通过理论分析和计量分析方法对产业内技术外溢进行了考察，他们认为原有的理论不能很好地解释产生技术溢出的原因，而经验证据也

---

① Ronald Findlay. Relative Backwardness, Direct Foreign Investment, and the Transfer of Technology: A Simple Dynamic Model [J]. *The Quarterly Journal of Economics*, 1978, 92 (1), pp. 1-16.

② Glass Amy J. and Kamal Saggi. International Rivalry in Advancing Products [J]. Review of International Economics, 1998 (6), pp. 252-265.

③ A Kokko. Foreign Direct Investment, Host Country Characteristics, and Spillovers [J]. Economic Research Institute, Stockholm School of Economics, 1992.

④ Stephen L. Parente and Edward C. Prescott. Barriers to Technology Adoption and Development [J]. The Journal of Political Economy, 1994, 102 (2), pp. 298-321.

⑤ Brian J. Aitken and Ann E. Harrison. Do Domestic Firms Benefit from Direct Foreign Investment? Evidence from Venezuela [J]. The American Economic Review, 1999, 89 (3), pp. 605-618.

⑥ Holger Gorg and David Greenaway. Much Ado. about Nothing? Do Domestic Firms Really Benefit from Foreign Direct Investment? [C]. IZA Discussion Paper No. 944, 2003.

很难对这一结论给予支持。

国内的一些学者也对此进行了研究。如沈坤荣（1999）① 对1996年除成都和西藏外的29个省区的外商直接投资总量与各省的全要素生产率做横截面的相关分析，发现外商直接投资占国内生产总值的比重每增加1个单位，可以带动0.37个单位的全要素生产率的增长。何洁（2000）② 利用28个省区1993～1997年共140个相关数据进行回归，发现如果将这些地区按照经济发展水平划分为超过经济发展门槛与未达到经济发展门槛的两组地区，外商直接投资对我国各省市工业部门都存在明显的正向技术外溢作用，但在这两类地区的外溢效应的估计系数分别为0.0171和0.0065，差距很大，从而说明了经济发展水平越高的地区外商直接投资的外溢效果越好。陈斌和袁怀中（2000）③ 使用相同的方法对1990～1998年江苏省的相应数据进行回归分析，也发现外资工业部门对内资工业部门的外溢效应在不断增加，外溢效应系数达到3.737。周妍（2002）④ 对浙江省1991～1999年的相关数据进行回归分析，得出的结论是，随着浙江省工业部门引进的外商直接投资增加，浙江省的工业总产值也在增加，外资工业部门对内资工业部门的外溢效应系数高达9.869。另外一些学者的研究则发现，外商直接投资对中国的技术溢出并不显著，如王飞（2003）⑤ 采用索洛增长速度方程对跨省数据进行了回归，结果发现总体上外资并没有产生明显的溢出效应；潘文卿（2003）⑥ 的研究也发现，中国的西部地区还未跨越促使外资产生正面溢出效应的发展门槛，外资在该地区甚至产生了不太显著的负面溢出效应。

2. 扩散和溢出的途径

（1）市场竞争。由于跨国公司进入东道国行业壁垒高的产业，使该行业的垄断行为受到遏制，从而改变了市场竞争结构。跨国公司带来的技术溢出效应推动了东道国的市场竞争，一方面能更直观地给内资企业以压力，迫使其建立赶超意识，更新滞后观念，加大技术投入，改善资源配置，推动当地技术效率的提高，激烈的市场竞争使所有企业必须加强对技术的消化、吸收能力，并在此基础上进行创新和技术开发，否则在市场上将面临被淘汰的命运；另一方面，跨国公司之间的竞争使我国可选择技术水平较高的跨国公司来华投资。

（2）技术示范与模仿。由于跨国公司母公司向子公司转移的技术对当地竞

① 沈坤荣．外国直接投资与中国经济增长［J］．管理世界，1999.

② 何洁．外国直接投资对中国工业部门外溢效应的进一步精确量化［J］．世界经济，2000.

③ 陈斌，袁怀中．江苏外商直接投资外溢效应的实证研究［J］．江苏统计，2000.

④ 周妍．对外商直接投资外溢效应的实证研究［J］．经济问题探索，2002.

⑤ 王飞．外商直接投资促进了国内工业企业技术进步吗［J］．世界经济研究，2003.

⑥ 潘文卿．外商直接投资对中国工业部门的外溢效应：基于面板数据的分析［J］．世界经济，2003.

争者产生了示范作用，当地企业为了提高自身的技术水平，纷纷模仿它们的技术。如通过对产品进行“逆向工程”的研究和开发，或雇用在跨国公司工作过、接受过培训的员工，间接获取生产该产品的技术和工艺，提高本企业的生产技术水平（Mansfield 和 Romeo，1980；Blomstrom，1986①）。

（3）东道国当地企业与跨国公司的前后向关联。后向关联是指由东道国当地厂商为跨国公司提供所需的原材料、零部件或各种服务。跨国公司与当地厂商合作，在以下几种联系中促成了技术溢出的产生和发展：帮助潜在的与之有联系的供应商建立生产设施，提供技术援助或信息服务，提供培训并协助管理，帮助供应商从事多样化经营。跨国公司与当地供应商间的接触与信息流动使当地厂商有可能从跨国公司的先进产品、工艺技术或市场知识中通过边干边学获取溢出效应（Lall，1980；Rodriguez - Clare，1996）。前向关联是指由东道国当地厂商为跨国公司提供的成品市场营销服务，以及半成品、零部件、原材料的再加工和其他各种服务。前向关联有助于形成当地的生产体系，开发其成品市场，促进当地研发的发展。

（4）人力资本的流动。由于发展中东道国的人力资本水平较低，发达国家跨国公司需要对东道国的当地雇员提供培训机会和培训设施（Chen，1983）。当这些雇员由跨国公司的子公司流向当地其他企业或自创企业时，其在跨国公司工作时所学的专业技术和经营管理技术也随之外流，从而产生溢出效应（Pack，1993）。此外，还可以通过培训内容的交流、示范作用等对东道国人力资源的整体水平产生重要影响。

（5）市场挤出效应。外国直接投资对国内企业的生产能力也可能产生负溢出（特别是在短期内）。如果国内不完全竞争的厂商面对一个固定的生产成本，相对于其本国内的竞争者而言，国外具有更低边际成本的厂商将有激励来增加生产。在这种情况下，为当地市场生产产品的外国厂商的进入，就会从国内厂商那里吸收一部分需求，使得国内厂商不得不削减产量。因此，国内厂商将在一个更小的市场内分散其固定的生产成本，生产能力将不断下降。如果这种由于需求效应而引起的生产能力下降达到一定程度，即使跨国公司向国内厂商转移技术或专有资产，扣除掉上述生产能力下降的负面效应，国内厂商的净生产能力仍然有可能下降。这一效应也可以从图 4.1 中看出。在该图中，正的外溢效应使得国内厂商的平均成本曲线从 AC_0 下降到 AC_1，然而，国外厂商的竞争迫使国内厂商减少产量，即沿着新成本曲线 AC_1 向上移动。在图中净效应是增加了生产的总体成本。

① Magnus Blomstrom. Foreign Investment and Productive Efficiency: The Case of Mexico [J]. The Journal of Industrial Economics, 1986, 35 (1), pp. 97 - 110.

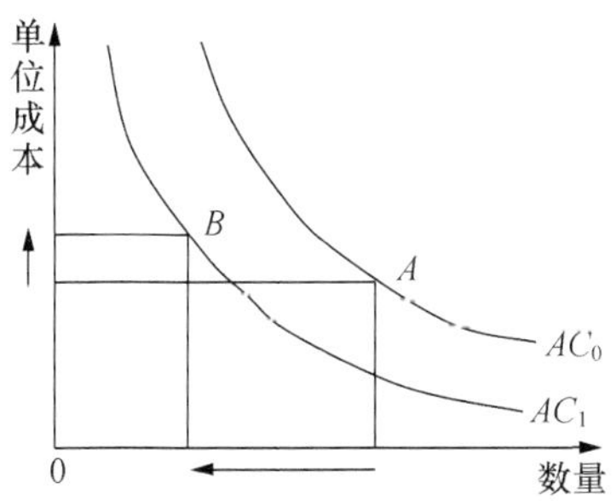

图 4.1　外国厂商进入条件下国内厂商的产量反应

资料来源：Brian J. Aitken and Ann E. Harrison（1999）.

三、跨国公司研发国际化与知识外溢

知识具有公共产品的性质，因此可以判断外国分支机构的研发活动有可能对东道国企业和机构产生外溢效益。企业研发活动建立在知识（隐性或显性）储备的基础上，由于跨国公司通常利用专利来对知识产权进行保护，或者一些知识由于专业性太强很难被转移，使得跨国公司通过研发所生产的某些新知识可能只对其自身有益。但是，一些知识还是能“漏出”并有益于东道国的创新研究。伴随着外资研发中心的建立，东道国国内的企业和机构就有机会接近隐性知识，这些隐性知识在研发过程中往往发挥着关键性的作用，但在本地进行自主开发却十分困难且成本高昂，因此它们的外溢对于东道国来说意义重大。

知识外溢使得东道国和跨国公司之间在利益上产生冲突。东道国希望将跨国公司对本国企业的知识扩散最大化，而跨国公司则希望尽量弱化这些“漏出”。为此，跨国公司会尽量设立独立的研发机构，以此来限制当地企业接近其核心知识和技术。因为当地企业可以通过从外资研发机构“挖人”来获取技术，为防止知识泄露，这些独立的外资研发机构会比合资设立的研发机构更注意限制当地研发人员接近核心知识和技术，而在合资和合作经营的研发机构里，国内企业通常有自己的人员参与所有的研发活动。另外，跨国公司一般十分注重保护其核心竞争力（技术），因而更愿意将非核心技术的研发转移到国外的研发分支机构，或将其外包出去，以及与当地合作伙伴共同合作研发。但这并不意味着这些非核心技术对东道国来说是过时的或低价值的，它们有可能是新的有价值的技术，但是对于跨国公司的核心活动来说却并不一定是重要的。跨国公司也会转移一些核心技术到海外研发分支机构，以便让这些分支机构通过本地的工艺研发来改进其产品。为了防止这些核心技术被窃取，跨国公司会采取一些策略，使其海外研发中心的研发成果和产品依赖于母公司。例如，在当地生产的零部件，如果不和跨国公司在其他地方生产的零部件组合在一起，就基本没有什么价值。通过运用这种多区位的新产品研发体制，跨国公司可以降低某个研发分支机构接近整个技术体系的概率，从而有效减少一些核心技术在东道国的溢出。

表4.2列举了跨国公司防止技术外溢的措施及其潜在效果。

表4.2　跨国公司在东道国限制技术溢出风险的措施

措施	潜在的效果
设立独立运营的研发机构	减少监控成本和损失的风险，因为企图窃取技术的外部企业要想获得关于技术的详细信息变得很困难
转移低价值、非核心的技术	如果不小心技术被窃取，转移者的损失会相对小一些，但被转移者可能因为技术具有非对称性的价值而感到满意
转移核心（高价值）但依赖性（不完全）的技术	即使技术被窃取，其价值对于被转移者也是很低的，因为该项技术只有与转移者所拥有的互补性技术结合起来才能发挥作用
以隐性而不是显性的形式转移技术	即使研发分支机构的雇员理解技术，但他们必须以隐含的方式转移这些技术，因此技术转移到其他组织的速度非常慢

资料来源：UNCTAD，based on Cannice et al. 2003，2004.

第三节　研发国际化与市场集中度

一、文献回顾

早期经济学家对于企业创新活动与市场结构的研究，着重于研究市场集中度对于企业研发和创新活动的影响。Morton I. Kamien 和 Nancy L. Schwartz（1975）[①]最先研究了技术创新与新兴市场结构的关系。他们认为竞争程度、企业规模和垄断力这三个变数是决定技术创新的重要因素。由于技术创新能使创新者在与对手竞争时获得较多的利润，所以竞争引出了技术创新的必要性。企业规模也会影响技术创新所开辟市场前景的大小，企业规模越大，其在技术上的创新所开辟的市场就越大。最后，垄断力能够影响技术创新的持久性，即企业的独占程度越高，对市场控制力越强，则其所进行的创新便越能持久，越不容易在短期内被竞争对

① Morton I. Kamien and Nancy L. Schwartz. Market Structure and Innovation：A Survey［J］. Journal of Economic Literature，1975，13（1），pp. 1－37.

手所模仿。在此之后，许多学者（Shrieves，1978；Farber，1981；Connolly 和 Hirschey，1984；Cohen 和 Levin，1989；Van Cayseele，1998）又对此进行了研究，得到的结论也不尽相同。

对于研发和创新对市场结构影响的研究，则是从近年才开始的。这些研究注意到，研发会影响市场结构，而且创新所产生的短暂性市场力量也可能会被其他竞争者的创新模仿所侵蚀。

Nelson 和 Winter（1978）① 在探讨创新对集中度影响的模型中，以一个动态的熊彼特过程（Schumpeterian Process）为基础，且研发活动是这一过程的一部分。该模型假设大厂商与小厂商花费相同比例的研发费用，但由于大厂商的研发支出绝对量较大，且具有较高的研发水平，使其在创新和模仿上的努力更容易成功，同时当研发成功时，这些成果也更可能被较大厂商所占有。因此，较大厂商获得了研发竞赛的收益，这对市场集中度的增加起到了推动作用。

Mukhopadhyay（1985）② 探讨了由研发所引起的技术进步对市场结构的影响，他以 Nelson 和 Winter（1978）的模型为基础，并以美国 1963 ~ 1977 年 336 个四位码产业为研究对象，将所有产业分为高、中、低三个研发密集度群体，然后用回归分析来探讨 CR_4 或 CR_8 的变化与技术进步以及其他变量之间的关系。Mukhopadhyay 主要是验证“当允许其他厂商进入时，研发所引起的技术进步并非是影响集中度上升或下降的因素”这一假设，其实证结果发现，对于影响技术进步的不同变量，其估计系数都为负值，而且在大部分的回归中，至少在 5% 的水平下显著异于零。同时，他还发现，研发引起的技术进步造成集中度下降的原因之一是厂商的进入。

Levin 和 Reiss（1988）③ 分析了带有外溢效果的成本下降（Cost - Reducing）或创造需求（Demand - Creation）的研发活动对集中度的影响。他以一个详细的结构性模型来进行分析，该模型的特点在于将自己的和对手的研发看作是不完全的替代品。他们利用美国 166 个商业生产线（Manufacturing Lines of Business）的数据为样本，对 1972 年的集中度进行估计，得出了较大的研发努力会导致较高的集中度这一结论。

---

① Richard R. Nelson and Sidney G. Winter. Forces Generating and Limiting Concentration under Schumpeterian Competition [J]. *The Bell Journal of Economics*, 1978, 9 (2), pp. 524 - 548.

② Arun K. Mukhopadhyay. Technological Progress and Change in Market Concentration in the U. S., 1963 - 1977 [J]. Southern Economic Journal, 1985, 52 (1), pp. 141 - 149.

③ Richard C. Levin and Peter C. Reiss. Cost - Reducing and Demand - Creating R&D with Spillovers [J]. The RAND Journal of Economics, 1988, 19 (4), pp. 538 - 556.

Geroski 和 Pomroy（1990）[①] 将动态的市场集中度模型应用于分析创新对市场结构演化的影响，他们主要是对 Blair（1972）的假设——技术变迁可能会导致集中度下降——进行检验。Blair 认为，从 18 世纪中晚期至 20 世纪初期，技术变迁有效地增加了大部分制造业工厂的最小有效规模，同时也提高了建立工厂所需的资本费用。但是，近代新材料（如塑料）的引进和计算机及多功能机器的大量使用，可能会降低生产成本而使集中度下降。Geroski 和 Pomroy 利用实证分析对此观点进行了检验，他们以英国 73 个产业为研究对象，分析了 1970～1979 年之间创新对集中度变化的影响。其结果与 Blair 的假设一致，即在 20 世纪 70 年代的英国，产业中主要的创新降低了市场集中度。

二、基本模型

上述的分析主要以发达国家作为研究对象，且其结论并不一致。而针对研发和创新活动对发展中国家市场结构影响的分析则很少，至于研发国际化与发展中国家市场结构的关系的分析则更少。Escrihuela－Villar（2004）[②] 建立了一个模型，对创新活动以及非对称厂商条件下的市场集中度进行了分析。该模型假设市场上各个厂商的初始生产成本不同，若将初始成本低的厂商看作是跨国公司，初始成本高的厂商看作是发展中国家的厂商，这个模型就可以用来分析跨国公司研发国际化对发展中国家企业和市场结构的影响。同时，该模型前一部分与第三章分析研发国际化对发展中东道国企业创新能力影响的模型相类似，但本模型将假设条件扩展到了 n 家厂商，更符合现实情况。

考虑一个市场，其需求为一线性的反需求函数：

$$P = a - Q \tag{4.1}$$

式中，P 为市场价格，Q 为市场上供给的全部产品数量。在这个市场上有 n 家厂商进行数量竞争并出售同质的产品[③]，且 $Q = \sum_{i=1}^{n} q_i$。产品的单位生产成本取决于厂商的研发活动，因为成功的研发可以减少生产最终产品的边际成本。为讨论方便，这里将厂商 i 的单位生产成本定义为：

$$d_i = c_i - x_i \tag{4.2}$$

式中，c_i 为厂商 i 初始的单位生产成本，且 $c < a$；x_i 为其研发投资水平，

① P. A. Geroski and R. Pomroy. Innovation and the Evolution of Market Structure ［J］. The Journal of Industrial Economics，1990，38（3），pp. 299－314.

② Marc Escrihuela－Villar Innovation and Market Concentration with Asymmetric Firms ［R］. CFS Working Paper No. 2004－2003，2004.

③ 同质产品的假设使得本模型符合 Cournot 竞争条件，而在 Bertrand 竞争条件下，同质产品条件使得厂商的非对称性不存在。

且 =1，2，…，n。下标暗示着厂商并不是相同的，即非对称的。

厂商的研发成本由 γx_i^2 给定，且 $\gamma>0$。本模型的目的在于考察厂商之间成本函数的差异对产业政策和市场结构的影响，因此，为方便起见，假定 γ 在厂商之间是相等的。在此情况下，厂商 i 的利润函数为：

$$\pi_i(q_i,\ d_i)=(P-d_i)q_i-\gamma(c_i-d_i)^2 \tag{4.3}$$

假设厂商的研发是战略性的，因此本模型是一个两阶段博弈。第一阶段厂商同时选择研发投入水平，第二阶段厂商同时选择产量，且所选择的这些研发投入水平对每个厂商来说都是共同知识。因此，本模型的关键就是要找出这个两阶段博弈的子博弈完美纳什均衡（Subgame Perfect Nash Equilibrium）。

在第二阶段博弈均衡中，每个厂商的产量是向量 $d=(d_1,\ d_2,\ \cdots,\ d_n)$ 的一个函数，总产量和价格分别为：

$$q_i(d)=\frac{a-(n+1)d_i+\sum_{i=1}^{n}d_i}{n+1}(i=1,2,\cdots,n) \tag{4.4}$$

$$\sum_{i=1}^{n}q_i\equiv Q=\frac{na-\sum_{i=1}^{n}d_i}{n+1} \tag{4.5}$$

$$P=\frac{a+\sum_{i=1}^{n}d_i}{n+1} \tag{4.6}$$

然后，通过式（4.4）和式（4.6）可以分别获得边际成本变化的效应，即：

$$\frac{\partial q_i}{\partial d_i}=-\frac{n}{n+1}\qquad \frac{\partial P}{\partial d_i}=\frac{n}{n+1}\qquad \frac{\partial(q_i/Q)}{d_i}<0 \tag{4.7}$$

为了获得第一阶段博弈的均衡结果，需要运用 Saracho（2002）所提出的技术来处理厂商间的非对称问题。事实上，尽管厂商选择研发投入水平（x_i），但出于计算方便的考虑，一般选择生产阶段的边际成本水平（d_i）更为方便①。式（4.2）表明了二者之间的关系。同时，模型还假设 $\gamma\geq1$，使得函数对 x_i 具有凸性，以确保厂商 i 最大化问题的二阶条件能够被满足。厂商 i 寻求其利润最大化的最终单位生产成本（d_i），一阶条件为：

$$\frac{\partial\pi_i(q_i,\ d_i)}{\partial d_i}=(P-d_i)\frac{\partial q_i}{\partial d_i}+\left(\frac{\partial P}{\partial d_i}-1\right)q_i+2\gamma(c_i-d_i)=0\quad(i=1,2,\cdots,n) \tag{4.8}$$

将式（4.4）、式（4.5）、式（4.6）和式（4.7）代入式（4.8），化简后厂商的一阶条件变为：

① Saracho, A. I. Paten Licensing under Strategic Delegation [J]. Journal of Economics and Management Strategy, 2002, 11 (2), pp. 225 -251.

$$\frac{\partial \pi_i(q_i, d_i)}{\partial d_i} = -2na - 2n\sum_{i=1}^{n} d_i + (2n(n+1) - 2\gamma(n+1)^2)d_i + 2\gamma(n+1)^2 c_i = 0 \tag{4.9}$$

然后将所有 n 个一阶条件相加，可得如下表达式：

$$-2n^2 a - 2n^2\sum_{i=1}^{n} d_i + (2n(n+1) - 2\gamma(n+1)^2)\sum_{i=1}^{n} d_i + 2\gamma(n+1)^2\sum_{i=1}^{n} c_i = 0 \tag{4.10}$$

整理可得：

$$\sum_{i=1}^{n} d_i = \frac{-n^2 a + \gamma(n+1)^2\sum_{i=1}^{n} c_i}{\gamma(n+1)^2 - n} \tag{4.11}$$

因此，定义 $c = \sum_{i=1}^{n} c_i$，并将式（4.11）代入式（4.9），可得：

$$d_i = \frac{an^2 - (a+c+c_i)\gamma n(1+n) + c_i\gamma^2(1+n)^2}{(\gamma+(-1+\gamma)n)(-n+\gamma(1+n)^2)} \tag{4.12}$$

将式（4.11）和式（4.12）代入式（4.4），可以解出产量。考虑到 $x_i = c_i - d_i$，从式（4.12）也可得到厂商的最优研发投入水平。其结果分别为：

$$q_i = \frac{\gamma(1+n)(c\gamma(1+n) + a(\gamma+(-1+\gamma)n) - c_i(-n+\gamma(1+n)^2))}{(\gamma+(-1+\gamma)n)(-n+\gamma(1+n)^2)} \quad (i=1, 2, \cdots, n) \tag{4.13}$$

$$x_i = \frac{n(nc_i - \gamma((1+n)^2 c_i - c) + a(\gamma+(-1+\gamma)n))}{(\gamma+(-1+\gamma)n)(-n+\gamma(1+n)^2)} \quad (i=1, 2, \cdots, n) \tag{4.14}$$

而所有厂商在均衡时的总产量为：

$$Q = \frac{(1+n)(\gamma(an-c))}{-n+\gamma(1+n)^2} \tag{4.15}$$

三、研发竞争与市场集中

从前述方程可知，研发可以减少生产的边际成本，当节省的成本被用于生产更多的产品时，同样的研发成果对于一个低成本厂商来说更有效率。据此，可以得出以下几个结论。

定理 1：参数的变化对产量和研发投资产生如下影响：

$$\frac{\partial x_i}{\partial \gamma} < 0; \quad \frac{\partial x_i}{\partial c_i} < 0; \quad \frac{\partial q_i}{\partial \gamma} < 0 \quad (i=1, 2, \cdots, n) \tag{4.16}$$

因此，厂商间初始成本的差距由于研发活动的开展而进一步拉大。这显示出厂商间事前研发成本的不对称性会激励低成本的厂商在研发方面进行更多的投

入，同时也说明了这些研发活动反过来会进一步加大生产成本上的不对称性。这意味着，研发活动进一步拉大了低成本厂商与高成本厂商之间的领先距离，因此可以被看作一个影响市场力量的工具。事实上，这一结果在其他一些文献[①]中早已被证明，但这些文献考察的都是双元寡头厂商竞争的情况，Marc 的模型则将其进一步扩展到 n 维厂商的情况。

一方面，可以看出，如果研发变得更加昂贵（γ 增加），其产生的直接影响是厂商投入更少，特别是当 γ 变得无限大时，厂商将不会进行研发投资（$x_i = 0$），该模型将变为无研发的标准纳什—古诺模型。同时，如定理 1 所示，厂商所从事的研发活动的投入水平与其初始的单位生产成本（c_i）呈负向关系。另一方面，研发成本的变化还具有间接效应。在厂商研发投入减少进而效率降低这一前提条件下，研发变得更加昂贵（增加）会使全体厂商减少其产量。

在美国，联邦贸易委员会（FTC）使用赫希曼—赫芬达尔指数[②]（Hirschman - Herfindahl Index，HHI）作为一个指标来衡量一个产业是否具有垄断力量。该指标表示如下：

$$HHI = \sum_{i=1}^{n}\left(\frac{\text{厂商销售额}}{\text{全部销售额}} \times 100\right)^2 \tag{4.17}$$

该指标低于 1000 则认为该产业是健康竞争的，增加 100 或以上就有可能受到调查，而高于 1800 则可能被认定为垄断。Marc 的模型分析了研发成本对赫芬达尔指数（Herfindahl Index，HI）的影响。

$$HI = \sum_{i=1}^{n}\left(\frac{\text{厂商销售额}}{\text{全部销售额}}\right)^2 \tag{4.18}$$

这一指标与 HHI 指标只是规模上不同，HHI = 10000 × HI。由此，可以得到定理 2 如下：

定理 2：HI 随着 γ 增加而下降。

定理 2 说明当研发的成本费用上升后，市场就会变得更趋集中。这种直觉来

---

① Barros, P. and Nilssen, T. Industrial Policy and Firm Heterogeneity [J]. Scandinavian Journal of Economics 1999, 101 (4), pp. 597 - 616.

Rosen, R. J. Research and Development with Asymmetric Firms Sizes [J]. RAND Journal of Economics 1991, 22, pp. 411 - 429.

Poyago - Theotoky J. R&D Competition with Asymmetric Firms [J]. Scottish Journal of Political Economy 1996, 43, pp. 334 - 342.

② 这一指数的经济含义是指所有企业在一个给定市场中所占市场份额平方值的总和，它是由赫芬达尔在 20 世纪 50 年代提出的，后来经过赫希曼（1964）的扩充，因而被称为赫希曼—赫芬达尔指数（HHI）。自 80 年代早期美国司法部和联邦贸易委员会开始采用 HHI 指数来评估企业兼并以来，该指数越来越受到学术界的重视。目前，美国政府定期发布有关各产业的 HHI 指数统计数据，既包括制造业数据，也包括商业服务业数据。

自于下面的公式：

$$\frac{\partial x_i}{\partial\gamma\partial c_i}=\frac{n^2(1+n)(2n+\gamma(1+n)^2(-2+\gamma(1+n)))}{(\gamma+(-1+\gamma)n)^2(n-\gamma(1+n)^2)^2}>0 \tag{4.19}$$

从推论可知，当 γ 增加时，厂商将会减少在研发方面的投入。然而，从式（4.19）可知，厂商减少其研发经费的比率还依赖于其初始的单位生产成本（c_i）。因此，当 γ 增加时，厂商就越缺乏效率，其研发成本减少的空间也就越小。据此可推知，无效率的厂商通过削减更少的研发经费，可以获得其市场份额。在定理 2 中，我们可以发现创新和集中化的市场之间存在一个正向的关系。

推论：当厂商能够从事削减成本的研发活动时赫芬达尔指数（HI）更高。

这个模型描述了在控制其他变量的条件下，研发成本（γ）的增加对市场集中度具有负向的影响，这与熊彼特假设——低集中度低创新、高集中度高创新是一致的。

利用本模型的结论，我们可以分析研发国际化对发展中国家的市场结构的影响：由于技术基础不同，跨国公司在发展中国家进行研发活动时，其初始成本低于发展中东道国企业的初始成本，这使得发展中国家中这种厂商之间初始成本不对称的现象更加严重。根据定理 1，通过研发活动，国外低成本厂商进一步拉大了它与国内高成本厂商之间的领先距离，获得了更强的市场力量，这将对市场集中度产生一定的影响。另外，外资研发机构的进入，会使得国内研发市场的整体研发成本大幅上升，定理 2 得出，当研发的成本费用上升后市场就会变得更趋集中，根据这一结论同样可以断定，跨国公司研发国际化可能会增加发展中东道国的市场集中度。

第四节　合作研发条件下研发国际化对东道国企业的影响

跨国公司在海外从事的研发活动，一般采取合作研发和独立研发两种形式。不同的研发组织形式对东道国的影响存在着很大的差别，因此有必要对此分别进行研究。

有关企业跨国合作研发的文献很多，但大多数都将合作研发的参与者看作是同质的，因此这些文献更适合研究发达东道国的情况。在研发国际化进程中，一些跨国公司开始考虑与发展中东道国的企业进行合作研发，发展中国家政府也积极采取措施推动这种合作，以促进本国企业的研发和创新能力。但是，在一般情况下，发展中东道国企业的研发能力与跨国公司存在着很大的差距，因此，要分

析跨国公司与发展中东道国企业合作研发对发展中国家企业的影响，就应该放宽研发合作者同质这一假设，重新审视跨国合作研发对发展中东道国企业的影响。

本节利用 Antje Baerenss（1999）[①] 建立的模型，对这一问题进行了分析和讨论。该模型在研发合作者异质的假设基础上，对合作与非合作研发下的企业利润和社会福利进行了深入的分析。

一、文献回顾与说明

知识作为研发的结果能够很容易被转移给其他使用者。即使有专利保护，也会有一部分知识外溢到竞争对手。创新公司面临一个“搭便车”问题，因此趋于减少研发活动。为了将研发的溢出效应内部化，产生了设立合资研发企业的需求，这种合资形式能够增加企业的福利。很多学者对此问题进行了研究，得出了大致相同的结论。

D' Aspremont 和 Jacquemin（1988）[②] 发现，在一个线性双元寡头模型里，研发合作只在溢出大的情况下增加福利，在其模型里，没有考虑由信息分担带来的收益（如可以通过合作消除研发活动简单复制的情况）。Suzumura（1992）[③] 将 D' Aspremont 和 Jacquemin 的结果一般化为一个范围更广的垄断模型，他发现当存在较大的溢出时，无论是非合作均衡研发水平还是合作均衡研发水平，其在边际上都是不充分的。在没有外溢情况下，合作均衡研发水平在边际上对全社会来说是不足的，而非合作均衡研发水平对全社会来说又超过了最优水平。Kamien、Muller 和 Zang（1992）[④] 考察了研发合作、信息分担或二者结合的情况。他们的研究表明，如果除分担费用外合资企业还分享他们的研发成果时，低溢出也会增加福利。设计这些模型的目的是研究研发对合资企业的福利影响，但没有解释厂商的合作意愿。Choi（1993）研究了形成研发合资企业的私人和社会激励，且引入了随机研发结果。Choi 认为，社会从研发合资企业获得的利益总是大于私人收益。上述文献与其他一些文献都具有一个共同的特征：厂商是同质的。

Antje Baerenss（1999）建立了一个简单的研发合作模型，以考察在非对称厂商情况下研发合作的私人和社会激励问题。在该模型中，生产前厂商进行古诺研

① Antje Baerenss. R&D Joint Ventures: The Case of Asymmetric Firms［R］. Working Paper in Center for Economic Analysis, Department of Economics, University of Colorado at Boulder 1999.

② D' Aspremont Claude and Jacquemin, Alexis. Cooperative and Noncooperative R&D in Duopoly with Spillovers［J］. American Economic Review, 1988, 78.

③ Suzumura Kotaro. Cooperative and Noncooperative R&D in an Oligopoly with Spillovers［J］. American Economic Review, 1992, 82.

④ Kamien Morton I., Muller, Eitan and Zang Israel. Research Joint Ventures and R&D Cartels［J］. American Economic Review, 1992, 82.

发竞争，且创新活动是随机的，这导致了生产和研究阶段的非对称均衡。该模型的主要发现与前人的研究结果一致，即对于大多数参数值来说，合作研发能够增加福利。但是，该模型的结论认为，如果合作者截然不同，则福利也有可能减少。在具有很强的初始不对称情况下，合资企业有一个反竞争的效应，因为该企业趋于保留低成本厂商的独占地位。另外，该研究显示，福利和合作愿望不仅取决于有关技术溢出变量，而且与成本降低幅度和厂商间初始成本差异有关。这意味着厂商间存在不同的合作动机。与对称情况相比，两厂商合作的愿望在很大的参数范围内是不一致的。

该模型在两方面扩展了前人的工作：第一，这一模型允许厂商在博弈的初始阶段是异质的；第二，该模型没有允许厂商选择最优的创新规模，而是考察既定的成本减少对合作的激励效果。厂商的异质性源于事前的边际成本差异，将这一特征加入研发合作模型在一些重要方面改变了双元寡头博弈。初始的非对称不仅产生了非对称均衡，同时也引发了研发投入的不同动机，产生了赞成和反对研发合作的新的激励。例如，在博弈的开始，高成本厂商市场份额相对较小，它希望追赶低成本厂商，但选择何种战略是不清楚的。它可能花费更多的研发经费，设法超过低成本厂商；它也可以投入更少的研发资源，在对手创新时搭便车或在合作协议中与领导者进行联合。

该模型还考虑了为达到一个预定的更低成本水平，厂商要投入多少经费的问题。换句话说，一个既定的创新在重要性方面可能差别很大。例如，成本降低幅度可能大也可能小，厂商能够决定如何寻求这一创新。当一个产业存在着一个领导者和一个追随者时，达到同样的技术水平对于两个厂商来说，意味着创新具有不同的价格。厂商的非对称性和不同的创新规模是创新过程的现实特征，将其纳入模型扩展了均衡结果的范围，使得结果更适用于反垄断和技术支持政策。而且，对现有对称情况下分析结果的认同也增加了这些结果的说服力。

在该模型里，生产前简单的研发古诺模型和随机创新导致了生产和研发阶段的非对称均衡，一些均衡包括角点解。通过计算机模拟获得的结果，认同了研究对称情况的文献中获得的福利结果。在非对称的情况下，研发过程的几个方面相互作用，产生了一些新的有关福利和厂商行为的结果。模型的两个研究基础是溢出效应和研发合资企业的研发成果分享。

如果厂商在研发时相互竞争，溢出效应的存在使得厂商趋于降低研发努力程度，而研发合资企业中的合作允许将这种负外部性内部化。如果内部化效应占支配地位，厂商将提高它们合作研发努力程度。这种效应在溢出参数等于 1 时达到最大，在没有溢出时这种效应则不存在。

该模型的第二个重要特征——研发过程中获得信息的共享——仅在厂商合作研发时有效。重复降低研发努力程度和由此而产生的成本节约对研发经费有一个向下的压力。一方面，对于任何给定的研发费用，信息、共享利于降低成本，自身成本的减少对厂商的利润有正面影响。另一方面，在一个厂商成功时，信息分担机制消除了厂商间的非对称性，这增加了生产阶段厂商间的竞争。因此，信息分担有降低成本的效应，但同时也因消除了厂商间的非对称性而减少了行业的利润。如果没有这些负效应，厂商总是能够发现一个合作协议来增加行业利润，在最坏的情况下，它们也能通过合作来获得非合作的结果。当行业的外溢参数接近 1 时，信息共享的效果消失，博弈结果只由溢出的内部化来决定。

该模型表明，厂商间的初始成本差异、溢出参数的范围和成本减少的幅度共同决定了信息共享和外溢内部化对公司福利和利润的影响。参数的区域取决于这些效应中哪一个占支配地位，由此可以将该区域分为两个厂商进行研发竞争、两个厂商都想合作或者只有一个厂商想合作等几种情况。与对称情况相比，两厂商合作的愿望在一个很大的参数范围内是不一致的。福利分析还表明，在一些情况下，合作可能降低福利。如果初始不对称情况很严重，高成本厂商就会在研发方面过度投资。在这种情况下，研发合资企业由于引导高成本厂商减少研发努力而具有一种反竞争效应，因此研发合资企业的目标是保持现存的非对称性而不是促进创新。在其他情况下，研发合作会增加福利。比较合作的意愿和合作的福利效应可以得到一些政策启示：如果单方面支付或者其他补偿形式都不可行，即使研发合资企业对行业利润和福利的影响是正面的，厂商间也经常会无法达成一个研发合作协议。

二、基本模型

该模型的许多地方是标准的公式，这有助于结果的比较。两个厂商进行两阶段古诺—纳什博弈。在第一阶段，厂商在研发上的投资减少了第二阶段的成本。在第二阶段，厂商在数量上进行非合作竞争。两个厂商的固定边际成本 c_i 在博弈开始时是不同的，厂商 1 为低成本厂商，即 $c_1 < c_2$。

与 D' Aspremont 和 Jacquemin（1988）、Kamien 等（1992，1993）和其他一些人的研究一样，该模型也使用了线性需求函数。为简便起见，反需求函数被定义为 $P = 1 - Q$，其中 $Q = q_1 + q_2$ 表示行业的全部产出。许多学者选择决定性的研发过程，这大大简化了分析。然而，随机研发结果是研发活动的一个基本特征。与 Choi（1993）的研究相似，该模型采用了一个新框架，在该框架内，厂商为将边际成本从高（c_{iH}）降到低（c_{iL}）而投资于研发活动。厂商 i 成功的概率由 x_i

代表，$0 \leqslant x_i \leqslant 1$。这一概率是厂商在第一阶段的选择变量，它也可以被解释为被选定的研发强度。获得概率 x_i 的成本为 $C(x_i) = k\frac{x_i^2}{2}$，这一研发成本函数是凸的，表示研发经费投入的规模随报酬递减。参数 k 是一个正的常数，具有规模效应。在模型当中，k 在厂商间没有差异，即厂商的研发能力相同。初始成本差异不一定来源于不同的研发能力，它可能是由于厂商的环境不同所致。例如，若厂商分别来自于发达国家和发展中国家，也可以产生初始成本的差异。另外，成本的不对称也可能源于厂商的某些特别差异，如专利、公司的历史和管理等。将模型扩展到厂商具有研发能力的差异本身很简单，但是，研发能力的差异在某种程度上可能会产生某种结果，即具有高研发能力的低成本厂商具有更强的竞争力，会将竞争对手驱逐出市场。

与大多数研发合资企业的模型一样，该模型也存在着溢出效应，即存在着从一家厂商到另一家厂商的无补偿的知识流动。而且，如果一家厂商成功，另一家厂商将因创新者的成本降低而受益，也可将其成本降低 $\beta\Delta c$，其中 Δc 是成功厂商降低的成本，β 是溢出参数且 $0 \leqslant \beta \leqslant 1$。

除了初始成本差异，成本降低的性质也须进行说明。要考虑两种情况，一种情况是两个厂商都试图改进它们的现有技术，这意味着初始成本会降低一定数量或一定百分比。如果两厂商都成功，则低成本厂商仍将是行业的领导者。另一种情况是两个厂商能发现一个全新的技术，这意味着它们都能达到同样低的成本，不对称能够被消除。该模型运用了后面这种思路，假设 $c_{2H} > c_{1H}$ 且 $c_{2L} = c_{1L} = c_L$。给定溢出 Δc 是非对称的，如果厂商 1 失败厂商 2 成功，$\beta\Delta c_1$ 是厂商 1 借此降低的成本。在此情况下，Δc 等于 $c_{1H} - c_L$。如果厂商 1 是创新者，Δc_2 就是厂商 2 的成本减少量 $c_{2H} - c_L$。因为 $c_{1H} < c_{2H}$，则 $\Delta c_1 < \Delta c_2$ 意味着给定任何外溢参数 β（$\beta > 0$），厂商 2 获益更多。

三、非合作均衡

首先考虑两个厂商在生产和研发阶段都存在竞争的情况。为了得到两阶段博弈的古诺—纳什均衡，可以按逆向归纳法求解该博弈，在第二阶段，厂商知道研发过程的结果。有如下四种可能的结果。

$\prod_i^{SS}$：两厂商都成功时厂商 i 的利润；

$\prod_i^{SF}$：厂商 i 成功，另一厂商失败时厂商 i 的利润；

$\prod_i^{FS}$：厂商 i 失败，另一厂商成功时厂商 i 的利润；

$\prod_i^{FF}$：两厂商都失败时厂商 i 的利润。

给定线性需求函数，则产出博弈中厂商 i 的利润为：

$$\prod_i = (P - c_i)q_i \tag{4.20}$$

在给定最优产出条件下，上述利润变为：

$$\prod_{\mathrm{i}} = \left(\frac{1 + c_j \quad 2c_i}{3}\right)^2 \tag{4.21}$$

在研发过程中，厂商 i 在每一种可能的结果中的利润为：

$$\prod_1^{SS} = \left(\frac{1 + c_{2L} - 2c_{1L}}{3}\right)^2 = \left(\frac{1 - c_L}{3}\right)^2 \tag{4.22}$$

$$\prod_1^{SF} = \left(\frac{1 + (c_{2H} - \beta\Delta c_2) - 2c_{1L}}{3}\right)^2 \tag{4.23}$$

$$\prod_1^{FF} = \left(\frac{1 + c_{2H} - 2c_{1H}}{3}\right)^2 \tag{4.24}$$

$$\prod_1^{FS} = \left(\frac{1 + c_{2L} - 2(c_{1H} - \beta\Delta c_1)}{3}\right)^2 \tag{4.25}$$

对于厂商 2 有相似的方程成立。

为了确保博弈开始阶段存在一个内点产品市场均衡，高成本厂商的成本 c_{2H} 必须小于$\frac{1 + c_{1H}}{2}$，这一条件允许在厂商创新后的生产阶段存在角点解。该模型所有的模拟结果对于低成本 c_L 等于零都成立。更高的 c_L 缩小了解空间，因为 c_L 必须比 c_{1H}更低，这一低成本选择在性质上没有改变结果。

给定第二阶段的产出竞争，每个厂商在第一阶段通过选择 x_i 使期望利润达到最大，厂商的最大化问题为：

$$\max_{x_i} \prod_i^E (x_i, x_j, \beta) = x_i x_j \prod_i^{SS} + x_i(1 - x_j)\prod_i^{SF} + (1 - x_i)x_j \prod_i^{FS} + (1 - x_i)(1 - x_j)\prod_i^{FF} - k\frac{x_i^2}{2} \tag{4.26}$$

一阶条件为：

$$\frac{\partial \prod_i^E}{\partial x_i} = x_j\left(\prod_i^{SS} + \prod_i^{FF} - \prod_i^{SF} - \prod_i^{FS}\right) + \prod_i^{SF} - \prod_i^{FF} - kx_i \leqslant 0 \tag{4.27}$$

$$\left[x_j\left(\prod_i^{SS} + \prod_i^{FF} - \prod_i^{SF} - \prod_i^{FS}\right) + \prod_i^{SF} - \prod_i^{FF} - kx_i\right]x_i = 0 \tag{4.28}$$

均衡概率 $x_i{}^*$ 由下式给定：

$$x_i^* = \frac{B_j A_i + B_i k}{k^2 - A_i A_j} \quad (i = 1, 2, i \neq j) \tag{4.29}$$

对于$\frac{B_jA_i+B_ik}{k^2-A_iA_j}\geqslant 0$ 且 $x_i^*=0$，其他情况下

式中，$A_i=\prod_i^{SS}+\prod_i^{FF}-\prod_i^{SF}-\prod_i^{FS}$　$A_j=\prod_j^{SS}+\prod_j^{FF}-\prod_j^{SF}-\prod_j^{FS}$

$B_i=\prod_i^{SF}-\prod_i^{FF}$　　$B_j=\prod_j^{SF}-\prod_j^{FF}$

模拟结果显示，对于高成本厂商，x_2 总是大于零，且其反应函数向下倾斜。对于低成本厂商，反应函数的斜率和截距取决于初始成本的差异，而且符号可以变化。在 $\beta>0$，且厂商 1 初始成本低，厂商 2 成本相对高的情况下，厂商 1 的最优概率是一个角点解 $x_1^*=0$。成本比率 c_{2H}/c_1 越高，这个解向角的方向移动得越快。图 4.2 至图 4.4 说明了三种可能的情况。所有的均衡是唯一且稳定的，所使用的稳定性标准为：

$$\left|\frac{\dfrac{\partial^2\prod_i^E}{\partial x_i\partial x_j}}{\dfrac{\partial^2\prod_i^E}{(\partial x_i)^2}}\right|<1 \quad (j,\ i=1,\ 2,\ i\neq j) \tag{4.30}$$

该标准曾被 Henriques（1990）在一个两阶段研发博弈中使用。

比较 x_1^* 和 x_2^*，也就是比较 $B_2A_1+B_1k$ 和 $B_1A_2+B_2k$，得到下列条件：

$$x_1^*<x_2^* \quad if \quad \frac{B_1}{B_2}<\frac{\prod^{SS}+k+\prod_1^{FS}}{\prod^{SS}+k+\prod_2^{FS}} \tag{4.31}$$

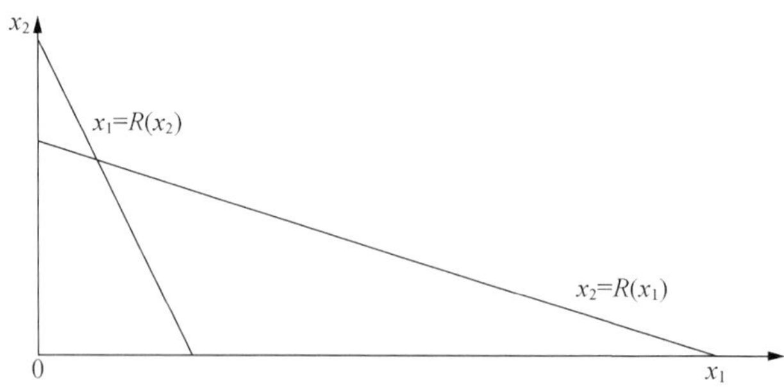

图 4.2　战略替代

很容易看出，当 0≤β<1 时，方程的右边大于 1，当 β=1 时，方程右边等于 1。B_1 是否小于 B_2 取决于溢出参数和成本分布。该模型对此进行了计算机模拟分析，模拟显示在很广的参数范围内，式（4.31）能得到满足。

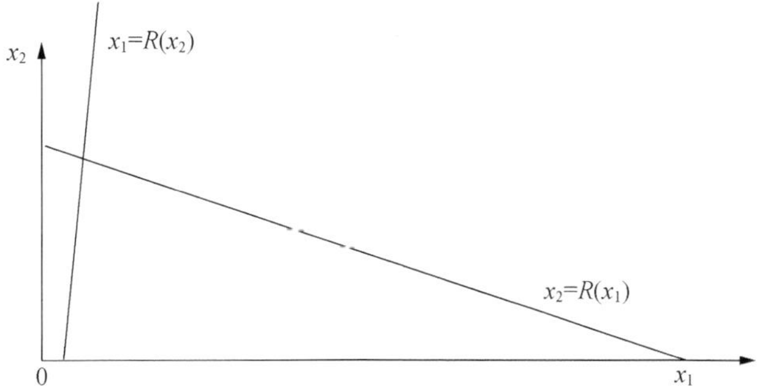

图 4.3　高成本厂商与低成本厂商互补情况

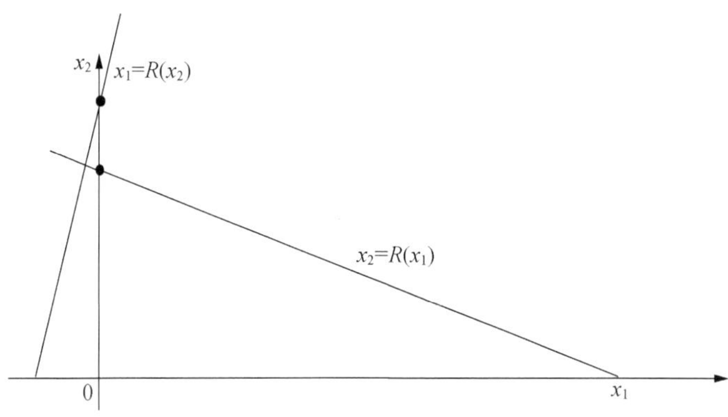

图 4.4　角点解

结果 1：在大多数溢出参数和成本组合情况下，低成本厂商的成功概率比高成本厂商成功概率低，仅在两厂商都有很高的初始成本（$c_{1H}>0.75$），且溢出参数位于 0.3 和 0.7 之间时，x_1 略超过 x_2。

溢出效应对高成本厂商的益处更大，因为小厂商能够从产业领导者那里吸收知识。可以预期，在研发竞争条件下，高成本厂商会因此通过搭低成本厂商的便车来减少研发努力程度。另外，创新的期望收益对高成本厂商来说更大。在博弈开始时其利润较低，但有潜力追赶或超过领导者。上文指出对于高成本厂商来说，获得更高“价格”的激励趋于支配地位。

四、研发合作

这部分描述一个两阶段博弈模型，以研发合资企业代替研发竞争。在阶段1，厂商能够在研发上进行合作，然后在产品市场上竞争。研发合资企业被定义为两个厂商间的契约性协议，规定和说明每个厂商的贡献和研发结果的分布。这一模型与 Choi（1993）和 Kamien 等（1992，1993）的研究一样，在厂商合作时将溢出参数固定为 1，这意味着研发合资企业的成员完全分享研发结果。对两厂商来说，成本缩减的假设 $c_{1L}=c_{2L}=c_L$，与 $\beta=1$ 都意味着 $\prod_i^{SS}=\prod_i^{SF}=\prod_i^{FS}$。研发合资企业的成员通过选择 x_i 和 x_j 以最大化联合利润。研发合资企业的最大化问题为：

$$\max_{x_1,x_2}\prod\nolimits_{RJV}^{E}=(x_1+x_2-x_1x_2)2\prod\nolimits^{SS}+(1-x_1)(1-x_2)\left(\prod\nolimits_1^{FF}+\prod\nolimits_2^{FF}\right)-k\left(\frac{x_1^2}{2}+\frac{x_2^2}{2}\right) \quad (4.32)$$

该最大化问题的一阶条件为：

$$\frac{\partial\prod_{RJV}^{E}}{\partial x_1}=2\prod\nolimits^{SS}-2\prod\nolimits^{SS}x_2-(1-x_2)\left(\prod\nolimits_1^{FF}+\prod\nolimits_2^{FF}\right)=0 \quad (4.33)$$

$$\frac{\partial\prod_{RJV}^{E}}{\partial x_2}=2\prod\nolimits^{SS}-2\prod\nolimits^{SS}x_1-(1-x_1)\left(\prod\nolimits_1^{FF}+\prod\nolimits_2^{FF}\right)=0 \quad (4.34)$$

解 x_i 和 x_j，得到一个对称解：

$$x_1=x_2=x=\frac{2\prod^{SS}-\prod_1^{FF}-\prod_2^{FF}}{k+2\prod^{SS}-\prod_1^{FF}-\prod_2^{FF}}(x\geqslant 0) \quad (4.35)$$

比较合作和非合作均衡的概率，可以有一些发现。在基准情况下，即当两厂商是同质时，计算显示：当 $\beta=0$ 时，对每个厂商来说，非合作的概率要超过合作的概率。在此情况下，没有外部性需要内部化，减少简单复制行为带来的成本效应在这里占支配地位。当 $\beta=1$ 时，情况则正好相反。这与以前的研究结果，即如果溢出很高，则厂商在研发竞争时往往投资不足是一致的。假定溢出参数为常数，与非合作研发的结果相比，两个厂商降低它们合作研发努力的范围随着创新规模增大而增加。这意味着如果创新是巨大的，两厂商在研发上的竞争将更加激烈。在此情况下，合作研发成果的分享消除了被逐出市场的威胁，两个厂商都可以大量削减研发经费。

在非对称的情况下，模拟计算显示，高成本厂商趋于降低其在研发合作中的研发努力程度。当 $\beta=0$ 时，合作时的 x_2 在所有成本组合情况下都要比竞争条件下的 x_2 低。随着溢出效应的增加，如果两厂商较相似，则合作时的 x_2 更高。如果高成本厂商与领导厂商相比成本非常高，则其在竞争时的研发努力程度总要比合作时高。而低成本厂商在合作研发时趋于加人研发努力程度。溢出参数越高，成本范围越大。

使用合作和非合作模型中均衡成功概率，每一种情况的期望利润可以计算且

相对比。

结果2：对于高溢出参数（$\beta > 0.6$），合作研发的期望行业利润总是更高。对于更低的溢出参数来说，只有在“非剧烈”创新，即潜在成本降低不是太大的情况下，上述结论才能成立。

高溢出参数条件下，合作研发行业利润的增加是由溢出的内部化造成的。没有研发合资企业，“搭便车”问题对研发努力程度具有负面影响。当厂商合作时，研发努力程度被选择来最大化联合利润，因此能更大地降低成本。在厂商进行研发竞争，且成本大幅下降的情况下，一个厂商可能会把它的对手逐出市场。如果厂商决定进行合作，它们就放弃了成为市场垄断者的机会。因此，如果成本降低很少，两厂商宁愿组成一家研发合资企业；而在成本下降很大的情况下，研发成果分享的负效应占支配地位。

在考察行业利润时，合作的愿望由行业利润的变化决定。如果合作条件下的行业利润超过研发竞争时的行业利润，两厂商间就存在着利益分配问题。然而，为达成一个都能接受的合作协议，两厂商需要通过选择研发强度或讨价还价来获益。下一个结果暗示讨价还价和单边支付在异质厂商的情况下是非常重要的。

结果3：两厂商合作中获得利益的分布是不平均的。厂商1和厂商2从合作中获得的收益通常是不一致的。

该模型利用计算机模拟了两厂商的合作与非合作区域，比较了研发竞争和合作研发条件下单个厂商的利润。在合作情况下，两厂商有相同的研发成功概率（式（4.35）），且自己为获得这一概率支付费用。如果在这一条件下，合作产生了更高的利润，则厂商愿意进行合作。这种情况下不必考虑厂商之间的单边支付。如果两个厂商可以按照自己的意愿签订研发合资企业协议，当研发合资企业的行业利润增加时，它们将一直进行合作。两厂商可能在第一阶段讨价还价来分配合作研发的期望收益，这在模拟图中被称为“协议区”。

很明显，在对称情况下，两厂商或者都想组成研发合资企业，或者都不想。这一模型确认了前人的研究结果，即如果外溢参数很高，则厂商更愿意合作。通过组成研发合资企业，两厂商能够将研发溢出内部化。另外，模拟显示合作的意愿也取决于创新的规模。当溢出参数低时，如果创新规模较小，则厂商愿意合作。要想通过合作获得更大的成本缩减，溢出的参数就必须增加。

在非对称情况下，低成本厂商的合作意愿降低。在一个相对广泛的参数范围内，只有厂商2想合作。当两厂商差异很大时，只有厂商1愿意合作。只有一个厂商想组成研发合资企业的那个区域，表明两个厂商的合作动机可能不同。两个厂商能够通过合作将溢出效应内部化，高成本厂商可能减少其研发努力，这种努力与潜在的成本缩减有关。当厂商 1 的成本很低时，就会出现一种情况：在竞争条件下，厂商 1 将选择不投入研发费用。如果两厂商愿意合作且厂商 1 从事研发活动时，其期望利润和行业利润都将增加。这种合作的效应对厂商 2 的投资有一种向下拉动的作用，因而会降低整体的成功概率。如果没有单边支付，厂商 2 将不会合作，除非厂商 1 给厂商 2 支付费用以达成合作协议。在这种情况下，一个研发合资企业具有一种反竞争的效应。

在厂商边际成本存在差异情况下，分析合作的私人激励为我们展开了一个更大范围的厂商行为空间。正如结果 3 所暗示的那样，单边支付或其他形式的补偿可能在研发合作中扮演一个重要角色。如果法规限制单边支付，即使行业利润将会增加，两厂商也可能达不成合作协议。

五、主要结论

该模型在假设合作研发参与者非同质的基础上，对企业进行合作研发和非合作研发的获利情况进行了分析。原有文献一般从溢出参数的角度来研究同质厂商是否能从合作研发中获益，本模型则分析了初始成本差异对研发合作者利润的影响。针对发展中国家的现实情况，可以得到以下结论：在溢出参数一定的条件下，合作者的初始成本差异可能会对合作结果产生不同的影响。

一方面，如果合作者初始成本相近，则研发合作有利于增加双方的利润。因此，我国具有技术实力的一些大型企业应该抓住机会与在中国从事研发活动的跨国公司进行合作，以此促进自身的创新能力。

另一方面，如果合作者初始成本差异很大，特别是领导者成本很低时，则很难达成合作协议，即使进行合作，高成本的厂商也不会在其中努力从事研发。因此，国内一些与跨国公司存在着巨大的技术落差的企业，在考虑与跨国公司进行研发合作时就应该慎重。“搭便车”会导致这些企业减少研发方面的投入，从而对企业的技术创新能力造成不利影响，严重的甚至会吞噬掉企业原有的技术能力。一旦跨国公司退出研发合作，国内企业将无法在技术上保持自己的竞争力，最终不得不退出市场。这一结论与 Kokko（1994）对 FDI 与东道国劳动生产率的研究一致。Kokko 认为，当跨国公司在东道国所占份额较大，且东道国技术水平与之相差太大时，没有证据表明此时的 FDI 对东道国企业的劳动生产率的提高有任何作用。

第五节 非合作研发条件下研发国际化对东道国企业的影响

相关调查[①]表明，从企业股权结构上看，外商投资我国高技术产业主要采取独资和中外合资两种形式。其中独资企业和外商控股的合资企业总体比重占76.3%，中方控股的为13.2%。由此可以判断非合作研发在跨国公司在我国的研发活动中占主体地位，而且这种趋势有进一步强化的迹象。因此，在分析跨国公司研发国际化对我国企业的影响时，要更重视研究非合作研发的情况。

从现实情况来看，发展中国家企业与西方跨国公司之间存在着明显的技术差距，这种差距对于发展中国家企业在激烈的国际竞争中争得一席之地是不利的。特别是在当前研发全球化的背景下，跨国公司在发展中国家设立了大量的研发中心，客观上形成了与发展中国家企业进行研发能力竞争的态势。因此，对于跨国公司研发全球化与发展中国家企业创新能力之间关系的研究就变得很必要。本节将借助 Rosen（1991）的模型对非合作研发问题进行分析。

Rosen（1991）[②] 建立了一个关于厂商间研发竞争的模型，同时解释了占统治地位的厂商在进行研发博弈时存在的两种现象：大厂商在研发方面倾向于比小厂商花费更多；但事实上却是小厂商在重要创新方面发挥更大的作用。在 Rosen 之前，就已经有很多经济学家注意到类似关于研发与市场地位之间关系的问题。例如，Brock（1975）以 IBM 为例对此做了说明。IBM 被公认为是计算机产业的领导者，然而在 20 世纪 50 年代后期到 70 年代中期这段时间，在 21 项重要的计算机技术创新里，IBM 只贡献了 6 项。IBM 没有在重大创新中取得主导地位，并不是因为其在研发方面没有投资。事实上，在 1984 年，IBM 投资 42 亿美元（占销售额的 14%）应用于研发，而其四个最大的竞争对手的研发投资加起来也仅为 14 亿美元（占销售额的 13%）。

很多理论研究文献都对市场地位如何影响企业的研发激励效果以及企业如何选择研发项目做出了解释。市场结构对研发投资的影响最早由阿罗于 1962 年进行研究，并被泰勒称为“替代效应”——垄断厂商在进行创新时，面临原有产

① 江小涓．合意性、一致性与政策作用空间：外商投资高新技术企业的行为分析［J］．管理世界，2000.

② Richard J. Rosen, Research and Development with Asymmetric Firm Sizes［J］. The RAND Journal of Economics, 1991, 22（3）, pp. 411－429.

品市场被新产品市场替代的困境（Tirole，1988）。在 Reinganum（1983）① 的专利竞赛模型中，由于存在这种替代效应，现存企业的研发投资要比企图进入这一市场的企业少。Rosen 的模型证明，替代效应的重要性依赖于后期创新技术与原有创新技术之间的关系。在 Rosen 看来，创新包括两种：渐进性创新和革命性创新。所谓渐进性创新，是指新技术与厂商原有的大部分资产是一种累加的、互补的关系；而革命性创新则是指新技术在淘汰旧有技术的同时，往往也淘汰了原有的生产方式，使得市场结构也随之发生了根本性的变化。

一、基本模型

依照 Rosen 的方法，这里用一个双元寡头模型考察两个风险中性的厂商如何进行研发项目投资。两个厂商（本国企业和跨国公司）进行一个两阶段博弈，在第一阶段，两个厂商投资于一个具有风险的研发项目，在研发完成且观察到所有投资的结果后，两个厂商在第二阶段进行产出博弈。

一项成功的研发项目能够降低随后的产品市场竞争中的生产成本，因此，模型假设里用生产成本来代表技术水平。

首先考虑研发竞争后的产品市场情况。假设期望的产品市场利润是两个厂商固定边际成本 c^i（$i=1，2$）的函数，两个厂商被假定为进行古诺竞争，且各自面对的反需求曲线是线性的。当厂商 i 的成本为 c^i 而其竞争对手 j 的成本为 c^j 时，厂商 i 的期望利润π为：

$$\pi=\pi(c^i,\ c^j)=(A-2c^i+c^j)^2 \tag{4.36}$$

式中 A 满足：

$$(A-2c^i)>0\quad (i,\ j\in\{1,\ 2\}) \tag{4.37}$$

所以，

$$\pi_i\equiv\partial\pi/\partial c^i<0(\pi_j>0,\pi_{ii}>0，且\pi_{ij}<0) \tag{4.38}$$

因为对两个厂商来说常数 A 是相同的，所以利润函数和产品市场的均衡是对称的。

在研发阶段，两个厂商进行纳什均衡博弈，同时选择一个研发项目和研发投资水平。两个项目同时进行，且在产量博弈开始之前完成，每个项目有成功或者失败两种结果。各项目的结果之间是相互独立、互不影响的，厂商选择的研发战略集合和研发的结果都是共同知识。

两个厂商在集合［0，1］中选择项目 $\alpha^i(i=1，2)$。更高的 α 值代表在某一固定的投资水平上，该项目有更大的成功机会。如果一个项目 α 获得了成功，则

① Jennifer F. Reinganum. Uncertain Innovation and the Persistence of Monopoly［J］. The American Economic Review，1983，73（4），pp. 741－748.

厂商的成本就会减少 $\gamma(\alpha)$，这里 γ 对于 α 是一次可微的，并且

$$\gamma'(\alpha)<0 \tag{4.39}$$

$$\gamma(0)<\underline{c} \tag{4.40}$$

$$\gamma(1)\leqslant -\gamma'(1) \tag{4.41}$$

$$\gamma(1)\leqslant \max[A-2c^i]\quad (i=1,\ 2) \tag{4.42}$$

其中不等式（4.39）表示，α 越大时项目成功后为厂商 i 节约的成本幅度 $\gamma(\alpha)$ 越小，这是由基本的风险—收益规律所决定的；不等式（4.40）限定风险度最高的项目的成本节约幅度不会大于两厂商现有的成本，从而任何项目都不可能使厂商的成本降为负值；不等式（4.41）确保了在 $\alpha=1$ 时不存在角点解；不等式（4.42）限制了成本降低的规模。研发项目由上面这些提供“微小”创新的条件所限制。

一项创新对厂商市场地位的影响取决于创新技术与原有技术之间的关系。上述模型假设，创新后的成本降低程度与厂商的初始成本相互独立，这种假设反映了创新技术和原有技术之间是一种累加的、互补的关系。

同时厂商还要选择研发项目的程度或规模。厂商 i 选择投资规模 $\mu^i\in[0,1]$，μ 越大表示投资规模越大。对于同一项目，投资规模的大小与项目成功的概率成正比。规模为 μ 的投资其成本为：

$$s(\mu)=\frac{\sigma\mu}{1-\mu} \tag{4.43}$$

式中，$\sigma>0$。

因为 $s'(0)=0$ 且 $\lim\limits_{\mu\to1}s(\mu)=\infty$，该成本函数确保了投资具有内点解。

由式（4.43）可知，投资水平可以被理解为厂商的选择变量。应该注意的是，成本只取决于投资规模，而与项目的选择无关。

二、互补技术条件下的博弈均衡

厂商 i 利润最大化的表达式如下：

$$\begin{aligned}V^i(\alpha^i,\mu^i;\alpha^j,\mu^j;c^i,c^j)&=\{\mu^i\alpha^i[\mu^j\alpha^j\pi(c^i-\gamma(\alpha^i),\ c^j-\gamma(\alpha^j))+(1-\mu^j\alpha^j)\\&\quad\pi(c^i-\gamma(\alpha^i),\ c^j)]+(1-\mu^i\alpha^i)[\mu^j\alpha^j\\&\quad\pi(c^i,\ c^j-\gamma(\alpha^j))+(1-\mu^j\alpha^j)\pi(c^i,\ c^j)]\}-s(\mu^i)\\&=\{\mu^i\alpha^i\pi^s+(1-\mu^i\alpha^i)\pi^f\}-s(\mu^i)\end{aligned} \tag{4.44}$$

式中，$\pi^s(\pi^f)$ 是厂商 i 的期望利润，以该厂商的研发项目成功（失败）且竞争性厂商采取了预期行动为条件。

厂商 i 利润最大化的一阶条件为：

$$\mu^i[\pi^s-\pi^f-\alpha^i\gamma^{i'}\pi_i^s]=0 \tag{4.45}$$

其中，$\gamma^i=\gamma(\alpha^i)$，且

$$\alpha^i(\pi^s-\pi^f)-s'(\mu^i)=0 \tag{4.46}$$

1. 项目规模

Rosen 模型的第一步，即在构造均衡的项目选择和投资规模时，假设两厂商都把它们的项目选择当作外生给定的。该模型与 Reinganum（1983）等的模型的主要区别在于，该模型中的厂商选择一项互补性的技术而不是替代技术。

外生给定项目类型后，考察式（4.46）的一阶条件会发现，按照 Bulow、Geanakoplos 和 Klemperer（1985）等的定义，两厂商在研发规模上的选择若是战略替代的：

$$\frac{\partial\{\alpha^i(\pi^s-\pi^f)-s'(\mu^i)\}}{\partial\mu^j}=\alpha^i\left\{\frac{\partial\pi^s}{\partial\mu^j}-\frac{\partial\pi^f}{\partial\mu^j}\right\}=-4\alpha^i\alpha^j\gamma^i\gamma^j<0 \tag{4.47}$$

如图 4.5 所示，在坐标平面（μ^1，μ^2）内，厂商 i 的反应曲线 $\mu^i=R^i$（μ^j）是向下倾斜的。在最大化条件下，竞争对手增加的研发投资会降低其投资的边际价值，因此，其投资水平的下降使得另一厂商为成为更强大的竞争者。

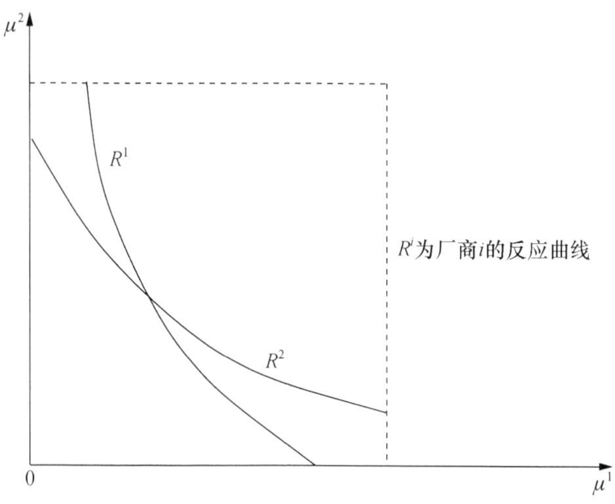

图 4.5　两厂商的反应曲线

通过反应曲线的移动可以考察均衡的变动情况。当两个厂商具有相同的初始成本时，存在着一个对称均衡，厂商 1 的初始成本降低或厂商 2 初始成本增加（即厂商 1 变得更强而厂商 2 变得更弱），会使得厂商 1 的反应曲线向外平移，厂商 2 的反应曲线向下平移。如图 4.6 所示，均衡投资水平从 $\{\mu_s^1, \mu_s^2\}$ 变为 $\{\mu_a^1, \mu_a^2\}$。

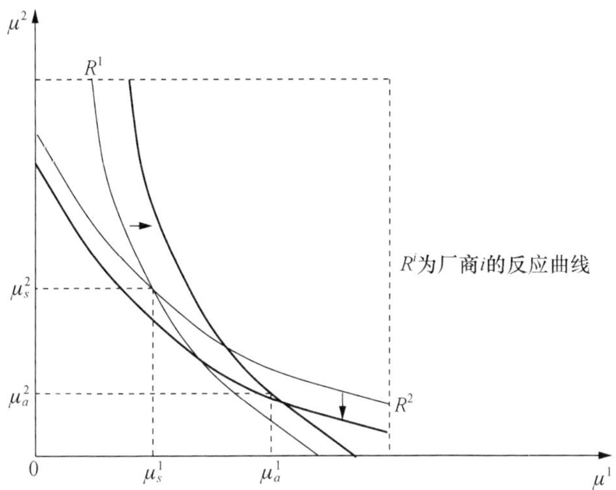

图 4.6　两厂商的反应曲线的移动

定理 1： 假设式（4.36）至式（4.43）都满足，并且 $\alpha^1=\alpha^2>0$，假设两厂商的初始成本（c^1，c^2）满足条件 $c^1\leqslant c^2$，则有：

（1）存在一个唯一的均衡，使得厂商 1 比厂商 2 投资更多。

（2）增加一个厂商的投资会使其竞争对手投资的边际收益减少。

2. 项目风险

这里考察相反的限制情况：假设投资规模外生给定，两个厂商自由选择项目类型。因此，$s(\mu)$被看作固定成本，在厂商的最大化问题中不起作用。

对两厂商来说，研发项目都是有成本的投资。正如 Dasgupta 和 Stiglitz（1980）在一个相关模型①中所表述的那样，利润函数的凸性使得厂商的成本博弈是风险喜好的。与安全的项目相比，如果一个具有风险的项目能够使成本降低得更多，则两个厂商将都会选择具有风险的项目。为了将注意力集中在具有技术进步机会的集合（即安全的项目更有助于期望成本的降低），这里假设对于所有的 $\alpha\in[0,1]$ 有：

$\gamma+\alpha\gamma'\geqslant 0$

且仅当 $\alpha=1$ 时等式成立。（4.48）

进一步简化假设，使得技术进步的机会满足：

$$2(\gamma')^2-\gamma\gamma''\geqslant 0 \tag{4.49}$$

① Dasgupta P. and Stiglitz, J. Industrial Structure and the Nature of Innovation [J]. Journal of Economic, 1980, 90, pp. 266-293.

这一条件确保了利润最大化的二阶条件在内点能够取得最大值。由于项目风险增大，式（4.49）限制了由于成本减少而引起的项目规模增加的程度。如果 $(\gamma')^2 > \gamma\gamma''$，则对于式（4.49）来说，存在一个充分条件，由于项目变得更加安全，则转移到一个更安全项目而带来的成本减少的概率就会增加。也就是说，当项目的成功概率从 9% 转换到 10% 时，与从 89% 到 90% 的情况相比，其在降低成本方面变化要更小。这与前面的假设是一致的，从期望成本减少的意义上来看，它假设更安全的项目更“好”。如果 γ 是凹的，那么式（4.49）将自动满足。

利润函数的凸性，再加上更安全的项目提供更大的期望成本减少的事实，暗示着在均衡时项目的选择是战略替代的。因此，依照定理 1 的逻辑，可知：

定理 2：假设式（4.37）至式（4.43）和式（4.48）至式（4.49）都是正确的，如果 $\mu^1 = \mu^2 > 0$，则对于任何满足 $c^1 \leqslant c^2$ 的初始成本向量（c^1，c^2），有：

（1）存在唯一的均衡。在均衡中，厂商 1（低成本厂商）会选择一个比厂商 2（高成本厂商）更安全的项目。

（2）μ^1 的增加会使厂商 1 更注意项目选择的安全性，厂商 2 则更注意项目选择的风险性。相似的，μ^2 的增加则会导致厂商 1 选择风险更大的项目，而厂商 2 选择更安全的项目①。

从边际角度看，期望成本减少所造成的损失对厂商 1 的影响大于对厂商 2 的影响，因为厂商 1 在产品市场上运作的规模更大。然而，利润函数的凹性对项目选择的影响（假设成本的减少为常数，用完成一项风险更大的项目所获得的递增收益来衡量）对于两个厂商来说是相同的，因为利润函数是二次的。从直觉来看，一个小但安全的成本降低对于一个高成本厂商来说其价值相对要低。如果厂商选择一个有风险的项目，利润函数的凹性允许其获得高额的利润。

定理 2 的第二部分说明了相关的原因。如果一家厂商增加投资，它完成创新活动的可能性更大。因此，其对手就可能要面对一个更强大的竞争对手。对于其竞争对手也进行创新活动的厂商来说，固定期望成本减少的影响为恒定的常数，当完成一个更大的创新但边际收益没有变化的时候，期望成本缩减方面增加所带来的递增价值就会下降。

3. 风险和规模的选择

综合定理 1 和定理 2 的结果，当两个厂商能同时选择项目和投资规模时，且项目选择被固定后，低成本厂商比其竞争对手投资更多，因为它能从其研发项目上获得更大的回报。同时，高成本厂商偏好更大风险的项目，因为与低成本厂商

---

① 该定理的证明详见 Rosen（1991）原文附录。

相比，小规模的创新对于它来说价值相对更低。这种规律可被总结为：

定理3：假设式（4.37）至式（4.43）和式（4.48）和式（4.49）都正确，对于任何满足 $c^1 \leqslant c^2$ 的初始成本向量（c^1，c^2），有：

（1）存在唯一均衡。在均衡时，厂商1（低成本厂商）比其竞争对手厂商2（高成本厂商）投资更多，且选择更安全的项目。

(2) $\Pi^{1*} \geqslant \Pi^{2*}$，其中，$\Pi^{i*}$ 为厂商 i 的期望市场利润。

从定理3可以得到一个推论：

推论1：低成本厂商从研发上获取比高成本厂商更多的期望成本缩减（如果 $c^1 \leqslant c^2$，则有 $\mu^{1*}\alpha^{1*}\gamma^{1*} \geqslant \mu^{2*}\alpha^{2*}\gamma^{2*}$）。

因此，在这一模型里，尽管大厂商完成了相对少的重要创新，但它具有更大的期望成本缩减。

三、具有替代效应的革命性创新

上述模型考察了互补性技术创新，其中厂商完成创新后的最终生产成本取决于它的初始成本。但除了互补性创新外，还存在着另一种创新形式——革命性创新，并且其重要性也不容忽视。在大多数专利竞赛模型中，革命性创新和剧烈创新（Drastic Innovation）具有相同的特征：①创新厂商在事后创新市场里是一个垄断者；②事后创新利润和事前创新技术水平是相互独立的。第二个特征说明了革命性创新和互补性创新的重要区别。在 Reinganum（1983）的模型中，与创新前的领导厂商相比，技术上落后的高成本厂商完成一项革命性创新获得的收益更多。这与本模型是相同的：如果低成本厂商进行创新，它一般是为了巩固其创新前的市场地位。相反，在还未进行创新的技术基础上的专利竞赛中，原有厂商或低成本厂商能够比其对手从创新中获得更多利润，因此，在研发中会投资更多。

为了将一个革命性创新项目导入模型，假设除投资一个涉及互补性创新的项目以外，每个厂商还可以选择投资一项“非全有即全无（All - or - Nothing）”的项目，以此来取得革命性的技术进步。厂商 $i(i=1, 2)$ 在对互补性项目和规模进行选择时，也选择革命性创新项目的投资规模 $v^i \in [0, 1]$。投资于规模 v 的成本由函数 $t(v)$ 给定，且：

$$t(v) = \frac{rv}{1-v} \tag{4.50}$$

所以，$t' > 0$ 且 $t'' > 0$。

革命性创新项目的作用是很剧烈的，因为只有取得了革命性创新的厂商才能在创新后的市场上与拥有革命性创新的厂商竞争，并获得利润。此外，假设两家厂商都完成一项革命性创新时获得的总利润要比两家厂商都未成功时每家厂商获得的期望利润大。

当存在一个革命性创新项目可以利用时，低成本的厂商仍对互补性技术进行激励性投资。因为与竞争对手相比，互补性技术可以给其带来更大的期望成本下降（推论1）。非创新性项目的战略选择仅仅强化了革命性创新的替代效果，弱化了低成本厂商投资于革命性技术的激励。在均衡时有：

定理4：假设式（4.37）至式（4.43）和式（4.48）至式（4.50）都成立，则对于任何满足 $c^1 \leqslant c^2$ 的初始成本向量（c^1，c^2），存在一个均衡：

（1）$v^{1*} \leqslant v^{2*}$，低成本厂商在革命性创新项目中投资更少；

（2）$\mu^{1*} \geqslant \mu^{2*}$，低成本厂商在互补性项目中投资更多；

（3）$\alpha^{1*} \geqslant \alpha^{2*}$，相对于高成本竞争对手低成本厂商选择更安全的互补性项目。

推论2：在定理4的均衡中，高成本厂商比低成本厂商更有可能选择革命性创新。但是，对于互补性技术来说，低成本厂商能比高成本厂商获得更大的期望成本下降。

推论2给了我们两个启示：第一，如果革命性创新经常发生，那么就可能存在着大量的动态利润；第二，如果没有革命性创新，则低成本厂商会比较平均地扩大其技术领先距离。然而，在不存在革命性创新时，动态利润不取决于期望成本的降低，而是取决于高成本厂商在创新时能够超过低成本厂商。通过定理4可以看出，高成本厂商试图选取一个能使其成本降低的项目，但这并不能说明成本的降低能否使高成本厂商在成功创新后获得更低的事后研发成本。

我国学者蒋殿春（2001）对 Rosen 的模型进行了修改，建立了一个跨国公司与东道国厂商的技术创新博弈模型，从产品市场寡占竞争的角度，分析跨国公司与发展中东道国企业的技术创新特征。该模型的结论是：跨国公司往往比发展中东道国企业进行更多的研发投资，且倾向于风险性较小、生产成本节约或产品性能改良幅度较小的技术创新项目的研发活动。在可能成为新一代产品的核心技术的革命性创新方面，东道国企业比跨国公司具有更强的创新动机。东道国企业技术进步的平均速度比跨国公司要慢，在构成企业创新主体的普通技术竞争中，东道国企业处于不利的地位。

四、主要结论

该模型的结论对于我们理解跨国公司对我国企业获利能力及创新能力的影响有很大帮助。首先，定理1指出，在互补性技术创新博弈过程中，低成本厂商将具有更强的成本缩减优势，因此在竞争中更可能获胜。与跨国公司相比，我国的大多数企业在初始成本上都存在着劣势，因此在与跨国公司进行研发竞争时存在先天不足的问题。为了能在竞争中获得更多的收益，国内企业一方面应该增加研

发力度和强度，尽量降低自己产品的生产成本；另一方面，在成本短期内无法降低的情况下，应该尽量发挥自身的比较优势，降低其他方面的成本，如劳动力、服务、销售等，变劣势为优势，弥补自身先天不足的问题。

其次，从定理4和推论2可知，低成本厂商在革命性创新项目中投资更少，如果没有革命性创新，则低成本厂商会比较平均地扩大其技术领先距离。这一结论告诉我们，一方面，国内厂商如果在互补性技术创新上与跨国公司进行竞争，则很难取得胜利；另一方面，由于低成本跨国公司可能在革命性创新上投入较少，国内企业如果在这方面加大力度，就有可能在研发竞争中获得胜利进而在产品市场中占据主动。目前国内确实也存在一些敢于与跨国公司竞争的企业，并获得了成功。例如，深圳朗科科技有限公司（Netac Technology Co.，Ltd.）是一家由留学归国人员创办的高新科技企业。朗科公司推出的以“优盘”为商标的闪存盘（Only Disk）是世界上首创基于USB接口，采用闪存（Flash Memory）介质的新一代存储产品，是20多年来在计算机存储领域唯一属于中国人的原创性发明专利成果。它的缔造者——深圳朗科科技有限公司亦因此而驰名中外，获得了巨大的经济和社会效益。

第五章　研发国际化对东道国产业升级和创新能力的影响

第一节　研发国际化与产业升级

自20世纪80年代中期以来，伴随知识经济的迅速发展和经济全球化的不断深化，为适应更加激烈的国际市场竞争，跨国公司一改过去将研发活动严格控制在母国的做法，开始加大对外研发投资的步伐，在全球范围内组建研发网络。跨国公司研发全球化的发展，加速了新经济要素的国际转移，必然对东道国产业结构调整带来深远影响。

一、创新与产业结构升级

所谓产业结构升级，又称为产业的高度化，主要指一国产业结构在经济发展的历史和逻辑序列顺向演进过程中所达到的阶段和层次，即产业结构从低水平状态向高水平状态的发展，或产业由低附加值状态向高附加值状态转变的过程，它是资源在各产业之间以及相同产业不同部门和不同产品之间流动的结果。根据产业结构演进的一般规律，产业升级具有如下几个特征[①]：①产业结构的发展沿着第一、二、三产业优势地位顺向递进的方向演进；②产业结构的发展沿着劳动密集型产业、资本密集型产业、技术（知识）密集型产业分别占优势地位顺向递进的方向演进；③产业结构的发展沿着低附加价值产业向高附加价值产业方向演进；④产业机构的发展沿着低加工度产业占优势地位向高加工度产业占优势地位方向演进。

由其特征可知，产业结构升级的内涵较广。例如，从以第一产业为主的产业结构转变为以第二产业为主的产业结构意味着实现了产业结构升级；而在第二产

① 苏东水．产业经济学［M］．北京：高等教育出版社，2000.

业内由生产初、中级消费品为主的产业结构转变为生产资本品为主的产业结构也意味着实现了产业结构升级。在研究产业结构升级时，要注意其在不同场合的不同含义。

产业升级一般是与技术创新紧密相连的。按照熊彼特的观点，创新是指引入一种新的生产函数，以提高社会潜在的产出能力。创新对产业结构既有直接影响，又有间接影响。一方面，当创新带来的是新产品开发或原有产品的改善时，由于新产品的需求弹性较大，会吸引生产要素流入该部门。这是因为新产品刚上市时，其价格对成本的反应、需求对价格的反应都比较敏感，从而使其产量的提高能获得较高的收益。当该部门能够获得高于平均水平的收益时，其他部门的生产要素就会向它转移。因而，这种方式的创新将倾向于该产业部门的扩张。与此相反，当创新仅仅提高了原有产品的生产效率时，如果这些产品需求弹性较小，那么这将促使该部门的生产要素向外流出，进而导致该产业部门的收缩。由此可见，在两种方式下，创新都会引起生产要素在产业部门之间的转移，最终导致产业结构发生变化，这属于直接影响。另一方面，创新对产业结构的间接影响方式有两种：一是创新通过对生产要素相对收益的影响而间接影响产业结构的变化，如创新可以引起劳动和资本间相对收益的变化，就会产生“劳动节约型创新”和“资本节约型创新”；二是创新通过对生活条件和工作条件的改变而间接影响产业结构的变化，创新往往会激发新的或某些潜在的巨大需求，并且有可能通过连锁反应对需求产生更广泛的影响，从而影响产业结构的变化。

由此可以看出，创新是产业结构升级的动力，一国的创新活动和创新能力是该国产业结构有序发展的核心动因。而研发活动是创新的源泉之一，据此可以得出结论：研发国际化可能会对东道国的产业结构升级产生重要影响。

二、从价值链角度看研发国际化与产业结构升级

价值链（Value Chain）指的是将一项产品或服务从提出概念并加以设计，经过不同阶段的加工，制成成品送到消费者手中，直到消费者使用后的最终处置这一整个过程。可以看出，生产环节只是所有价值增值环节中的一环，每一环节中又包含一系列的经济活动。价值链常常被视为是价值从上游到下游单向的依次递增的过程，其实，链内的各环节之间是一种双向互动的关系（如图 5.1 所示）。

发展中国家加入全球价值链有助于提高集群的生产制造能力，提高产品质量，改进生产工艺。随着跨国采购商对产品档次和种类不断提出新的要求，集群内的发展中国家企业有机会从生产初级产品转向生产高档产品，从而提高产品的附加值。但是，加入全球价值链对这部分企业也有负面影响，有可能使得其功能被锁定在单一的生产环节。一方面，集群原有的其他功能会逐步消失（设计、产

品开发、品牌等）；另一方面，集群要想从生产向设计和营销环节升级会面临种种障碍。这种锁定效应使得集群的竞争力变得非常脆弱。随着竞争的加剧，其产品的价格将不断下降，形成恶性循环，使集群陷入不可持续发展（Immiserizing Growth）的轨迹当中（Hubert，1995①；Kaplinsky 和 Readman，2000②）。

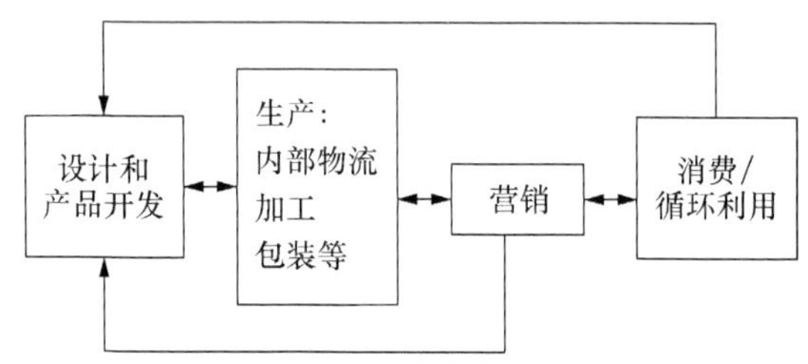

图 5.1　一个简单价值链的四个环节

资料来源：Kaplinsky and Morris，a Handbook for Value Chain Research，2000.

要想改变上述在价值链中的被动局面，发展中国家的企业和产业集群必须进行升级。而研发国际化可以促进东道国价值链向上游移动，并增强其竞争力。Kaplinsky 和 Morris（2001）③ 将产业竞争力区分为四个相关的升级类型：①工艺升级：通过对生产体系进行重组或采用新技术来提高投入产出率，使自己的生产环节更有竞争力；②产品升级：提高产品的档次和品种，不断推出新功能和新款式，以更好的质量、更低的价格与对手进行竞争；③功能升级：价值链上不同行为的混合或采取新的行为，如从生产环节向设计和营销等利润丰厚的环节跨越；④价值链升级：从一条价值链向具有更高技术密集度的新价值链转移。事实上，产业升级一般按照从工艺升级经由产品和功能升级到价值链升级的这样的次序（Lee 和 Chen，2000）④，跨国公司的研发活动有助于这四个过程的实现。

首先，研发成果的应用范围决定了研发国际化对东道国产业中工艺升级和产

① Hubert，Schmitz. Small Shoemakers and Fordist Giants：Tales of a Supercluster［J］. World Development，1995，23（1），pp. 9 -28.

② Kaplinsky，Raphael and Jeff Readman. Globalisation and Upgrading：What can（and cannot）be Learnt from International Trade Statistics in the Wood Furniture Sector?"（Brighton：Centre for Research in Innovation Management，University of Brighton and Institute of Development Studies，University of Sussex）. 2000.

③ Kaplinsky，Raphael and Mike Morris. Handbook for Value Chain Research（Brighton：Institute of Development Studies）. 2001.

④ Lee，Ji -Ren and Jen -Shyang Chen. Dynamic Synergy Creation with Multiple Business Activities：Toward a Competence -based Growth Model for Contract Manufacturers［J］. In Ron Sanchez and Aime Heene，eds.，*Research in Competence -Based Management*，Vol. 6 in*Advances in Applied Business Strategy*Series（Stamford，CT：JAI Press），2000，pp. 209 -228.

品升级的帮助程度。直接面向当地市场的应用性研发和一些创新性研发对当地产业的工艺和产品升级有直接的作用，面向全球市场的创新性研发活动则可能对产业升级产生间接影响。对于创新能力相对较低的发展中国家来说，产品和工艺升级在产业升级中可能起着特殊重要的作用。

其次，在装配、研发、设计和其他以知识为基础的活动等方面，跨国公司的研发活动对一国产业的功能升级也发挥重要作用。专业化生产劳动密集型产品的发展中国家与具有更低工资的其他国家竞争时，存在着成本上的劣势，因而很容易败下阵来。价值链上的经济租正逐渐出现于生产以外的领域（如研发、品牌和营销），一些发展中国家为了谋求向价值链上游转移，不断加强具有研发功能和以知识为基础的活动。但在这个过程中，发展中国家经常遇到一些瓶颈，如资源和当地需求不足等。跨国公司的研发活动可以向发展中东道国转移资源，提供对其研发成果的需求，并刺激当地商业创新文化的形成，因此可以帮助发展中国家升级到具有更高附加值的产业。

最后，跨国公司的研发活动也有助于价值链升级，即从简单的价值链向涉及更高级技术的价值链升级。传统上认为，低收入发展中国家在低技术产业上具有比较优势，如今很多跨国公司将其全球或区域性研发中心设立在一些发展中国家，使人们改变了对这些国家原有的看法，这将有助于这些国家吸引更多的以知识为基础的外国直接投资。事实上，吸引了大量跨国公司创新性研发活动的国家已经从“声誉效应”中受益，因为更多的公司开始考虑将这些国家作为其未来研发活动的目的地。一些发展中国家通过吸引跨国公司研发，已经成功地建立了更多的知识密集型产业。例如，在新加坡，跨国公司的研发活动在促进该国生物科学产业集群的发展中发挥了关键性的作用。

三、研发国际化与我国的产业结构升级实证分析

一般地，衡量一国产业结构升级程度有两类方法，一类是截取不同的时间点进行纵向比较，另一类是选取参照国进行横向比较。总结起来，常用的衡量方法有如下三种①：

（1）“标准结构”法。该方法是将一国的产业结构与世界其他国家产业结构的平均高度进行比较，以确定该国产业结构升级的程度。例如库兹涅茨提出了经济发展不同阶段的产业“标准结构”，根据“标准结构”就能了解一国的经济发展阶段以及产业结构升级的程度。

（2）相似性系数法。这是以某一参照国的产业结构为标准，通过相似性系

① 戴伯勋．现代产业经济学［M］．北京：经济管理出版社，2001.

数的计算，将本国的产业结构与参照国进行比较，以确定本国产业结构升级程度的一种方法。

（3）高新技术产业比重法。在工业内部，衡量产业结构升级的程度，可以使用高新技术产业比重法。因为产业结构升级的过程也是传统产业比重不断降低和高新技术产业比重不断增大的过程。通过计算和比较不同年代高新技术产业（产值、销售收入等）在全部工业中的比重，可以衡量产业结构升级的程度。

跨国公司在我国的研发投资主要集中在高技术行业，因此，在考察研发国际化对我国产业结构升级的影响时，使用上述的高新技术产业比重法最为合适。因此，对于研发国际化与中国的产业升级的关系，我们可以从不同角度来考察。

第二节　我国高技术行业研发态势

改革开放以来，我国一直把科技发展放在重要的地位，科研投入不断增加，全社会科研能力不断增强，我国研发经费投入一直处于不断上升的态势，特别是最近几年增长速度有所加快。

一、研发投入快速增长，区域差异显著

1997～2011年，中国高技术产业的研发人员数和研发人员全时当量实现了快速增长：研发人员数从145294人增至618354人，增长了3.26倍，年均增长率为10.9%；研发人员全时当量从96089人年增至511175人年，增长了4.32倍，年均增长率为10.9%；研发人员数和研发人员全时当量在大多数年份都处于明显的上行通道，最大同比增长率分别为33.4%和43.3%。

表5.1　中国高技术产业研发人员投入情况

年份	研发人员数（人）	同比增长率（%）	研发人员全时当量（人年）	同比增长率（%）
1997	145294	7.0	96089	6.1
1998	118416	-18.5	70879	-26.2
1999	128671	8.7	92589	30.6
2000	151077	17.4	91573	-1.1
2001	169359	12.1	111572	21.8
2002	173475	2.4	118448	6.2
2003	182380	5.1	127849	7.9

续表

年份	研发人员数（人）	同比增长率（%）	研发人员全时当量（人年）	同比增长率（%）
2004	182322	-0.1	120830	-5.5
2005	240430	31.9	173161	43.3
2006	263825	9.7	188987	9.2
2007	343526	30.2	248228	31.3
2008	404369	17.7	285079	14.9
2009	474626	17.4	389220	36.5
2010	463392	-2.4	399074	2.5
2011	618354	33.4	511175	28.1
年均增长率	10.9%	—	年均增长率	10.9%

资料来源：根据历年《中国高技术产业统计年鉴》的相关数据计算得出。

1997～2011 年，东部地区的高技术产业研发人员全时当量占全国总量的比重稳步上升，进入 2000 年以后稳定在 50% 以上，2011 年已接近 80%。同期，其他地区的比重却存在不同程度的下降，其中，东北地区从 1997 年的 7.6% 降至 2011 年的 3.3%，中部地区则从 16.9% 降至 10.1%，西部地区更从 43.4% 降至 6.9%。综合而言，中国高技术产业研发人员投入在全国规模不断扩大的同时，其区域规模差异也在加剧，表现为向东部沿海发达地区显著倾斜的态势。

1997～2011 年，中国高技术产业研发经费内部支出呈现迅速增长，按当年价格计算，研发经费内部支出从 42 亿元增至 1440 亿元，增长了 33.3 倍，年平均增长率为 25.2%，研发经费内部支出始终具有强劲上涨态势。同期，中国高技术产业的新产品开发经费支出也实现了持续快速增长，按当年价格计算，新产品开发经费支出从 52 亿元增至 1790 亿元，增长了 33 倍，年平均增长率为 25.2%。

按当年价计算，1997～2011 年，东部地区高技术产业研发内部经费支出的年均增长率为 30.3%，而东北、中部和西部地区的年均增长率分别为 25.9%、29.1% 和 21.4%。在一定程度上，这种差异导致东部地区高技术产业研发经费内部支出在全国的比重从 1997 年的 66.0% 升至 2011 年的 77.9%。此外，东北、中部和西部地区高技术产业的研发经费内部支出占全国的比重在 2006 年以后都有不同程度的提高，东部地区的比重则相应下降，从而表明中国高技术产业研发经费支出的区域分布非均衡性在近几年有所改善。1997～2011 年，东部地区高技术产业新产品开发经费支出的年均增长率也高于其他地区和全国平均水平，从而使其占全国的比重从 63.3% 升至 79.0%。综合而言，无论是研发经费内部支出还是新产品开发经费支出，都表现出较明显的区域差异，东部地区占据绝对优势，不过现在这种差异有所减小，在一定程度上表明东北、中部和西部地对高技术产业技术创新投入力度有所加强。

二、投入强度提高，区域表现为西高东低

1997～2011年，中国高技术产业研发投入强度经历了“上升—下降—再上升”的起伏波动，但总体上呈现上扬态势。然而，与发达国家相比，中国高技术产业研发投入强度仍较低。由于飞机和航天器制造业涉及国家军事和国防安全，中国在该领域的研发经费投入力度较大，并未与其他国家形成明显差距。除此之外，不论是高技术产业还是其他细分行业，中国的研发投入强度都显著低于其他国家。

表5.2　高技术产业研发投入强度与国际比较　　单位:%

国家（年）	高技术产业	飞机和航天器制造业	医药制造业	计算机制造业	通信设备制造业	医疗精密仪器和光学器具制造业
中国（2011）	1.63	7.82	1.41	0.75	1.81	1.90
美国（2007）	16.89	9.90	26.57	10.69	15.72	18.34
日本（2008）	10.50	2.90	16.40	7.61	8.90	16.98
德国（2007）	6.87	8.65	8.27	4.46	6.28	6.28
英国（2006）	11.10	10.70	24.92	0.3	7.56	3.63
法国（2006）	7.74	5.20	8.69	7.94	12.24	7.08
韩国（2006）	5.86	9.02	2.51	3.93	6.65	2.16

资料来源：根据2012年《中国高技术产业统计年鉴》的相关数据绘制。

2011年，中国31个省（区、市）的高技术产业研发投入强度呈现“西高东低”的特点，这与研发经费支出的“西低东高”分布结构正好相反。通过计算得出，新疆（4.95%）、陕西（4.43%）、黑龙江（4.38%）、辽宁（3.06%）、湖北（2.76%）、北京（2.56%）、甘肃（2.50%）、浙江（2.34%）、贵州（2.24%）、云南（2.10%）、广东（2.04%）、宁夏（2.01%）、安徽（1.87%）、福建（1.72%）的高技术产业研发投入强度高于全国平均水平，而山东（1.60%）、海南（1.56%）、湖南（1.32%）、河北（1.21%）、天津（1.20%）、江西（1.16%）、四川（1.15%）、江苏（1.08%）、广西（1.06%）、西藏（1.04%）、上海（1.02%）、山西（0.86%）、河南（0.64%）、吉林（0.62%）、重庆（0.62%）、内蒙古（0.23%）、青海

（0.12%）的高技术产业研发投入强度则低于全国平均水平。显然，第一组省域多处于东北和西部地区，第二组省域多处于东、中部地区。造成这种“逆反”特点的原因可能是东北和西部地区的高技术产业产值规模较小，致使其研发投入强度的计算基数较小，这在一定程度上也暗示了高技术产业技术创新效率可能依然存在“东强西弱”的局面。

三、高技术行业的研发产出强劲，区域差异扩大

专利具有严格规范的申报、审批标准，在一定程度上保证了专利数据的可靠性和参照性。我国学者胡翠平、石林芬对美国、日本和我国的研发经费与发明专利的关系进行了实证研究。研究发现，美国的发明专利申请数量与研发总经费、企业研发经费支出以及来自企业的研发资金均显著正相关，但是发明专利申请数量与政府部门研发经费支出以及来自政府的研发资金的相关系数较低，构不成显著正相关，这说明在美国企业是创新活动的主体，企业在发明专利的产出中发挥着更为重要的作用。日本发明专利申请数量与研发总经费、企业研发经费支出、政府研发经费支出、来自企业的研发资金、来自政府的研发资金都显著正相关。但发明专利申请数量与企业相应研发经费、来自企业研发资金的相关系数都大于发明专利申请数量与政府研发经费支出、来自政府研发资金的相关系数。说明日本企业的技术创新作用也大于政府的作用。

中国发明专利申请数量与研发总经费、企业研发经费支出、政府部门研发经费支出均显著正相关，说明增加每种研发经费支出都可以提高发明专利的产出水平。但中国的发明专利数量与企业研发经费支出的相关系数和与政府部门研发经费支出的相关系数大致相当，这充分说明，政府研究开发机构和高等学校在当前中国的发明专利产出中仍然发挥着较大的作用。

表 5.3　中国、美国、日本的研发经费与发明专利申请数量间的相关系数

	研发总经费	企业研发经费支出	政府部门研发经费支出	来源于企业的研发资金	来源于政府的研发资金
美国发明专利申请数	0.962（0.000）	0.946（0.000）	0.542（0.009）	0.972（0.000）	0.101（0.654）
日本发明专利申请数	0.951（0.000）	0.967（0.000）	0.943（0.000）	0.961（0.000）	0.867（0.000）
中国发明专利申请数	0.997（0.000）	0.988（0.000）	0.982（0.000）	—	—

注：显著性水平为 0.01。

资料来源：中国科技统计网（http://www.sts.org.cn/fxyj/zcfx/documents/20051219.htm）。

1997～2011 年，中国高技术产业专利申请数从 713 件增至 101267 件，增长

了141.03倍，年均增长率为42.5%。除2010年受到国际金融危机的时滞性冲击之外，专利申请数在其余年份都处于较强上行通道，最大同比增长率为79.9%。同期，中国高技术产业拥有发明专利数也呈现持续快速增长，从341件增至82240件，增长了240.17倍，年均增长率为48.0%；拥有发明专利数始终具有强劲的逐年增长态势，最大同比增长率为126.1%。中国高技术产业专利数也向东部地区倾斜，区域分布不均衡性存在加剧趋势。1997～2011年，东部地区高技术产业拥有发明专利数的年均增长率为52.9%，显著高于其他地区和全国平均水平，从而导致东部地区高技术产业创新产出占全国总量的比重从53.1%增至85.5%，增长了近33个百分点，而东北、中部和西部地区的比重则分别从9.68%、11.15%和25.22%缩至2.09%、5.66%和6.80%。因此，东部地区高技术产业在以专利数衡量的技术创新产出方面具有绝对规模和相对规模的双重优势。

尽管专利数被广泛用以衡量技术创新产出，但现实中仅有不足50%的专利被应用于生产，并且不同行业和企业的使用情况有很大差异。严格地讲，专利成果是研发产出，尚未涉及生产和营销等环节，而技术创新必须以“首次商业化”为核心特征。因此，可以用新产品产值来考察技术创新的产出情况。

按当年价计算，1997～2011年，中国高技术产业新产品产值从1084.79亿元增至21458.41亿元，增长了18.78倍，年均增长率为23.8%；新产品产值始终处于快速上行通道，大多数年份的同比增长率都高于20%，最大同比增长率为55.0%。东部地区高技术产业新产品产值占全国总量的比重总体上升且长期处于80%以上，2005、2007、2009年更接近90%；东北、中部和西部地区的比重都有所下降，分别从1997年的3.01%、8.86%和25.61%降至2011年的2.22%、5.99%和6.94%。这种变化趋势意味着，中国高技术产业新产品产值分布长期存在空间不均衡性。

第三节　研发国际化与我国的产业结构升级实证分析

在直观判断的基础上，考察研发国际化与我国产业升级的关系还需要利用各项数据进行实证分析。本节以1997～2011年我国高技术产业在12个行业的增加值作为指标，利用面板数据方法分析研发国际化与我国产业结构升级之间的关系。

一、基本模型和变量选择

首先，建立一个高技术产业增加值与内外资企业劳动力投入和资本投入之间

关系的函数，假设函数如下：

$$V=f(L,\ K) \tag{5.1}$$

式中，V代表高技术产业的增加值，L代表投入的劳动力，K代表投入资本。在进行参数估计时，我们以上式为基础，采用对数线性模型进行回归。

$$\ln V=\alpha_0+\alpha_1\ln Ldr_{it}+\alpha_2\ln Kdr_{it}+\alpha_3\ln Lfr_{it}+\alpha_4\ln Kfr_{it}+\alpha_5\ln K+\alpha_6\ln L+u_{it} \tag{5.2}$$

式中，Ldr_{it}和Lfr_{it}分别代表国内和三资企业在中国投入的研发人员数量，Kdr_{it}和Kfr_{it}则分别代表国内和三资企业投入的研发费用，K和L分别代表这些行业全部固定资产投资和从业人员数量，Kd和Kf分别代表国内和三资企业固定资产投资，Ld和Lf则分别代表国内和三资企业从业人员数量。

二、计量过程及结果

用Eviews软件对国内企业和三资企业的高技术行业增加值的面板数据进行固定效应回归，所得计量过程的结果如表5.4至表5.6所示。

表5.4　全部企业增加值固定效应回归结果

	(1)(*OLS*)	(2)(*OLS*)	(3)(*GLS*)
K	0.3523	0.3569	0.2497
	(0.1098)(3.2077)	(0.1085)(3.2872)	(0.1434)(1.7406)
L	0.5188	0.5379	0.6258
	(0.1609)(3.2234)	(0.1540)(3.4921)	(0.2253)(2.7777)
Ldr	-0.1191	-0.1239	-0.1647
	(0.0410)(-2.9002)	(0.0393)(-3.1472)	(0.0626)(-2.6299)
Kdr	0.1155	0.1149	0.1071
	(0.2124)(3.0181)	(0.0379)(3.0255)	(0.0463)(2.3118)
Lfr	0.3470	—	—
	(0.2064)(1.6809)	—	—
Kfr	0.0926	0.1081	0.1949
	(0.0546)(1.6947)	(0.0418)(2.5877)	(0.0649)(2.9994)
R^2	0.9698	0.9697	0.9770
D-W	1.6280	1.6439	1.8895
样本数	180	180	168

注：表中第一括号里的数字是对应系数的标准差，第二括号里的数字是对应系数t统计量的值。

结果(1)包含了所有变量，但三资企业的研发人员折合工作量t检验不够显著，去掉这个变量得到结果（2），该结果存在一定程度的自相关，用广义二乘法消除自相关，得到结果（3），基本上能通过各种统计检验。所以，结果（3）就是全部企业增加值固定效应的最终回归结果。

三资企业增加值固定效应回归结果如表 5.5 中的结果（4），虽然资本变量的 t 检验极不显著，但由于资本变量是控制变量，不能在模型中消除，三资企业的研发人员折合工作量不能通过 t 检验，消除这个变量，得到结果（5），此结果中的国内企业的研发投入也不能通过 t 检验，消除这个变量得到结果（6）。所以，选取结果（6）作为三资企业增加值固定效应最终回归结果。

表 5.5　三资企业增加值固定效应回归结果

	（4）（OLS）	（5）（OLS）	（6）（OLS）
Kf	-0.0146	-0.0213	-0.0242
	(0.0763) (-0.1921)	(0.0725) (-0.2944)	(0.0728) (-0.3327)
Lf	0.9618	0.9504	0.9977
	(0.1268) (7.5850)	(0.1200) (7.9149)	(0.1142) (8.7330)
Ldr	-0.0858	-0.0837	-0.0539
	(0.0432) (-1.9874)	(0.0422) (-1.9804)	(0.0348) (-1.5500)
Kdr	0.0514	0.0540	—
	(0.0451) (1.1398)	(0.0439) (1.2292)	—
Lfr	-0.0290	—	—
	(0.0954) (-0.3045)	—	—
Kfr	0.1287	0.1179	0.1197
	(0.0576) (2.2317)	(0.0451) (2.6134)	(0.0453) (2.6431)
R^2	0.9761	0.9760	0.9754
D-W	1.7187	1.7106	1.5306
样本数	180	180	180

注：表中第一括号里的数字是对应系数的标准差，第二括号里的数字是对应系数 t 统计量的值。

表 5.6　国内企业增加值固定效应回归结果

	（7）（OLS）	（8）（OLS）
Kd	0.4705	0.4680
	(0.1123) (4.1877)	(0.1112) (4.2072)
Ld	0.3120	0.3088
	(0.1668) (1.8700)	(0.1653) (1.8683)

续表

	(7) (*OLS*)	(8) (*OLS*)
Ldr	-0.1341	-0.1374
	(0.0526) (-2.5462)	(0.0514) (-2.6738)
Kdr	0.1581	0.1583
	(0.0493) (3.2044)	(0.0489) (3.2337)
Lfr	0.0326	—
	(0.0919) (0.3553)	—
Kfr	0.1394	0.1601
	(0.0739) (1.8845)	(0.0452) (3.5404)
R^2	0.9710	0.9709
D-W	2.4146	2.3855
样本数	180	180

注：表中第一括号里的数字是对应系数的标准差，第二括号里的数字是对应系数 t 统计量的值。

表 5.6 中的结果（7）是包含所有变量的国内企业固定效应回归结果，三资企业的研发人员折合工作量 t 统计检验不显著，消除这个变量得到结果（8），基本能通过各种统计检验，但存在一定程度的自相关，不过用相应的统计方法消除自相关所得结果也不理想。所以就选用结果（8）作为国内企业增加值固定效应回归结果。

三、计量结果分析

在研发人员投入方面，所有回归结果都显示，研发人员投入与各产业增加值之间的相关性或者不显著，或者存在负相关关系。对此，可以从以下两个方面加以理解：第一，1999～2004 年，我国一些产业的研发人员投入实际上是下降了（如化学药品制造业的研发人员从 2001 年的 628985 人下降到了 2002 年的 622207 人和 2003 年的 615072 人，2004 年又大幅下降到 595401 人，生物制品制造业也存在类似的情况），但该产业的增加值却是上升的（相应地，化学药品制造业的产业增加值在 2001 年为 392.36 亿元，到 2002 年和 2003 年则分别上升为 455.35 亿元和 545.15 亿元，2004 年更达到了 617.7 亿元的水平），说明这些产业中存在着大量的过剩研发人员或低效的研发活动，所以研发人员减少后，研发活动的效率反而上升，体现了“精简机构”的正效应。这种效应可以部分解释研发人员与该产业增加值的负相关关系。第二，这一时期我国进行的科技体制改革对回归结果也产生了很大影响。在 1998 年底，我国开始了国家产业部门层次的科研院所体制改革[①]，该项改革对各产业研发人员的变动产生了很大的影响。在这之后，地方的4000多所科研院所（包括少部分军工科研院所）也按照类似的要求在2001年底基本完成了改制任务，这种由于体制改革带来的不规律的变化必然会对回归结果产生很大的影响。因此，在考察这一期间我国科研人员投入与产业增加值的相关性时，必须考虑上述因素。

从计量结果可以看出，除了国内企业的研发经费投入与三资企业的增加值不存在显著的相关性以外，国内企业和三资企业的研发经费与国内企业和全部企业的增加值都存在显著的正相关关系，且三资企业研发经费的相关系数要大于国内企业的这一系数，这在一定程度上说明跨国公司在我国的研发经费投入促进了我国产业结构的升级。

由于科研机构转制的原因，我们无法清楚地判断出研发人员投入与产业增加值之间的关系，但这一时期行业的研发经费是按照以前的一些重大科研规划制定的，具有一定的连续性和稳定性，转制对其影响不大，因此科研经费投入与产业增加值之间的相关性可以作为实证分析的结果。从三资企业研发经费投入与我国产业增加值之间的回归结果可以看出，研发国际化确实对我国产业升级起到了促进作用。因此，我国政府在制定产业政策时，应该充分地利用跨国公司在我国的研发投资，加速我国的产业升级。

第四节　研发国际化对我国企业创新能力的影响——实证分析

一、基本模型

研发的过程实际上就是一种新知识生产的过程，在这个过程中，需要各种研发资源的投入，如科技人员、研发经费等。因此，我们可以将研发活动的产出函数表示如下：

$$P = f(L,\ K) \tag{5.3}$$

式中，L 代表投入的研发人员，K 代表投入的研发经费，P 代表研发成果。

① 1998年12月中旬，国务院召开会议专门研究科研院所的改革问题。科技部、国家经贸委在会上作了专题汇报，建议242家科研机构按照进入企业、转为科技企业、转为技术中介机构、转为区域技术开发中心和国家工业科技创新基地等五种方式进行改革。1999年2月，国务院办公厅转发了科技部等部门关于国家经贸委管理的10家科研机构管理体制改革的意见，242家科研机构的转制工作正式启动实施，并要求在6月30日前基本完成，从1999年7月1日起开始新的管理体制运行。

对于研发成果，一些学者以新产品开发项目数量来表示，另一些学者用专利申请量来表示。本书认为我国加入 WTO 后，对知识产权的保护越发重视，专利保护制度日渐完善，无论是跨国公司还是国内企业都更注重以申请专利的形式来保护科研成果，因此专利申请量有着较强的代表性（洗国明、严兵，2005）。其次，一些企业新产品的开发应用的并不是最新的技术，特别是一些跨国公司为了延长原有产品的生命周期，往往推迟最新技术的实际应用，相比较而言，专利申请量是一个时效性更强的指标。另外，用相似的理由也可以解释本节没有用专利授权量来代表研发成果的原因，专利的授权与新技术的诞生之间往往存在时滞，因此时效性也不如专利申请量强。

在进行参数估计时，以式（5.3）为基础，采用对数模型进行回归。选择对数形式的原因在于，当方程两边同时取对数以后，解释变量前的系数所表示的就是弹性的概念，便于经验结果的比较。

$$\ln Pd_{it} = \alpha_0 + \alpha_1 \ln Ld_{it} + \alpha_2 \ln Kd_{it} + \alpha_3 \ln Lf_{it} + \alpha_4 \ln Kf_{it} + u_{it} \quad (5.4)$$

$$\ln Pf_{it} = \alpha_0 + \alpha_1 \ln Ld_{it} + \alpha_2 \ln Kd_{it} + \alpha_3 \ln Lf_{it} + \alpha_4 \ln Kf_{it} + u_{it} \quad (5.5)$$

式中，Pd_{it}和 Pf_{it}分别代表国内和三资企业申请专利数量，Ld_{it}和 Lf_{it}分别代表国内和三资企业在中国投入的研发人员数量，而 Kd_{it}和 Kf_{it}则分别代表国内和三资企业投入的研发费用。式（5.4）是考察国内和三资企业的研发投入（包括研发人员和研发费用）对国内企业创新能力的影响；式（5.5）考察上述研发投入对在我国进行生产和研发活动的三资企业的创新能力的影响。

二、计量过程及结果

用 Eviews 软件对国内企业和三资企业的专利的面板数据作混合效应和固定效应分析，所得计量过程的结果如表 5.7 至表 5.9 所示。

表 5.7 国内企业专利混合效应回归结果

	(1)(*OLS*)	(2)(*OLS*)	(3)(*OLS*)	(4)(*GLS*)
C	-2.3824	-2.7230	-2.4015	-1.9380
	(0.8365)(-2.8478)	(0.7305)(-3.7271)	(0.6356)(-3.7782)	(1.1505)(-1.6843)
Ld	-0.1014	—	—	—
	(0.1759)(-0.5765)	—	—	—
Kd	0.6082	0.5946	0.6293	0.5912
	(0.1602)(3.7968)	(0.0781)(7.6079)	(0.0678)(9.2779)	(0.1188)(4.9767)

续表

	(1)(*OLS*)	(2)(*OLS*)	(3)(*OLS*)	(4)(*GLS*)
Lf	0.1549	—	—	—
	(0.1563)(0.9908)	—	—	—
Kf	-0.0089	0.0686	—	—
	(0.1036)(-0.0859)	(0.0765)(0.8973)	—	—
R^2	0.6161	0.6072	0.6016	0.5984
D-W	1.5549	1.5625	1.5157	1.8713
样本数	184	186	186	174

注：表中第一括号里的数字是对应系数的标准差，第二括号里的数字是对应系数 *t* 统计量的值。

结果（1）包含了所有变量，但国内企业的研发人员、三资企业研发人员和研发投入都不能通过 *t* 检验，说明统计不显著（实际上有可能是因为研发人员数量和研发投入存在高度的相关性）。结果（2）去掉国内企业研发人员和国外企业研发人员两个变量得到回归结果，三资企业的研发投入依然不能通过 *t* 检验。去掉三资企业的研发投入这个变量得到结果（3），此结果有一定程度的自相关，用广义最小二乘法消除自相关，得到结果（4），可通过各种统计检验，所以结果（4）就是国内企业专利混合效应的最终结果。

表 5.8 中的结果（5）是包含所有解释变量的国内专利固定效应回归结果，由于研发人员和研发投入的共线性，所以各对称地去掉一个变量，得到结果（6）和（7）。从 *t* 检验可以看出（7）是更好的回归结果，但存在自相关，消除自相关得到结果（8）。结果（8）基本上能通过各种统计检验，所以这个结果就是国内专利固定效应的最终结果。

表 5.8 国内企业专利固定效应回归结果

	(5)(*OLS*)	(6)(*OLS*)	(7)(*OLS*)	(8)(*GLS*)
Ld	0.1427	—	—	—
	(0.2779)(0.5135)	—	—	—
Kd	0.2895	0.3174	0.3387	0.4786
	(0.2124)(1.3632)	(0.2049)(1.5489)	(0.1971)(1.7179)	(0.2172)(2.2035)
Lf	0.3470	—	0.3469	0.4330
	(0.2064)(1.6809)	—	(0.1534)(2.2616)	(0.2170)(1.9949)

续表

	（5）（*OLS*）	（6）（*OLS*）	（7）（*OLS*）	（8）（*GLS*）
Kf	0.0601	0.1383	—	—
	（0.1013）（0.5938）	（0.0871）（1.5876）	—	—
R^2	0.7718	0.7563	0.7689	0.7646
D－W	2.5325	2.4368	2.4540	2.1427
样本数	186	186	186	174

注：表中第一括号里的数字是对应系数的标准差，第二括号里的数字是对应系数 *t* 统计量的值。

表 5.9　三资企业专利混合效应和固定效应回归结果

	（9）（*OLS*）（混合效应）	（10）（*OLS*）（固定效应）	（11）（*OLS*）（固定效应）	（12）（*GLS*）（固定效应）
C	－2.6239	—	—	—
	（0.9038）（－2.9030）	—	—	—
Lf	0.8654	1.4271	1.4760	1.7651
	（0.1921）（4.5050）	（0.2738）（5.2107）	（0.2600）（5.6750）	（0.2210）（7.9841）
Kf	－0.2094	－0.2511	－0.2524	－0.2460
	（0.1188）（－1.7629）	（0.1264）（－1.9857）	（0.1257）（－2.0086）	（0.0981）（－2.5073）
Ld	－0.3565	－0.1228	—	—
	（0.1694）（－2.1042）	（0.2036）（－0.6032）	—	—
Kd	0.5191	0.4918	0.4372	0.4678
	（0.1918）（2.7057）	（0.2658）（1.8502）	（0.2485）（1.7595）	（0.2111）（2.2158）
R^2	0.5403	0.6724	0.6702	0.7460
D－W	1.9305	2.8678	2.8400	2.3884
样本数	186	186	186	174

注：表中第一括号里的数字是对应系数的标准差，第二括号里的数字是对应系数 *t* 统计量的值。

结果（9）是三资企业专利混合效应的结果，这个模型能通过各种统计检验。结果（10）、（11）和（12）是三资企业专利固定效应的回归结果，其中结果（10）包含了所有解释变量，国内研发投入不能通过 *t* 检验，消除这个变量得到结果（11），此结果的 *t* 检验基本上能通过，但存在自相关，用广义最小二乘法消除自相关得到结果（12），虽然还存在一定程度的自相关，但基本上可以容忍，其他统计检验都能通过，所以结果（12）就是最终三资企业专利固定效应的回归结果。

三、计量结果分析

1. 外商企业在华研发对我国企业创新能力的影响分析

从回归结果看，总体上，外国企业研发经费投入对我国企业的专利申请数量并没有显著的溢出效应。这种情况可以从以下两个方面进行理解。

一方面，从前面的分析中可以知道，外商在我国从事的研发活动主要是针对当地市场需求的应用性技术研发，基础性研发和创新性研发方面的投入比较少，因此对我国高科技企业技术创新的溢出十分有限。

另一方面，由于我国企业在很多产业，特别是高科技产业方面的技术总体水平比国外企业落后很多，且研发投入占销售收入的比例也很低，因此吸收和消化国外先进技术的能力比较弱，这进一步阻碍了国外企业在我国进行研发的溢出效应。

事实上，我国从 20 世纪 80 年代初就重视引进技术的消化吸收问题，但长期以来都没有得到很好的解决。据李以学（1999）统计，1995 ~ 1999 年间，我国大中型企业用于技术引进的支出分别为 90. 23 亿元、116. 06 亿元、192. 84 亿元和 275. 7 亿元，而用于消化吸收这些技术的支出只有 4. 06 亿元、5. 4 亿元、8. 3 亿元和 9. 7 亿元，二者比例为 21. 3∶1，而日本在 1991 年的这个比例就已经达到了 1∶10①。有关资料表明，日本和韩国技术发展中的重要经验是重视引进技术的消化和创新，用于消化创新的资金是技术引进的 3 倍多，而我国却相反，用于消化创新的资金投入仅为技术引进的 1/3（陈漫，2001）。

2. 我国企业的研发创新对外商在我国研发的影响分析

回归结果表明，我国企业的研发经费投入与三资企业的专利申请数量存在正相关关系，即我国高科技企业的研发投入对三资企业的创新活动具有明显的溢出效应。这种现象也可以从如下几个方面来理解：第一，人员流动效应，如前所述，我国的研发经费占 GDP 的比例与发达国家相比还很低，但从纵向上来看在不断增加，特别是一些重点高科技产业的投入较大，培养了一大批高科技人才，外资研发机构进入中国进行研发活动后，由于待遇等方面的巨大差异，这些人才大量外流到国外的研发机构中去，形成了对外资研发机构的外溢效应；第二，专利观念的差异，专利制度在发达国家已经是一项很成熟的制度，企业用专利保护自己的意识比较强烈，相比较而言，我国企业在这方面的表现则还不尽如人意，一些研发成果由于没有及时申请专利而被国外研发机构申请，这在一定程度上也影响了国内企业专利申请的数量。

---

① 李以学. 中国产业技术进步的问题与对策［J］. 管理世界，1999（1）.

四、结论

从上述回归结果可以得出如下结论：从总体上来看，外国在我国研发机构对我国高科技企业的创新能力没有明显的正面溢出效果；外资研发机构在我国从事的研发活动尚处于比较低级的阶段，主要是利用我国低成本的研发从业人员和研发成果进行适用性技术研发。

第六章　研发国际化对我国研发质量的实证分析

质量的提升可以用全要素生产率来表示，研发也可以看作一个生产过程，其产出是专利、工艺改进和新产品生产等方面，因此研发的质量也可以用研发的全要素生产率来衡量。

第一节　研发质量的测度方法

一、全要素生产率的测量方法

20 世纪 20 年代，美国经济学家道格拉斯（P. Douglas）与数学家柯布（C. W. Cobb）合作提出了生产函数理论，开始了对生产率在经济增长中作用的定量研究。不能被资本和劳动解释的部分后来被称为“增长余值”（或“索洛值”），即全要素生产率（TFP）。

全要素生产率是指生产活动在一定时间内的效率，是衡量单位总投入所对应的总产量的生产率指标，即总产量与全部要素投入量之比。全要素生产率是用来衡量生产效率的指标，包括三个方面：一是效率的改善；二是技术进步；三是规模效应。通过计算除去劳动、资本、土地等要素投入之后的“余值”来得到全要素生产率，由于“余值”还包括未识别的促增长因素、概念上的差异以及度量上的误差，它只能相对衡量效益改善技术进步的程度。

全要素生产率的估算方法可归结为两大类：增长会计法和经济计量法。增长会计法是以新古典增长理论为基础，估算过程相对简便，考虑因素较少，但主要缺点是假设约束较强，也较为粗糙；而经济计量法利用各种经济计量模型估算全要素生产率，较为全面地考虑了各种因素的影响，但估算过程较为复杂。

1. 增长会计法

增长会计法（Growth Accounting Approach）的基本思路是以新古典增长理论

为基础，将经济增长中要素投入贡献剔除掉，从而得到全要素生产率增长的估算值，其本质是一种指数方法。按照指数的不同构造方式，可分为代数指数法和几何指数法（也称索洛残差法）。

（1）代数指数法（AIN）。

代数指数法（Arithmetic Index Number Approach，AIN）最早由艾布拉姆威兹（Abramvitz，1956）提出，其基本思想是把全要素生产率表示为产出数量指数与所有投入要素加权指数的比率。

假设商品价格为 P_t，数量为 Q_t，则总产出为 P_tQ_t。生产中资本投入为 K_t，劳动投入为 L_t，资本价格（即利率）为 r_t，工资率为 w_t，则总成本为 $r_tK_t+w_tL_t$。假设完全竞争和规模收益不变，总产出等于总成本，即：

$$P_tQ_t=r_tK_t+w_tL_t \tag{6.1}$$

但由于技术进步等因素的影响，式（6.1）往往不成立，可将其改写为：

$$P_0Q_t=TFP_t\ [r_0K_t+w_0L_t] \tag{6.2}$$

式中，r_0、w_0 和 P_0 为基年利率、工资和价格。参数 TFP_t 为全要素生产率，反映技术进步等因素对产出的影响。由式（6.2）可得：

$$TFP_t=\frac{P_0Q_t}{r_0K_t+w_0L_t} \tag{6.3}$$

式（6.3）就是全要素生产率的代数指数公式。后来，经济学家们又提出各种全要素生产率代数指数，它们的形式虽不同，但基本思想是一样的。

代数指数法很直观地体现出全要素生产率的内涵，但缺陷也十分明显，主要体现在它虽然没有明确设定生产函数，但资本和劳动力之间完全可相互替代，且边际生产率是恒定的，这显然缺乏合理性。所以，这种方法更多的是一种概念化方法，并不适于具体实证分析（Caves、Christensen 和 Diewart，1982）。

（2）索洛残差法（SR）。

索洛残差法最早由罗伯特·索洛（Robert Merton Solow，1957）提出，基本思路是，估算出总量生产函数后，在产出增长率中扣除各投入要素增长率，并用得到的残差测算全要素生产率增长，故也称生产函数法。在规模收益不变和希克斯中性技术假设下，全要素生产率增长就等于技术进步率。总量生产函数为：

$$Y_t=\Omega(t)F(X_t) \tag{6.4}$$

式中，Y_t 为产出，$X_t=(x_{1t},\ \cdots,\ x_{Nt})$ 为要素投入向量，x_{nt} 为第 n 种投入要素。假设 $\Omega(t)$ 为希克斯中性技术系数，表示技术进步不影响投入要素之间的边际替代率。进一步，假设 F 为一次齐次函数，即关于所有投入要素都是规模收益不变的，式（6.4）两边同时对时间 t 求导，并同除以式（6.4）有：

$$\frac{\dot{Y}_t}{Y_t}=\frac{\dot{\Omega}}{\Omega}+\sum_{n=1}^{N}\delta_n\left(\frac{\dot{x}_{n,t}}{x_{n,t}}\right) \tag{6.5}$$

式中，$\delta_n = \left(\frac{\partial Y_t}{\partial x_{n,t}}\right)\left(\frac{x_{n,t}}{Y_t}\right)$为各投入要素的产出份额。由式（6.5）可得：

$$\frac{\dot{\Omega}}{\Omega} = \frac{\dot{Y}_t}{Y_t} - \sum_{n=1}^{N} \delta_n \left(\frac{\dot{x}_{n,t}}{x_{n,t}}\right) \tag{6.6}$$

式（6.6）即全要素生产率增长的索洛残差公式，本质上是一个几何指数。各投入要素的产出份额 δ_n 往往需要通过估算总量生产函数加以测算。在估算中，常采用两要素（资本和劳动力）的 C—D 生产函数 $Y_t = AK_t^{\alpha}L_t^{\beta}$，其中 Y_t 为现实产出，L_t 为劳动投入，K_t 为资本存量，α、β 分别为平均资本产出份额和平均劳动力产出份额。两边同时取自然对数有：

$$\ln = (Y_t) = \ln(A) + \alpha\ln(K_t) + \beta\ln(L_t) + \varepsilon_t \tag{6.7}$$

式中，ε_t 为误差项，通常我们假设 $\alpha + \beta = 1$，即规模收益不变，则有回归方程：

$$\ln(Y_t/L_t) = \ln(A) + \alpha\ln(K_t/L_t) + \varepsilon_t \tag{6.8}$$

这是一个双对数模型，可以利用 OLS 估算。其中资本存量需要测算，测算公式为：

$$K_t = I_t/P_t + (1 - \delta_t)K_{t-1} \tag{6.9}$$

式中，K_t 为 t 年的实际资本存量，K_{t-1}为 $t-1$ 年的实际资本存量，P_t 为固定资产投资价格指数，I_t 为 t 年的名义投资，δ_t 为 t 年的固定资产的折旧率。在确定了资本存量的初值以及实际净投资后，便可以利用式（6.7）给出各年的实际资本存量。这样，利用回归方程（6.8），我们可以估计出平均资本产出份额 α 和平均劳动力产出份额 β，代入式（6.6）可以得到全要素生产率增长率。索洛残差法开创了经济增长源泉分析的先河，是新古典增长理论的一个重要贡献（Lucas，1988）。但它也存在着一些明显缺陷：索洛残差法建立在新古典假设，即完全竞争、规模收益不变和希克斯中性技术的基础上，这些约束条件很强，往往难以满足；具体估算中，由于资本价格难以准确确定，所以利用资本存量来代替资本服务，忽略了新旧资本设备生产效率的差异以及能力实现的影响。此外，索洛残差法用所谓的“残差”来度量全要素生产率，从而无法避免测算误差的影响。上述这些因素都会导致全要素生产率的估算偏差。

2. 经济计量法

由于增长会计法存在着较多缺陷，后人提出很多经济计量方法，以期借助各种经济计量模型和计量工具准确地估算出全要素生产率。本节主要比较两种计量方法：隐性变量法和潜在产出法。

（1）隐性变量法（LV）。

隐性变量法（Latent Variable Approach，LV）的基本思路是，将全要素生产

率视为一个隐性变量即未观测变量，从而借助状态空间模型（State Space Model）利用极大似然估计给出全要素生产率估算。具体估算中，为了避免出现伪回归，需要进行模型设定检验，包括数据平稳性检验和协整检验。平稳性检验和协整检验的方法很多，常见的有 ADF 单位根检验（the Augmented Dickey Fuller）和 JJ 协整检验（Johanson 和 Juselius，1990）。由于产出、劳动力和资本存量数据的趋势成分通常是单位根过程且三者之间不存在协整关系，所以往往利用产出、劳动力和资本存量的一阶差分序列来建立回归方程。采用 C－D 生产函数，且假设规模收益不变，则有如下观测方程：

$$\Delta\ln(Y_t)=\Delta\ln(TFP_t)+\alpha\ln(K_t)+(1-\alpha)\Delta\ln(L_t)+\varepsilon_t \tag{6.10}$$

式中，$\Delta\ln(TFP_t)$ 为全要素生产率增长率，假设其为一个隐性变量，且遵循一阶自回归即 AR（1）过程，则有如下状态方程：

$$\Delta\ln(TFP_t)=\rho\Delta\ln(TFP_{t-1})+\upsilon_t \tag{6.11}$$

式中，ρ 为自回归系数，满足 $|\rho|<1$，ε_t 为白噪声。这样，利用状态空间模型，通过极大似然估计同时估算出观测方程（6.10）和状态方程（6.11），从而得到全要素生产率增长的估算值。隐性变量法的最大优点在于，不再将全要素生产率视为残差，而是将其视为一个独立的状态变量，这样将全要素生产率从残差中分离出来，从而排除测算误差对全要素生产率估算的影响。同时，在具体估算时，还充分考虑了数据非平稳性带来的伪回归问题。

（2）潜在产出法（PO）。

索洛残差法和隐性变量法在估算全要素生产率时，都暗含着一个重要的假设，即认为经济资源得到充分利用，此时，全要素生产率增长等于技术进步率。换言之，这两种方法在估算全要素生产率时，都忽略了全要素生产率增长的另一个重要组成部分——能力实现改善（Improvement Incapacity Realization）（即技术效率提升）的影响。潜在产出法（Potential Output Approach，PO）也称边界生产函数法（Frontier Production Function）正是基于上述考虑提出的，其基本思路是遵循法雷尔（Farrell，1957）的思想，将经济增长归为要素投入增长、技术进步和能力实现改善（技术效率提升）三部分。全要素生产率增长等于技术进步率与能力实现率改善之和，估算出能力实现率和技术进步率，便得出全要素生产率增长率。

设 $R_{y,t}$ 为产出增长率，$R_{TP,t}$ 为技术进步率，CR_t 为能力实现率，$R_{yx,t}$ 为要素投入增长所带来的产出增长率，$R_{TFP,t}$ 为全要素生产率增长率，则有：

$$R_{y,t}=R_{TP,t}+\Delta CR_t+R_{yx,t} \tag{6.12}$$

且全要素生产率增长率等于技术进步率与能力实现率变化之和，即：

$$R_{TFP,t}=R_{TP,t}+\Delta CR_t \tag{6.13}$$

能力实现率 CR_t 测度了现有生产能力的利用程度，反映了现实经济的生产技术效率，通常利用产出缺口来度量。产出缺口的估算方法很多，目前较为流行的是 HP 滤波（Hodrick - Prescott，1990），数据包络分析（DEA）和随机前沿函数方法（SFA）。SFA 可以很好地处理度量误差，但需要给出生产函数形式和分布的明确假设，对于样本量较少的实证研究，存在着较大问题（Gong 和 Sickles，1992）。DEA 法直接利用线性优化给出边界生产函数与距离函数的估算，无须对生产函数的形式和分布做出假设，从而避免了较强的理论约束，是一种确定性前沿方法，没有考虑随机因素对生产率和效率的影响。这两类方法适合于面板数据，所以，我们在下面的实证中采用的就是 SFA 和 DEA 来测度研发的质量。

二、研发质量测度方法之一——数据包络分析

某一经济系统或生产过程可以看成一个单元在一定可能范围内，通过投入一定数量的生产要素并产出一定数量的“产品”的活动。虽然这些活动的具体内容各不相同，但其目的都是尽可能地使这一活动取得最大的“效益”。由于从“投入”到“产出”需要经过一系列决策才能实现，或者说，由于“产出”是决策的结果，所以这样的单元被称为“决策单元”（Decision Making Units，DMU）。我们可以认为每个 DMU 都代表一定的经济含义，它的基本特点是具有一定的输入和输出，并且在将输入转换成输出的过程中，努力实现自身的决策目标。

设有 n 个决策单元（$j=1，2，\cdots，n$），每个决策单元有相同的 m 项投入（输入），输入向量为：

$$x_j=(x_{1j}，x_{2j}，\cdots，x_{mj})^T>0 \qquad (j=1，2，\cdots，n) \tag{6.14}$$

每个决策单元有相同的 s 项产出（输出），输出向量为：

$$y_j=(y_{1j}，y_{2j}，\cdots，y_{sj})^T>0 \qquad (j=1，2，\cdots，n) \tag{6.15}$$

即每个决策单元有 m 种类型的“输入”及 s 种类型的“输出”。

x_{ij}表示第 j 个决策单元对第 i 种类型输入的投入量，y_{ij}表示第 j 个决策单元对第 i 种类型输出的产出量。

为了将所有的投入和所有的产出进行综合统一，即将这个生产过程看作是一个只有一个投入量和一个产出量的简单生产过程，我们需要对每一个输入和输出进行赋权，设输入和输出的权向量分别为：$v=(v_1，v_2，\cdots，v_m)^T$，$u=(u_1，u_2，\cdots，u_s)^T$。v_i 为第 i 类型输入的权重，u_r 为第 r 类型输出的权重。

这时，则第 j 个决策单元投入的综合值为 $\sum\limits_{i=1}^{m} v_i x_{ij}$，产出的综合值为 $\sum\limits_{r=1}^{s} u_r y_{rj}$，我们定义每个决策单元 DMU_j 的效率评价指数为：

$$h_j = \frac{\sum_{r=1}^{s} u_r y_{rj}}{\sum_{i=1}^{m} v_i x_{ij}} \tag{6.16}$$

模型中 x_{ij}，y_{ij}为已知数（可由历史资料或预测数据得到），于是问题实际上是确定一组最佳的权向量 v 和 u，使第 j 个决策单元的效率值 h_j 最大。这个最大的效率评价值是该决策单元相对于其他决策单元来说不可能更高的相对效率评价值。我们限定所有的 h_j 值（$j=1$，2，…，n）不超过 1，即 $\max h_j \leqslant 1$。这意味着，若第 k 个决策单元 $h_k=1$，则该决策单元相对于其他决策单元来说其生产率最高，或者说这一系统是相对而言有效的；若 $h_k<1$，那么该决策单元相对于其他决策单元来说，其生产率还有待于提高，或者说这一生产系统还不是有效的。

根据上述分析，第 j_0 个决策单元的相对效率优化评价模型为：

$$\max h_{j_0} = \frac{\sum_{r=1}^{s} u_r y_{rj_0}}{\sum_{i=1}^{m} v_i x_{ij_0}}$$

$$\text{s. t.} \begin{cases} \dfrac{\sum_{r=1}^{s} u_r y_{rj}}{\sum_{i=1}^{m} v_i x_{ij}} \leqslant 1 (j = 1,2,\cdots,n) \\ v = (v_1, v_2, \cdots, v_m)^T \geqslant 0 \\ u = (u_1, u_2, \cdots, u_s)^T \geqslant 0 \end{cases} \tag{6.17}$$

这是一个分式规划模型，我们必须将它转化为线性规划模型才能求解。为此，令：

$$t = \frac{1}{\sum_{i=1}^{m} v_i x_{ij_0}}, \ \mu_r = t u_r, \ w_i = t v_i \tag{6.18}$$

则模型转化为：

$$\max h_{j_0} = \sum_{r=1}^{s} \mu_r y_{rj_0}$$

$$\text{s. t.} \begin{cases} \sum_{r=1}^{s} \mu_r y_{rj} - \sum_{i=1}^{m} w_i x_{ij} \leqslant 0 (j = 1,2,\cdots,n) \\ \sum_{i=1}^{m} w_i x_{ij_0} = 1 \\ \mu_r, w_i \geqslant 0 (i = 1,2,\cdots,m; r = 1,2,\cdots,s) \end{cases} \tag{6.19}$$

写成向量形式有：

$$\max h_{j0}=\mu^{T}Y_{0}$$

$$\text{s. t.}\begin{cases}\mu^{T}Y_{j}-w^{T}X_{j}\leqslant 0\\ w^{T}X_{0}=1\qquad (j=1,\ 2,\ \cdots,\ n)\\ w\geqslant 0,\ \mu\geqslant 0\end{cases}\tag{6.20}$$

线性规划中一个十分重要，也十分有效的理论是对偶理论，通过建立对偶模型更易于从理论及经济意义上作深入分析，其对偶问题为：

$$\min\theta$$

$$\text{s. t.}\begin{cases}\sum_{j=1}^{n}\lambda_{j}x_{j}\leqslant\theta x_{0}\\ \sum_{j=1}^{n}\lambda_{j}y_{j}\geqslant y_{0}\\ \lambda_{j}\geqslant 0(j=1,2,\cdots,n)\\ \theta\text{ 无约束}\end{cases}\tag{6.21}$$

进一步引入松弛变量 s^{+} 和剩余变量 s^{-}，将上面的不等式约束化为等式约束，求 θ 的最小值：

$$\text{s. t.}\begin{cases}\sum_{j=1}^{n}\lambda_{j}x_{j}+s^{+}=\theta x_{0}\\ \sum_{j=1}^{n}\lambda_{j}y_{j}-s^{-}=y_{0}\\ \lambda_{j}\geqslant 0(j=1,2,\cdots,n)\\ \theta\text{ 无约束 }s^{+}\geqslant 0,s^{-}\geqslant 0\end{cases}\tag{6.22}$$

设上述问题的最优解为 λ^{*}，s^{*-}，θ^{*}，则有如下结论与经济含义。

（1）若 $\theta^{*}=1$，且 $s^{*+}=0$，$s^{*-}=0$，则决策单元 DMU_{j0} 为 DEA 有效，即在原线性规划的解中存在 $w^{*}>0$，$\mu^{*}>0$，并且其最优值 $h_{j0}^{*}=1$。此时，决策单元 DMU_{j0} 的生产活动同时为技术有效和规模有效。

（2）若 $\theta^{*}>1$，但至少有某个输入或者输出松弛变量大于零。则此时原线性规划的最优值 $h_{j0=1}^{*}$，称 DMU_{j0} 为弱 DEA 有效，它不是同时技术有效和规模有效。

（3）若 $\theta^{*}<1$，决策单元 DMU_{j0} 不是 DEA 有效。其生产活动既不是技术效率最佳，也不是规模效率最佳。

另外，我们可以用 $C^{2}R$ 模型中 λ_{j} 的最优值来判别 DMU 的规模收益情况。若存在 $\lambda_{j}^{*}(j=1,2,\cdots,n)$，使 $\sum\lambda_{j}^{*}=1$ 成立，则 DMU_{j0} 为规模效益不变；若不存在 $\lambda_{j}^{*}(j=1,2,\cdots,n)$，使 $\sum\lambda_{j}^{*}=1$ 成立，则若 $\sum\lambda_{j}^{*}<1$，那么 DMU_{j0} 为规模效益递

增；若不存在 $\lambda_j^*(j=1,2,\cdots,n)$，使 $\sum\lambda_j^*=1$ 成立，则若 $\sum\lambda_j^*>1$，那么 DMU_{j0} 为规模效益递减。

技术有效：输出相对输入而言已达最大，即该决策单元位于生产函数的曲线上，见图 6.1 中的 DMU_1，DMU_2，DMU_3。

规模有效：指投入量既不偏大，也不过小，是介于规模收入收益由递增到递减之间的状态，即处于规模收益不变的状态，见图 6.1 中的 DMU_4。

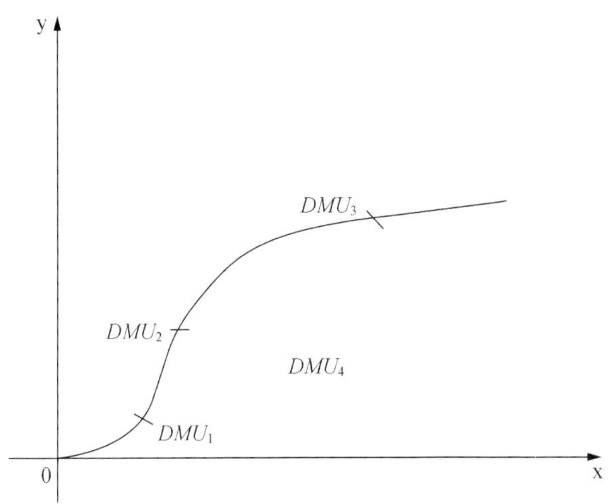

图 6.1 技术有效和规模有效

DMU_1、DMU_2、DMU_3 都处于技术有效状态；DMU_1 并非规模有效，实际上它处于规模收益递增状态；DMU_3 也不是规模有效，实际上它处于规模收益递减状态；DMU_2 是规模有效的。如果用 DEA 模型来判断 DEA 有效性，只有 DMU_2 对应的最优值 $\theta^0=1$。可见，在 C^2R 模型下的 DEA 有效，其经济含义是：既为“技术有效”，也为“规模有效”。

三、研发质量测度方法之二——随机前沿分析

前沿生产函数（Frontier Prodution Function）反映了在具体的技术条件和给定生产要素的组合下，企业的投入组合与最大产出量之间的函数关系。通过比较各企业实际产出与理想最优产出之间的差距可以反映出企业的综合效率。

在参数型前沿生产函数的研究中，围绕误差项的确立，分为随机性和确定性两种方法。首先，确定性前沿生产函数不考虑随机因素的影响，直接采用线性规划方法计算前沿面，把影响最优产出和平均产出的全部误差统归入单侧的一个误

差项 ε 中，并将其称为生产非效率；随机前沿生产函数在确定性生产函数的基础上提出了具有复合扰动项的随机边界模型，其主要思想为随机扰动项 ε 应由 v 和 u 组成，其中 v 是随机误差项，是企业不能控制的影响因素，具有随机性，用以计算系统非效率，u 是技术损失误差项，是企业可以控制的影响因素，可用来计算技术非效率。很明显，参数型随机前沿生产函数体现了样本的统计特性，也反映了样本计算的真实性。

SFA 是由 Aigner 等（1977）用横截面数据（包含技术非效率项）估计生产函数，Orea（2002）提出了超越对数形式的距离函数方法，从而得到广义曼昆斯特（Malmquist）生产率指数测算和分解，随后 Coelli 等（2005）认为，用面板数据进行 SFA 分析，能够更有效获得未知参数的估计值和技术效率预测值，并且得到广义曼昆斯特（Malmquist）全要素生产率指数，及其分解为技术效率指数、技术变化指数、规模效率指数的具体测算方式。本书根据 Coelli（2005）超越对数生产函数形式，构建各省研发的 SFA 模型如下：

$$\ln Y_{it} = \alpha_0 + \alpha_1 \ln RD_{it} + \alpha_2 \ln RDL_{it} + \alpha_3 t + \frac{1}{2}\alpha_{11}[\ln RD_{it}]^2 + \frac{1}{2}\alpha_{22}[\ln RDL_{it}]^2 + \frac{1}{2}\alpha_{33}t^2 + \frac{1}{2}\alpha_{12}\ln RD_{it} \cdot \ln RDL_{it} + \frac{1}{2}\alpha_{13}\ln RD_{it} \cdot t + \frac{1}{2}\alpha_{23}\ln RDL_{it} \cdot t + \alpha_i + v_{it} - u_{it} \tag{6.23}$$

模型（6.23）中 Y、RD、RDL 分别表示各省的研发产出、研发资本投入和研发人员投入，i 和 t 分别表示省份和年份。v_{it} 和 u_{it} 代表方程复合结构的随机误差项，v_{it} 是服从正态分布不可控制冲击所引致的随机误差，u_{it} 为研发活动过程中的无效率项，服从截尾正态分布，其期望值为 M_{it}，e^{-Mit} 表示行业 i 在 t 时期研发活动的技术效率。

运用 Coelli 等（2005）提出的效率测算方法，可以得到两个时期（$t-1$ 和 t）的研发技术效率指数、技术变化指数与规模效率指数分别如下：

$$TEC = E(\exp(-u_{it}) \mid v_{it} - u_{it}) / E(\exp(-u_{it-1}) \mid v_{it-1} - u_{it-1}) \tag{6.24}$$

$$TC = \exp\left[\frac{1}{2}\left(\frac{\partial \ln Y_{it-1}}{\partial (t-1)} + \frac{\partial \ln Y_{it}}{\partial t}\right)\right] \tag{6.25}$$

$$SC = \exp\left\{\frac{1}{2}\left[\left(1 - 1/(\partial \ln Y_{it-1}/\partial \ln RD_{it-1} + \partial \ln Y_{it-1}/\partial \ln RDL_{it-1})\right)\frac{\partial \ln Y_{it-1}}{\partial \ln RD_{it-1}} + \left(1 - 1/(\partial \ln Y_{it}/\partial \ln RD_{it} + \partial \ln Y_{it}/\partial \ln RDL_{it})\right)\frac{\partial \ln Y_{it}}{\partial \ln RD_{it}}\right] \cdot \ln\frac{RD_{it}}{RD_{it-1}} + \frac{1}{2}\left[\left(1 - 1/(\partial \ln Y_{it-1}/\partial \ln RD_{it-1} + \partial \ln Y_{it-1}/\partial \ln RDL_{it-1})\right)\frac{\partial \ln Y_{it-1}}{\partial \ln RDL_{it-1}} + \right.$$

$$\left(1-1/\partial \ln Y_{it}/\partial \ln RD_{it}+\partial \ln Y_{it}/\partial \ln RDL_{it}\right)\frac{\partial \ln Y_{it}}{\partial \ln RDL_{it}}\Big]\cdot \ln \frac{RDL_{it}}{RDL_{it-1}}\Big\} \quad (6.26)$$

由此可以得到广义 Malmquist 研发效率指数为：

$$GMPI = TEC \times TC \times SC \quad (6.27)$$

TEC、TC、SC 和 $GMPI$ 分别为研发的技术效率指数、技术变化指数、规模效率指数和全要素生产率指数。

第二节 研发国际化对我国研发质量的影响的实证分析：基于中国工业行业面板数据研究

一、模型设定和分析方法

为了检验跨国公司研发活动对东道国行业产出影响，可以采用柯布—道格拉斯生产函数并在 Griliches（1979，1980）分析框架上，得到如下模型：

$$Y_{it} = A_{it}K_{it}^{\alpha}L_{it}^{\beta}RDS_{Hit}^{\gamma_H}RDS_{Oit}^{\lambda_O} \quad (6.28)$$

式中，Y_{it}表示东道国第 i 个行业在 t 年的增加值，K_{it} 和 L_{it} 表示东道国第 i 个行业在 t 年的资本存量和劳动力人数，RDS_{Hit} 和 RDS_{Oit} 表示东道国第 i 个行业在 t 年的研发资本存量和跨国公司在东道国的研发资本存量。

对式（6.28）两边取对数，再做一阶差分可以得到：

$$D(\ln Y_{it}) = D(\ln A_{it}) + \alpha D(\ln K_{it}) + \chi D(\ln L_{it}) + \gamma_H D(\ln RDS_{Hit}) + \gamma_O D(\ln RDS_{Oit}) \quad (6.29)$$

实际上，对这些变量取对数然后差分后所得到的变量就是其各自的增长率。但对研发的资本存量进行估算是一个问题，由于现有的数据中只有研发的流量数据，并没有研发的存量数据，虽然用永续盘存法可以估算研发的资本存量数据，但是对研发流量数据本身的统计时间较短，估算基期研发资本存量的结果偏差很大。本书采用 Basant 和 Fikkert（1996）以及 Ornaghi（2006）计算研发资本存量增长率的方法，即用当期的行业研资本流量除以行业增加值来表示。那么式（6.29）就可以表示为：

$$D(\ln Y_{it}) = D(\ln A_{it}) + \alpha D(\ln K_{it}) + \chi D(\ln L_{it}) + \gamma_H \frac{RD_{Hit}}{Y_{it}} + \gamma_O \frac{RD_{Oit}}{Y_{it}} \quad (6.30)$$

本节研究的主要问题是跨国企业的研发对东道国企业的技术进步和效率的影响，即对全要素生产率进行了分解。测算 TFP 的方法大致可分为增长核算法和经济计量法两大类，在实证分析中，研究者普遍采用 Fare 等构建的基于 DEA 的 Malmquist 指数。Malmquist 指数是由瑞典经济学家 Sten Malmquist 在 20 世纪 50 年代提出的，Caves 首先将该指数应用于生产率变化的测算，该方法是基于距离函数定义 Malmquist 生产率指数的，利用线性优化方法估算每个决策单元的边界生产函数，从而对效率变化和技术进步进行测度，Malmquist 生产率指数变动值即为全要素生产率（TFP）变动值。由于非参数 Malmqulist 指数法对 TFP 可以分解为技术效率 TE 和技术进步率 TP，所用本书采用 Malmqulist 方法对全要素生产率进行分解。对于我国来说，除了企业的研发经费投入之外，还有技术引进费用，这实际上也是影响企业技术能力的投入，所以用$\frac{RDI_{Hit}}{Y_{it}}$表示技术引进费用增长率，考虑到跨国公司的研发对东道国的研发和技术引进的影响，用它们的乘积表示耦合作用。由于研发投入不仅对当期的 TFP 有影响，对后期的 TFP 也有一定影响，所以加入研发的滞后变量。最后计量模型如下：

$$\begin{aligned}TFP_{it} = {} & \gamma_H \frac{RD_{Hit}}{Y_{it}} + \gamma_O \frac{RD_{Oit}}{Y_{it}} + \varphi \frac{RD_{Hit}}{Y_{it}} \frac{RD_{Oit}}{Y_{it}} + \eta_H \frac{RDI_{Hit}}{Y_{it}} \\ & + \eta_O \frac{RDI_{Oit}}{Y_{it}} + \theta \frac{RDI_{Hit}}{Y_{it}} \frac{RDI_{Oit}}{Y_{it}} + \sigma_H \frac{RD_{Hit-1}}{Y_{it-1}} + \sigma_O \frac{RD_{Oit-1}}{Y_{it-1}} + \delta_H \frac{RDI_{Hit-1}}{Y_{it-1}} \\ & + \delta_O \frac{RDI_{Oit-1}}{Y_{it-1}} + \lambda_i + \mu_t + \varepsilon_{it} \end{aligned} \tag{6.31}$$

$$\begin{aligned}TE_{it} = {} & \gamma_{H1} \frac{RD_{Hit}}{Y_{it}} + \gamma_{O1} \frac{RD_{Oit}}{Y_{it}} + \varphi_1 \frac{RD_{Hit}}{Y_{IT}} \frac{RD_{Oit}}{Y_{it}} + \eta_{H1} \frac{RDI_{Hit}}{Y_{it}} \\ & + \eta_{O1} \frac{RDI_{Oit}}{Y_{it}} + \theta_1 \frac{RDI_{Hit}}{Y_{it}} \frac{RDI_{Oit}}{Y_{it}} + \sigma_{H1} \frac{RD_{Hit-1}}{Y_{it-1}} + \sigma_{O1} \frac{RD_{Oit-1}}{Y_{it-1}} + \delta_{H1} \frac{RDI_{Hit-1}}{Y_{it-1}} \\ & + \delta_{O1} \frac{RDI_{Oit-1}}{Y_{it-1}} + \lambda_{i1} + \mu_{t1} + \varepsilon_{it1} \end{aligned} \tag{6.32}$$

$$\begin{aligned}TC_{it} = {} & \gamma_{H2} \frac{RD_{Hit}}{Y_{it}} + \gamma_{O2} \frac{RD_{Oit}}{Y_{it}} + \varphi_2 \frac{RD_{Hit}}{Y_{it}} \frac{RD_{Oit}}{Y_{it}} + \eta_{H2} \frac{RDI_{Hit}}{Y_{it}} \\ & + \eta_{O2} \frac{RDI_{Oit}}{Y_{it}} + \theta_2 \frac{RDI_{Hit}}{Y_{it}} \frac{RDI_{Oit}}{Y_{it}} + \sigma_{H2} \frac{RD_{Hit-1}}{Y_{it-1}} + \sigma_{O2} \frac{RD_{Oit-1}}{Y_{it-1}} + \delta_{H2} \frac{RDI_{Hit-1}}{Y_{it-1}} \\ & + \delta_{O2} \frac{RDI_{Oit-1}}{Y_{it-1}} + \lambda_{i2} + \mu_{t2} + \varepsilon_{it2} \end{aligned} \tag{6.33}$$

式中，λ，μ 和 ε 分别为行业固定效应、时间固定效应和随机误差项。

二、数据来源及说明

上述实证模型采用的数据来源于《中国科技统计年鉴》和《中国统计年鉴》。增加值、资本存量、劳动投入、研发与国内外技术引进数据均来源于《中国科技统计年鉴》；对于受价格波动影响的变量，为了将名义值折算成实际值，

使用了《中国统计年鉴》相应年份的价格指数数据。

对于 TFP 的曼昆斯特（Malmquist）生产率指数分解包括产出部分和投入部分。产出部分可以用工业的增加值作为衡量指标，投入部分包括劳动投入和资本投入两个部分。劳动投入量包括就业人数、劳动时间、劳动强度和劳动质量等方面的内容。由于科技水平进步和劳动者受教育水平的提高，劳动质量有所提高，但劳动时间和劳动强度也随之减少，两者之间彼此消长，用劳动者人数代替劳动投入量的变动，是较好的选择。由于《中国科技统计年鉴》有各行业的固定资产平均余额，可以用来表示各行业资本存量。这样就可以得到被解释变量全要素生产率（TFP）变动值、技术效率 TE 和技术进步率 TP。

由前面的模型中可知，解释变量包括东道国各行业的研发经费、技术引进经费和跨国公司在当地的研究经费。2003 年增加三资企业的工业研发经费和其他技术费用（包括技术改造费、技术引进、消化吸收和购买国内技术经费），并且其他技术费用更能体现技术引进的作用，可以用其代表技术引进的效果。所以本书的实证研究主要选择 2003～2010 年的大中型工业企业的有关数据，跨国企业的研发数据采用“三资企业”的对应指标，内资企业数据则根据“全国国有及规模以上非国有工业企业”与“三资企业”的对应指标相减得来。根据《中国科技统计年鉴》的工业产业分类标准，结合我国《国民经济行业分类与代码》，扣掉数据缺损的“其他矿采选业”、“木材及竹材采选业”等行业，本研究样本共包括 37 个工业行业。

三、工业行业生产率变化态势

运用数据包络分析法，分析 2003～2010 年工业行业的全要素生产率及其分解，这种态势分析可以从两个方面入手：一个是工业行业的时间角度，另一个是行业角度。工业行业的曼昆斯特（Malmquist）生产率指数及其分解行业变化态势数据是由数据包络分析得到的各种指数按照年份加总平均得到的，如表 6.1 所示。工业行业的曼昆斯特（Malmquist）生产率指数及其分解的时间态势变化数据是由数据包络分析得到各种指数并按照各工业行业的增加值占总增加值的比重作为权重，算出各年的加权平均指数，如表 6.2 所示。

根据表 6.1 中时间序列数据来看，全要素生产率的平均增长率为 16.31%，技术进步的平均增长率为 12.2%，技术效率的平均增长率为 3.00%。涂正革、肖耿计算了 1998～2002 年的全要素增长率分别以 3.0%、7.5%、11.2%、8.2%和 14.0% 的年均速度增长，技术进步的增长率也达到了两位数，技术效率增长率较低，这和我们计算的情况和态势相同，并且这几年各生产率指数及分解以更高的速度增长，而这段时间恰逢跨国公司的研发机构大量进驻我国。而且，在这段时间，技术进步指数提高得更快，达到了两位数，而技术效率改进得不大，可以认为工业行业全要素生产率的提高主要是由技术进步导致的。

表 6.1 历年平均曼昆斯特（Malmquist）生产率指数及其分解

年份	曼昆斯特生产率指数	技术效率变化指数	技术进步指数
2003～2004	1.2059	1.0615	1.1396
2004～2005	1.1709	1.0518	1.1255
2005～2006	1.1473	1.0268	1.1153
2006～2007	1.1806	1.0557	1.1227
2007～2008	1.1093	1.0019	1.1071
2008～2009	1.1456	1.0235	1.1192
2009～2010	1.1345	1.0129	1.1200

表 6.2 工业行业平均曼昆斯特（Malmquist）生产率指数及其分解

行业	曼昆斯特生产率指数	技术效率变化指数	技术进步指数
煤炭开采和洗选业	1.2893	1.2096	1.0659
石油和天然气开采业	1.1753	1.0001	1.1752
黑色金属矿采选业	0.9546	0.8673	1.1007
有色金属矿采选业	0.9767	1.0645	0.9175
非金属矿采选业	1.4325	1.6220	0.8832
农副食品加工业	1.2005	1.0736	1.1182
食品制造业	1.1815	1.0615	1.1130
饮料制造业	1.1630	1.0523	1.1052
烟草制品业	1.1216	1.0000	1.1216
纺织业	1.1432	1.0389	1.1004
纺织服装、鞋、帽制造业	1.1402	1.0218	1.1159
皮革、毛皮、羽毛（绒）及其制品业	1.0111	0.9125	1.1081
木材加工及木、竹、藤、棕、草制品业	1.1678	1.0456	1.1169
家具制造业	0.9510	0.9189	1.0349
造纸及纸制品业	1.1523	1.0305	1.1182
印刷业和记录媒介的复制	1.1105	0.9798	1.1334
文教体育用品制造业	0.9935	1.0367	0.9583

续表

行业	曼昆斯特生产率指数	技术效率变化指数	技术进步指数
石油加工、炼焦及核燃料加工业	1.1528	1.0114	1.1398
化学原料及化学制品制造业	1.2203	1.0400	1.1734
医药制造业	1.1278	1.0221	1.1034
化学纤维制造业	1.1439	1.0233	1.1179
橡胶制品业	1.1016	0.9798	1.1243
塑料制品业	1.1736	1.0601	1.1071
非金属矿物制品业	1.1876	1.0603	1.1201
黑色金属冶炼及压延加工业	1.2510	1.0523	1.1888
有色金属冶炼及压延加工业	1.2499	1.1358	1.1005
金属制品业	1.1845	1.0645	1.1127
通用设备制造业	1.1812	1.0845	1.0892
专用设备制造业	1.1834	1.0798	1.0959
交通运输设备制造业	1.1322	1.0278	1.1016
电气机械及器材制造业	1.1376	1.0398	1.0941
通信设备、计算机及其他电子设备制造业	1.0876	0.9958	1.0922
仪器仪表及文化、办公用机械制造业	1.0324	0.9335	1.1059
工艺品及其他制造业	0.8786	0.8442	1.0407
电力、热力的生产和供应业	1.1752	0.9798	1.1994
燃气生产和供应业	1.0000	1.0000	1.0000
水的生产和供应业	1.1001	0.9760	1.1272

从表6.2中各行业的全要素生产率及分解可以看到，全要素生产率增长率一般较高，传统行业中达到20%以上的有煤炭开采和洗选业、黑色金属冶炼及压延加工业、化学原料及化学制品制造业、有色金属冶炼及压延加工业和非金属矿采选业，10%～20%的有石油和天然气开采业、医药制造业、化学纤维制造业、通用设备制造业、专用设备制造业、电气机械及器材制造业等22个行业，仅黑色金属矿采选业等5个行业的全要素生产率增长率是负的。较高的全要素增长率不但有传统行业，而且还包括很多高技术行业，说明了我国全要素增长率提高的全面态势。除个别行业外（煤炭开采和洗选业，主要是通过治理小煤窑等措施提高技术效率），其他行业的高全要素增长率主要依靠技术进步，而与技术效率的提高关系不大；不过通用设备制造业、专用设备设备制造业的技术进步和技术效率对全要素生产率的影响较为一致。

四、研发国际化、自主研发对工业行业的曼昆斯特（Malmquist）生产率分解面板数据回归分析

运用DEA的Malmquist指数对工业行业进行分析得到曼昆斯特生产率指数、技术效率变化指数和技术进步指数，以此作为自变量，对行业的研发经费、其他技术经费及三资研发经费、其他技术经费，和它们之间的耦合项、滞后项的回归分析，经Hausman统计量检验，应选用个体固定效应模型，得到结果如表6.3所示。

表6.3 研发国际化、自主研发对工业行业的曼昆斯特（Malmquist）生产率指数面板数据回归结果

自变量	因变量					
	曼昆斯特生产率指数		技术效率变化指数		技术进步指数	
	系数	t－统计量	系数	t－统计量	系数	t－统计量
RD_H/Y_H	25.756**	2.1235	40.1023**	2.347	1.678	0.2745
RDI_H/Y_H	－6.1238*	－1.8730	－9.8769*	－1.7253	1.3256	0.8325
RD_O/Y_O	7.5690	1.0699	18.5978	1.5765	－5.5897	－1.6214
RDI_O/Y_O	－0.7823	－0.5467	－2.1028	－1.2286	0.7249	1.3765
$RD_H/Y_H(-1)$	－10.1520	－0.8537	－16.9830	－0.8022	－1.4028	－0.3205
$RDI_H/Y_H(-1)$	0.6435	0.3014	－1.9200	－0.5016	1.2236	1.0478
$RD_O/Y_O(-1)$	－8.2589*	－1.5736	－22.1022**	－2.3210	5.8940**	2.1450
$RDI_O/Y_O(-1)$	0.2356	0.5891	1.1427	1.5489	－0.5020*	－2.1478
$RD_H/Y_H \times RD_O/Y_O$	－455.4157*	－1.6751	－710.2760	－1.4125	32.4820	0.3578
$RDI_H/Y_H \times RDI_O/Y_O$	32.4050	0.6423	80.0001	0.9874	－20.4830	－0.9340
$RD_H/Y_H(-1) \times RD_O/Y_O(-1)$	308.1870	1.08924	654.4720	1.3110	－148.4287	－0.9428
$RDI_H/Y_H(-1) \times RDI_O/Y_O(-1)$	2.0024	0.1792	－4.7835	－0.2259	2.9347	0.5536
R^2	0.5877		0.5489		0.6002	
F－统计量	2.5872		2.3647		2.5762	
$D-W$统计量	1.9768		1.7746		1.9905	

注：*表示估计系数在10%水平上显著，**表示估计系数在5%水平上显著。

从表6.3中可以得出，在工业行业的曼昆斯特生产率指数的回归分析中，只有工业行业的研发投入和其他技术投入的比重、研发投入的比重和跨国企业研发

投入比重的耦合项能够通过显著性水平为10%的检验，其他自变量均不能通过相对应的显著性水平10%的检验，可以认为其他变量和因变量的关系不大。工业行业的技术效率变化指数中工业行业的研发投入比重、其他技术经费的投入比重和跨国企业研发投入的比重能够通过显著性水平10%的检验，其他变量不能通过此种显著性水平检验。而工业行业技术进步指数中只有跨国企业的滞后的研发投入比重和其他技术经费能够通过显著性水平为10%的检验。技术进步指数反映了工业行业技术提高的程度，这个结果说明工业行业的技术进步指数和跨国企业的技术费用投入有关，和我国自身的技术费用投入并无关系，我国工业行业的技术进步主要是依赖外资企业的技术溢出的结果。这个结论与张海洋(2005)运用中国1999～2002年34个工业产业数据进行研究得出的由于研发吸收能力较低，外资不仅没有通过与研发途径结合促进生产率提高，反而阻碍了生产率增长的结论一致，与吴延兵(2008)认为自主研发与国内外技术引进既不存在互补关系也不存在替代关系也相一致。笔者认为我国创新能力基础薄弱，加之激烈的市场竞争，企业短期的策略是技术引进提高技术水平，研发投入与技术引进的经费是存在竞争关系的，而且我国研发投入结构也不尽合理，并没有与技术引进充分匹配，限制了企业学习和吸收外来知识的能力。不过，我国自身的研发投入没有影响技术进步，却对我国技术效率的变化产生了影响，提高了我国技术应用水平。为了更好地分析这些变量的影响，对能通过显著性水平10%的自变量重新做回归分析，得到结果如表6.4所示。

表6.4　研发国际化、自主研发对工业行业的曼昆斯特(Malmquist)生产率指数面板数据修正回归结果

自变量	因变量					
	曼昆斯特生产率指数		技术效率变化指数		技术进步指数	
	系数	t－统计量	系数	t－统计量	系数	t－统计量
RD_H/Y_H	19.5790*	2.4355	33.4762**	2.4760		
RDI_H/Y_H	－2.6210	－1.6002				
$RD_H/Y_H(-1)$					－11.0025**	－2.9578
$RD_O/Y_O(-1)$			－15.7893**	－2.2805	5.1426**	－3.4897
$RDI_O/Y_O(-1)$			0.8912**	2.3102	－0.4150**	2.3745
$RD_H/Y_H \times RD_O/Y_O$	－272.3315	－1.5470				
$RDI_H/Y_H \times RDI_O/Y_O$	12.4120*	1.9045				
$RD_H/Y_H(-1) \times RDI_H/Y_H(-1)$			－301.7920*	－1.8236	82.678**	2.1240

续表

<table>
<tr><td rowspan="3">自变量</td><td colspan="6">因变量</td></tr>
<tr><td colspan="2">曼昆斯特生产率指数</td><td colspan="2">技术效率变化指数</td><td colspan="2">技术进步指数</td></tr>
<tr><td>系数</td><td>t－统计量</td><td>系数</td><td>t－统计量</td><td>系数</td><td>t－统计量</td></tr>
<tr><td>R^2</td><td colspan="2">0.5341</td><td colspan="2">0.5087</td><td colspan="2">0.5790</td></tr>
<tr><td>F－统计量</td><td colspan="2">2.4730</td><td colspan="2">2.3566</td><td colspan="2">3.1782</td></tr>
<tr><td>D－W 统计量</td><td colspan="2">2.1563</td><td colspan="2">1.8130</td><td colspan="2">2.0156</td></tr>
</table>

注：* 表示估计系数在 10% 水平上显著，** 表示估计系数在 5% 水平上显著。

表 6.4 中的拟合优度只能达到 50%，说明所选择的解释变量只能解释大于 50% 的全要素生产率的变化，这里面最有可能缺乏的是制度变量、人力资本和外资的直接投入等因素，由于分析外资直接投入的文章很多，本书的重点是关注东道国的自身技术费用投入和跨国公司在东道国的技术费用投入对东道国的全要素生产率的影响，所以不对外资直接投入进行分析，并且对全要素生产率的变化大于 50% 的解释，也说明了所选择的解释变量的重要性。

表 6.4 中技术进步模型所包括的解释变量为东道国工业自身的滞后研发投入比重、跨国企业在东道国的滞后研发投入和其他经费投入比重、东道国自身的滞后研发投入比重和滞后其他研发投入比重的耦合项。负系数解释变量有东道国工业自身滞后研发投入的比重和跨国企业的滞后其他技术经费比重，这说明我国工业的自身的研发投入对工业的技术进步是负影响，研发投入不能促进企业的技术进步，由于我国处于工业化中期阶段，我国企业现在所使用的技术都较为成熟，因此发展技术创新对我国企业没有优势；但这并不能代表我国不应该发展技术创新，尤其是革命性创新，我国处于技术积累阶段，如果产业要进行升级，需要在某些行业获得突破，然后带动其他行业，我国现有的技术水平恰恰处于技术升级的前夜。其他技术费用包括的是技术改造费、技术引进、消化吸收和购买国内技术经费，这都对企业的技术水平具有影响，跨国公司在这些方面的技术费用支出，对东道国的工业技术进步具有负的影响，说明跨国公司在这些方面支出得越多，对东道国的资源利用便越多，表现为技术反向溢出，阻碍东道国的技术进步。正系数的解释变量有跨国企业在东道国的滞后研发投入比重、东道国自身的滞后研发投入比重和滞后其他研发投入比重的耦合项，跨国公司的研发投入对东道国工业的技术进步有正向的溢出效应，东道国的技术引进和技术改造等于自身研发投入耦合提高了东道国的技术进步，说明了东道国的研发投入和其他技术经费联合起来实现了正向循环，并且对技术进步起着很大的作用（系数很大，为 82.6）。

对技术效率的指数回归分析的自变量系数正负基本上与技术进步指数分析中的自变量相反，跨国企业在东道国的滞后研发投入比重、东道国自身的滞后研发投入比重和滞后其他研发投入比重的耦合项的系数是负数，而跨国企业在东道国的滞后其他技术经费的投入比重的系数却是正数，说明了能提高技术进步的因素却成了降低技术效率的因素：技术水平提高了，技术效率却降低了。曼昆斯特生产率指数的回归分析更能对此解释：曼昆斯特指数是反映技术进步和技术效率的综合效果，但对此指数分析中却不包括跨国企业在东道国的滞后研发投入比重、东道国自身的滞后研发投入比重和滞后其他研发投入比重的耦合项、跨国企业在东道国的滞后其他技术经费的投入比重这些系数(回归分析中，不能通过10%的显著性水平检验)，说明这些因素影响技术进步和技术效率的效果互相抵消，总体上表现为无影响。理想的情况应该是这些因素既能促进技术进步水平也能提高技术效率，这样就能大大提高全要素生产率，从而形成正反馈机制，而现实的情况却是相反的。不过东道国的工业行业的研发投入虽然对提高技术水平没有明显作用，但提高了技术效率，这样从表征生产率的曼昆斯特指数的回归分析中，也表现出了正的作用；另外一个表现为正作用的自变量是东道国的其他技术经费投入比重和跨国公司的其他技术经费投入比重的耦合项，可以理解为由于市场竞争，跨国企业迅速提高生产率的因素会导致东道国也提高相应的因素，导致全要素生产率水平的提高，反映了市场竞争更容易激发迅速提高生产率的因素，却对能够持续长期提高生产率的自主研发(比如研发投入)因素激励不足。而东道国的研发投入和跨国公司的研发投入比重的耦合项在曼昆斯特生产率指数回归分析中是负数，虽然跨国公司研发投入提高了东道国的技术水平，但总体表现为实际上利用了东道国公司的研发资源，东道国的研发是一种逆向溢出，这样可以解释跨国公司的研发机构为什么移师有一定技术实力的发展中国家。

五、结论

本节对工业行业的曼昆斯特(Malmquist)生产率指数及其分解进行说明，工业行业全要素生产率和技术进步率都达到了两位数的增长，而技术效率提高不快，这表明工业行业全要素生产率的提高主要依靠技术进步；从行业态势来说，较高的全要素增长率不但包括传统行业，而且还包括很多高技术行业，说明了我国全要素增长率提高的全面态势。因此，提高技术效率对全要素生产率的提高有很大帮助，而竞争，尤其让民营企业参与到垄断行业的经营，使市场竞争行为充分发挥，是提高技术效率的有效途径。

工业行业面板数据的回归分析表明，跨国公司的研发投入对东道国的技术水平有正向溢出，但同时也降低了东道国的技术效率；而技术引进虽然对东道国的技术水平产生负面影响，却能提高东道国的技术效率；跨国公司的研发国际化对全要素生产率没有产生影响。这说明跨国公司同我国的技术引进相差不大，导致了竞争充分，从而提高了技术效率。由于存在技术门槛，跨国公司的研发带来的技术溢出并没有被我国有效利用，导致技术水平提高，而效率降低。因此，对我国来说，不是所有的跨国公司在我国的研发都是受欢迎的，都能享受优惠政策，而是要以我为主，选择适合我国经济和技术的发展目标，更为有效利用其研发溢出，避免跨国公司仅利用东道国的研发资源，而对东道国本身却是一种负的溢出。

第三节　研发国际化对我国研发质量的影响的实证分析：基于中国高技术行业面板数据研究

一、研发质量测算中的变量选择和定义

1. 技术创新投入变量

(1)研发劳动投入变量。

国内外关于高技术产业技术创新效率的研究很多，学者们根据自己的研究目的以及所能获取数据资源的不同，在研发投入、产出指标的选取上也各有不同。研发经费支出、从事研发活动的科学家或工程师数量这两项指标是学者们衡量研发投入的首选指标，研发人员数量是指进行理论研究、应用研究和实践研究的各类工作人员，这里面包含了与上述活动相关的管理人员以及服务人员。也有不少学者使用研发人员全时当量作为研发过程中的人力投入变量，研发人员全时当量是将研发人员实际工作量作为人力投入的指标，定义为研发全时人员(全年进行研发工作时间占总时间达到90%以上)工作量与非全时人员按实际工作时间折算的工作量之和。

从事研发活动的科学家数量、工程师数量这两项指标均是从人数上来衡量研发的劳动投入的。这种方法的优点在于统计数据的准确性高，因为人员数量的统计不容易出现太大错误和误差。但是劳动的投入并不能仅仅从数量上来衡量，更需要从劳动的异质性和劳动时间的长短来考虑。例如，一个科学教授工作一天和一个研究生工作一天的劳动投入量不能等同。两名化学硕士研究生，出于实验要求一天工作16个小时，而另一个则出于其他原因请假，只工作半天，他们的劳动投入量也不能等同。因此，选取一个既可以排除研发人员异质性差异的干扰，又可以将劳动投入量在时间上加以量化的统计指标最能准确反应研发活动的劳动

投入量。然而，由于研发人员的流动性，以及行业内新进入人员数量和退休人员数量也并不一定等同等原因，在现行统计数据库中还不能找到能够排除研发活动人员异质性的度量指标。而研发人员全时当量却在一定程度上能够解决时间度量上的不合理问题。基于以上考虑，本书认为，相比较而言，研发人员全时当量将研发人员的工作时间加以量化，可以更加精确地表示研发人员在技术创新活动过程中的劳动投入。因此，本书选择研发人员全时当量作为科技活动人员的劳动投入变量。

(2)研发资本投入变量。

高技术产业资金投入方面分为两个部分，一部分是非研发投入，另一部分是研发投入。非研发投入包含四个部分：一是技术引进经费，二是技术改造经费，三是购买国内技术经费，四是技术消化吸收经费。即非研发投入等于这四项经费之和。其中，技术引进经费是指企业在一定时期内购买国外技术所支出的费用；技术改造经费是指企业在一定时期内对原有技术或者创新技术进行改造、组合所支出的费用；购买国内技术经费支出是指企业在一定时期内购买其他经济单位新技术的经费支出；技术消化吸收经费支出包括对新员工的培训费用，进行技术转化的工作人员工资，以及在技术消化吸收过程中购买配套设备的经费支出等。非研发经费在不同的方面均对行业研发效率存在影响。比如技术引进经费，当行业在这方面的费用增加的时候，企业可以将新引进的技术与原来具备的技术进行整合，使得先前的技术得以改进，进而生产新的产品；另外，高技术产业具有人才流动性非常大、信息传播速度很快等特点，这也使得新引进的技术在企业间迅速传播，就行业角度而言，企业对新技术的引进是有效率的。然而由于这类新引进的技术并非国内企业所创造，不能直接反映企业的技术创新效率，因此技术引进经费不作为本书选取的投入指标。同理，购买国内技术经费虽然体现了国内技术在企业间的流动，但也不能直接反映企业对技术的创造能力，因此不宜作为投入指标。而技术改造经费和消化吸收经费支出都被认为是企业对现成技术进行综合转化过程的支出，也不能反映企业的技术创新效率。因此，非研发投入均不宜作为本书投入指标。

根据现有文献，研发经费投入也有诸多指标，其中最常用的两种是研发经费内部支出和新产品开发经费支出。研发经费内部支出是指经济单位在一定时期内用于企业内研发活动的全部支出。这里面包括直接用于研发活动的项目经费支出，以及与之相关的管理费用和配套服务费用，还有将简单环节外包的支出等。新产品开发经费是指企业运用创新理论，或在现有生产技术基础上，产生新的创意来开发新的产品，以及在产品材质方面有所改进，从而使得产品性能得以提高等方面的支出。这些新产品既包括经政府有关部门认定并在有效期内的新产品，也包括企业自行研制开发、未经政府有关部门认定、从投产之日起一年之内的新产品。从这几个角度来看，无论是研发经费内部支出还是新产品开发经费，都能够最直接反映高技术企业的技术创新投入。但相比较而言，新产品开发经费着重于产品创新，而研发经费内部支出更强调技术创新，且二者都是资金投入，作为资金投入指标只能选择其一，本书选择更能反映技术创新的研发经费内部支出（经资本化处理）作为投入指标。从现有的文献来看，有许多学者直接使用研发经费内部支出作为资本投入变量，但朱有为和徐康宁认为研发投资是一种连续的行为，简单地以某期研发经费支出作为投入不能很好地反映知识资本的累积特征。因此，他在此基础上选取了研发资本作为投入指标，认为研发资本是一种过去和现在研发经费支出综合作用的替代指标。本书认同朱有为的观点，认为研发效率取决于当期的有效资本，即在使用资本投入变量时，应该排除因资本的折旧和资本发挥作用的滞后性所带来的影响。与物质资本一样，研发投入也会逐步折旧、贬值，为了排除这些影响，本实证使用永续盘存法（Perpetual Inventory Method，PIM）对研发资本存量进行测算。将研发资本存量表示为：$RD_{it}=E_{i(t-1)}+RD_{i(t-1)}$，其中 RD_{it} 表示 i 产业在 t 年的研发资本存量，δ 表示研发资本的折旧率，$E_{i(t-1)}$ 表示 i 产业在 $t-1$ 年经折现的研发经费投入。此外，假设研发资本的增长率等于 E 的增长率，研发资本的期初值可为：$RD_{i0}=E_{i0}/(g+\delta)$，其中 g 为 E 的年均增长率（Coe，Helpman，1995）。本书将基年定为 2000 年。在测算研发资本之前，本书已用 2000～2011 年不变价“研发价格指数”将研发经费平减成不变价研发支出。对于研发资本折旧率，Szirmai 和 Gary①（2008）分析中国样本数据时都采用了 15% 的折旧率。因此，我们也采用 δ＝15% 进行测算。

2. 技术创新产出变量

（1）新产品产值。

根据 2010 年《中国统计年鉴》做出的解释，新产品产值是指在报告期内企业生产的新产品的产值。新产品是指采用新技术原理，依照新设计构思研制、生产的全新产品，或在结构、材质、工艺等某一方面比原有产品有明显改进，从而显著提高了产品性能或扩大了使用功能的产品，既包括经政府有关部门认定并在有效期内的新产品，也包括企业自行研制开发，未经政府有关部门认定，从投产之日起一年之内的新产品。

由以上概念可知，与新产品相对应的技术创新不仅包含了最初的技术原理创新，还包括产品设计、生产线设计等将技术原理应用于生产过程的实践创新，且这种创新需要得到政府相关部分的认定。因此，将新产品产值作为技术创新产出

① Szirmai，Gary. 高技术产业技术投入和生产率增长之间关系的研究[J]. 经济学，2008(3).

就需要考虑三点：一是最初创新的技术原理转化为生产力的可能性；二是新产品创新得到政府部门的认定需要多长时间，即技术创新的转化为生产力的时滞问题；三是新产品产值作为企业的产出，很大程度上受到市场因素的影响，如经济景气指数、消费群体可支配收入等都会对新产品的需求造成影响，新产品产值也必定会受到影响。在不考虑以上几点因素影响的基础上，新产品产值是一个不错的技术创新产出指标。

(2)新产品销售收入。

根据2010年《中国统计年鉴》做出的解释，新产品销售收入指在报告期内企业销售新产品实现的销售收入。跟新产品产值有相似的特点，新产品销售收入也不是一个直接反映技术创新的指标，从企业进行研发活动到将技术原理投入生产，并得到政府部门的认定，再到企业投入生产并将产品销售，是一个持续的过程。这一过程既会受到时滞的影响，也会受到经济状况等因素的影响。很多学者的研究均是以新产品销售收入作为技术创新产出指标的，但本书认为，只有在不考虑以上影响因素的条件下，新产品销售收入才是一个比较好的技术创新产出指标。

(3)专利申请数。

专利申请数是指向专利管理机关提出专利申请并被受理的数量。同样，专利申请数也要得到政府部门的认定，将其作为技术创新产出指标也具有时滞影响。然而，相比于新产品产值、新产品销售收入和拥有发明专利数这几个指标，专利申请数最能直接反映企业的技术创新，且时滞影响最小，因此，专利申请数是一个比较好的技术创新产出指标。

(4)本实证选取的研发产出指标。

高技术产业获得新产品销售收入除了要有基础的技术创新这一条件之外，还应当具备能够将创新技术转化为生产力的能力，以及市场存在对新产品需求的条件。我们可以认为创新技术转化为生产力也是一种技术创新，但是这种技术创新与基础的技术创新不是同步的，确切地说应该是滞后于基础的技术创新。所以，当期的技术创新就很有可能要到下一期才能产生销售收入。而对新产品的市场需求也会受到经济形势和消费群体可支配收入等诸多因素的影响，新产品产值与新产品销售收入有相似特征。基于以上考虑，新产品销售收入和新产品产值都不是衡量行业当期技术创新产出的最佳指标。拥有发明专利数和专利申请数都是实际的技术创新成果统计指标，相对于新产品销售收入和新产品产值，这两者更加适合作为技术创新衡量指标。然而拥有发明专利数是一个存量概念，也不能够直接反映行业当期技术创新产出，因此，本书选取专利申请数来作为研发的技术创新产出变量。

3. 高技术产业技术创新的投入产出指标体系

通过以上分析，本书选取研发效率投入指标为研发人员全时当量，研发资本投入为研发资本存量，研发效率产出指标为专利申请数。并在此基础上构建我国高技术产业研发效率投入产出指标体系，如表 6.5 所示。

表 6.5　我国高技术产业研发效率投入产出指标体系

指标类型	可供选取指标	本书选取指标
劳动投入指标	科学家及工程师人数 研发活动人员数 研发人员全时当量	研发人员全时当量
资本投入指标	研发经费内部支出 研发资本存量	研发资本存量
产出指标	新产品产值 新产品销售收入 专利申请数	专利申请数

二、研发质量影响因素中的变量选择和定义

产业集中度是某行业中前 n 家大型企业（按企业规模排名）的销售收入、产值等指标在该行业总产出（以相同指标计算）中所占的比重，体现了该行业内前 n 家大型企业所具有的市场势力，产业集中度是市场结构的重要指标。一般来讲，某一行业的产业集中度代表了该行业中主要企业对市场的控制程度，产业集中度越高，则主要企业对市场的支配能力就越强，行业越是趋向于垄断。关于高技术产业产业集中度与研发行为和研发效率的研究有很多，Schumpeter（1943）认为研发效率与垄断程度正相关，高集中度的产业获得高利润，而高利润则会激励企业进行更高效的研发活动。而以 Arrow（1962）为代表的学者则认为在竞争的环境里企业被迫进行技术创新，技术创新效率会更高。

产业集中度通常表示若干家大型企业在产业内所占的市场份额，一般情况下往往应选取产业内前几家规模最大的企业数据，但目前我国高新技术产业统计年鉴中并没有给出排名前几位的大企业数据，只有历年大型企业数据。因此，基于数据的可得性，本实证采用高技术产业五大代表性行业的大型企业新产品销售收入占整个行业新产品销售收入的比重来测度我国高技术产业集中度（CR_n）。

对于企业规模与制造业技术创新效率的相关关系学术界一直存在争议，其观点大致分为两种。其一，熊彼特认为大型企业是经济进步的引擎，规模越大则技术创新效率越高，其依据是企业规模越大，则资源利用越充分，经营风险越低，

因而研发效率越高。熊彼特的看法得到了 Galbraith(1952)和 Villard(1958)等的认可。其二，Mans-field(1968)提出了与之相反的看法，他认为由于大企业对市场具有较强的支配能力而占据垄断地位，大企业在高额利润的滋养下不愿意进行创新，因而创新效率更低。Gellman(1976)则从制度灵活性方面提出了新的观点，他指出，小企业由于制度变动更具有灵活性，更能适应市场的变化，因而在创新方面效率更高。Gellman、Katrak 等学者也发现在技术创新总量中小企业的贡献要大于大企业。除了这两种观点之外还有其他学者提出相关论述，这里不做详述。本实证采用沿用许平的方法来测度企业规模，即行业平均总产值(平均总产值=行业总产值/行业企业数量)。

Demsetz 认为产权是一种社会工具，其作用是能够帮助一个经济单位在与其他经济单位进行合作或者交易时形成合理预期。关于产权和效率的研究，林毅夫[①]等(2006)指出由于国有企业承担了一定的政策职能，因而不能在市场机制的驱动下参与竞争，而并非是产权结构不合理导致生产的低效率。蒋殿春、夏良科[②](2005)指出外商直接投资加剧了国内市场的竞争，这种竞争不利于国内企业技术创新能力的提高，但是外商直接投资能够在技术创新方面起到示范作用，从这方面来讲是有利于促进国内企业进行技术创新的。邓进[③](2007)运用柯布—道格拉斯函数研究了产权结构对研发活动的影响，其结果表明，国有产权对研发效率有抑制作用，而外资产权比重则与研发效率正相关。王国顺、张涵、邓路[④](2010)运用面板回归分析了外资产权对我国高技术产业创新效率的影响，结果表明，外资产权比重越高则越是有利于提高我国高技术产业研发效率，但国内企业与国外企业技术创新效率的差距却对国内企业研发效率的提高具有抑制作用。本节主要从国有产权和外资产权角度对我国高技术产业的产权结构进行描述。选取国有及控股企业总产值占高技术产业各行业总产值的比重来作为国有产权结构变量，表示国家对高技术产业控制能力的强弱；选取三资企业总产值占高技术产业各行业总产值的比重来作为外资产权结构变量，表示外资企业对高技术产业影响程度的强弱。

政府支持是指政府在各种资源方面对高技术产业给予的资助。关于政府支持程度对高技术产业研发效率的影响，相关的研究主要有周茂华(2010)、武鹏和余

---

① 林毅夫．政策性负担是国企改革最大羁绊[J]．财富智慧，2006(3)．

② 蒋殿春，夏良科．外商直接投资对中国高技术产业技术创新作用的经验分析[J]．世界经济，2005(8)．

③ 邓进．中国高新技术产业研发资本存量和研发产出效率[J]．南方经济，2007(8)．

④ 王国顺，张涵，邓路．研发存量、所有制结构与技术创新效率——高技术产业面板数据的实证研究[J]．湘潭大学学报，2010(2)．

泳泽[①]等(2010)，这两项研究利用1996~2007年的省级面板数据测算了中国高技术产业的研发全要素生产率增长情况，发现政府投入对研发全要素生产率增长有着显著的负向影响。王业斌、高炜(2013)[②]运用SFA方法测算我国高技术产业研发效率，证明政府研发资助促进了高技术产业研发效率的提高，然而，国有产权比重却与政府研发资助的作用呈负相关关系。鉴于政府支持程度对高技术产业研发效率的影响作用，本实证也将其纳入研发效率影响因素变量，使用高技术产业各行业研发经费内部支出中政府资金所占比重这一指标，来衡量政府对高技术产业的支持程度。

在经济全球化的背景下，技术进步途径主要来源于两个方面：一个是技术引进，包括FDI投资和技术购买；另一个是自主研发。在改革开放初期，由于我国与发达国家之间存在较大的技术差距，FDI具有管理和技术示范的作用；随着技术差距的逐步缩小，FDI所起的作用更多地表现为全球资源配置，对东道国的技术溢出效应开始衰减，跨国公司的海外研发活动更为直接地表现为对东道国技术进步和效率的影响。事实上，对于发展中国家而言，跨国公司在其国内进行研发活动实质上是一把“双刃剑”：一方面研发国际化在一定程度上推动了世界各国高技术领域内的交流与合作，表现为研发国际化对发展中东道国的技术扩散(Dunning，1994)，一些研究表明，东道国与跨国公司之间的技术差距越大，可供利用的机会越多，对东道国的技术扩散也就越快(Findlay，1978)，这将有利于发展中东道国国内企业提高创新能力，进而增强自身在国际市场上的竞争力；另一方面，这些研发活动也可能使得技术上原本落后的发展中国家的企业现在要直接面对具有强大创新能力的跨国公司的激烈竞争，从而导致国内企业人才和市场的流失，这样，跨国公司的海外研发活动对东道国的技术扩散效应是十分有限的，甚至会产生挤出效应(Aitken和Harrison，1999；Gorg和Greenaway，2003)，而且，技术差距越大，对技术转移的质量的影响也就越大(Glass和Saggi，1998)，进而削弱国内企业的创新能力，影响东道国的技术进步和效率。所以必须考虑研发国际化对研发质量的影响。

根据以上分析，本书对我国高技术产业的影响因素进行整理，构建高技术产业研发效率影响因素评价指标体系，如表6.6所示。

---

① 武鹏，余泳泽．市场化、政府介入与中国高技术产业研发全要素生产率增长[J]．产业经济研究，2010(3).

② 王业斌，高炜．政府研发资助与研发效率——基于高技术产业的实证研究[J]．现代管理科学，2013(3).

表 6.6　高技术产业影响因素评价指标体系①

市场结构因素	产业集中度	各行业大型企业新产品销售收入占行业总产值的比重
	企业数量	各行业企业数量(家)
企业规模	企业规模	各行业总产值/企业数量(亿元/家)
所有权结构	国有产权结构	各行业国有及控股企业总产值/各行业总产值
政府支持程度	政府支持程度	各行业研发经费内部支出中政府资金比重
研发国际化		各行业外资研发支出占行业研发支出比重

三、实证模型构建

研发质量的测算是以研发人员全时当量、研发资本存量作为投入变量，以专利申请数作为产出变量，利用 Frontier 4.1 软件对我国高技术产业五大代表性行业进行运算，得到高技术行业的研发的技术效率、研发的技术进步率、规模效率和研发的全要素生产率。

用市场结构、企业规模、所有权结构、政府支持程度对我国高技术产业研发质量的影响，所测度的研发效率是根据《高技术产业统计年鉴》中高技术产业五大代表性行业的相关数据计算得来，以作为高技术产业的样本。而以上四个方面的影响因素也只能说是高技术产业研发效率影响因素的一部分原因。基于以上考虑，再结合前人的研究，本书构建我国高新技术产业研发效率影响因素分析的基本模型，其形式如下所示：

$GMPI_{it} = a_0 + \alpha_1 MS_{it} + \beta_1 ES_{it} + \gamma_1 SO_{it} + \lambda_1 GI_{it} + \nu_{it} + \mu_{it}$　　模型(1)

$GMPI_{it} = a_0 + \alpha_1 MS_{it} + \beta_1 ES_{it} + \gamma_1 FO_{it} + \lambda_1 GI_{it} + \nu_{it} + \mu_{i}$　　模型(2)

$TEC_{it} = a_0 + \alpha_1 MS_{it} + \beta_1 ES_{it} + \gamma_1 SO_{it} + \lambda_1 GI_{it} + \nu_{it} + \mu_{it}$　　模型(3)

$TEC_{it} = a_0 + \alpha_1 MS_{it} + \beta_1 ES_{it} + \gamma_1 FO_{it} + \lambda_1 GI_{it} + \nu_{it} + \mu_{it}$　　模型(4)

$TC_{it} = a_0 + \alpha_1 MS_{it} + \beta_1 ES_{it} + \gamma_1 SO_{it} + \lambda_1 GI_{it} + \nu_{it} + \mu_{it}$　　模型(5)

$TC_{it} = a_0 + \alpha_1 MS_{it} + \beta_1 ES_{it} + \gamma_1 FO_{it} + \lambda_1 GI_{it} + \nu_{it} + \mu_{it}$　　模型(6)

$SC_{it} = a_0 + \alpha_1 MS_{it} + \beta_1 ES_{it} + \gamma_1 SO_{it} + \lambda_1 GI_{it} + \nu_{it} + {}_{\mu it}$　　模型(7)

$SC_{it} = a_0 + \alpha_1 MS_{it} + \beta_1 ES_{it} + \gamma_1 FO_{it} + \lambda_1 GI_{it} + \nu_{it} + \mu_{it}$　　模型(8)

其中，$i=1, 2, 3, 4, 5$；$t=1, 2, 3, 4, 5, 6, 7, 8, 9, 10, 11, 12$。

式中各变量含义如下：$GMPI_{it}$、TEC_{it}、TC_{it}、SC_{it}分别表示全要素生产率指数、技术效率指数、技术进步指数、规模效率指数这几个效率变量；a_0 表示待定常数项(截距项)；MS_{it}表示行业 i 在第 t 年的产业集中度；ES_{it}表示行业 i 在第 t

① 笔者根据我国高技术产业研发效率决定机制图 1－3 分析后整理得到。

年的企业规模；SO_{it}表示行业 i 在第 t 年的国有产权比重；FO_{it}表示行业 i 在第 t 年的外资产权比重；GI_{it}表示行业 i 在第 t 年的政府支持程度；α_i、β_i、γ_i、λ_i 分别表示各个影响因素的回归系数；ν_{it}表示个体效应；μ_{it}表示随机干扰项。

四、研发效率测算结果及其分析

1. 运用随机前沿分析法测算研发效率结果(如表 6.7 所示)

表 6.7　专利申请数 SFA 参数估计

参数	估计值	标准误差	t 值
β_0	31.71	11.42	2.78
β_1	1.10	3.10	0.35
β_2	-6.77	3.44	-1.97
β_3	1.17	0.46	2.54
β_4	0.58	0.44	1.30
β_5	0.88	0.53	1.66
β_6	0.04	0.02	2.49
β_7	-0.49	0.93	0.53
β_8	-0.27	0.13	2.07
β_9	-0.13	0.12	1.08
γ	0.84	0.03	25.15
eta	0.084	0.017	5.05
对数似然值	-9.68		
LR 统计值	75.52		

其中 γ 值为 0.84，对应 t 值为 25.15，在显著性水平为 1% 的通过 t 检验，表示模型有 84% 是与实际情况相符，模型使用比较合理。将以上系数代入计算公式，即可得五大代表性行业研发的技术效率指数、规模效率指数、技术进步指数和全要素生产率指数，其统计结果如表 6.8 所示。

表 6.8　高技术产业研发效率指数

医药制造业				
时期	研发技术效率指数 TEC	研发技术进步指数 TC	研发规模效率指数 SC	研发全要素生产率指数 GMPI
2000～2001	1.003491	1.108448	1.061142	1.180327
2001～2002	1.0032	1.101328	1.062027	1.173382

续表

医药制造业				
时期	研发技术效率指数 TEC	研发技术进步指数 TC	研发规模效率指数 SC	研发全要素生产率指数 GMPI
2002~2003	1.002934	1.103529	1.017101	1.125694
2003~2004	1.002691	1.123548	0.992168	1.117747
2004~2005	1.002468	1.134644	0.975802	1.109921
2005~2006	1.002264	1.128828	0.983561	1.112786
2006~2007	1.002078	1.123097	0.987644	1.111525
2007~2008	1.001907	1.116519	0.98886	1.106187
2008~2009	1.001751	1.111128	0.995128	1.107651
2009~2010	1.001608	1.113298	0.994073	1.108478
2010~2011	1.001476	1.115355	0.978546	1.093037
2011~2012	1.001356	1.114491	0.980075	1.093765
均值	1.002269	1.116184	1.001344	1.120042
医疗设备及仪器仪表制造业				
时期	研发技术效率指数 TEC	研发技术进步指数 TC	研发规模效率指数 SC	研发全要素生产率指数 GMPI
2000~2001	1.002424	1.353879	0.969537	1.315817
2001~2002	1.002224	1.364186	0.995558	1.361147
2002~2003	1.002041	1.37805	0.941008	1.299403
2003~2004	1.001874	1.384678	0.901547	1.250691
2004~2005	1.00172	1.380303	0.819705	1.133387
2005~2006	1.001579	1.363958	0.845974	1.155696
2006~2007	1.00145	1.342461	0.809327	1.088065
2007~2008	1.001332	1.322031	0.880845	1.166055
2008~2009	1.001224	1.304794	0.877045	1.145764
2009~2010	1.001124	1.286067	0.846558	1.089955
2010~2011	1.001033	1.273916	0.935182	1.192574
2011~2012	1.000949	1.272498	0.989362	1.260155
均值	1.001581	1.335568	0.900971	1.204892
航空航天器制造业				
时期	研发技术效率指数 TEC	研发技术进步指数 TC	研发规模效率指数 SC	研发全要素生产率指数 GMPI
2000~2001	1.047713	1.034496	1.069399	1.159073
2001~2002	1.041887	1.043499	1.105693	1.202118

续表

航空航天器制造业				
时期	研发技术效率指数 TEC	研发技术进步指数 TC	研发规模效率指数 SC	研发全要素生产率指数 GMPI
2002~2003	1.036978	1.06002	0.93783	1.030878
2003~2004	1.032798	1.088855	0.986158	1.109002
2004~2005	1.029209	1.107707	1.03143	1.175894
2005~2006	1.026104	1.126501	0.998817	1.154538
2006~2007	1.023399	1.154168	0.994277	1.174414
2007~2008	1.02103	1.189931	1.01133	1.22872
2008~2009	1.018944	1.218354	0.910523	1.130355
2009~2010	1.0171	1.22327	0.886409	1.10286
2010~2011	1.015464	1.227701	0.926025	1.154463
2011~2012	1.014007	1.109721	0.830965	0.935056
均值	1.027053	1.132019	0.974071	1.129781

电子通信及设备制造业				
时期	研发技术效率指数 TEC	研发技术进步指数 TC	研发规模效率指数 SC	研发全要素生产率指数 GMPI
2000~2001	1.018363	0.821	1.428491	1.194328
2001~2002	1.016586	0.818878	1.239868	1.03214
2002~2003	1.015006	0.818133	1.351736	1.122496
2003~2004	1.013598	0.82179	1.143262	0.952297
2004~2005	1.01234	0.818052	1.596199	1.321886
2005~2006	1.011211	0.812267	1.177338	0.967034
2006~2007	1.010198	0.809887	1.523211	1.246209
2007~2008	1.009285	0.805488	1.307635	1.063064
2008~2009	1.008462	0.811095	1.151633	0.941988
2009~2010	1.007717	0.818784	1.223495	1.00951
2010~2011	1.007044	0.824391	1.209114	1.003804
2011~2012	1.006434	0.909423	1.297231	1.187321
均值	1.011354	0.824099	1.304101	1.08684

计算机及办公设备制造业				
时期	研发技术效率指数 TEC	研发技术进步指数 TC	研发规模效率指数 SC	研发全要素生产率指数 GMPI
2000~2001	1.002679	1.200849	1.049303	1.263431
2001~2002	1.002457	1.200657	1.00532	1.21001

续表

计算机及办公设备制造业				
时期	研发技术效率指数 TEC	研发技术进步指数 TC	研发规模效率指数 SC	研发全要素生产率指数 GMPI
2002～2003	1.002255	1.183726	1.040551	1.234505
2003～2004	1.002069	1.154351	1.030763	1.192324
2004～2005	1.001899	1.145064	1.037561	1.19033
2005～2006	1.001744	1.127794	1.055447	1.192403
2006～2007	1.001601	1.11085	1.062387	1.182042
2007～2008	1.00147	1.103797	1.033019	1.141919
2008～2009	1.00135	1.111861	1.021751	1.13758
2009～2010	1.00124	1.102623	1.143136	1.262012
2010～2011	1.001139	1.111865	0.949231	1.056619
2011～2012	1.001047	1.066068	1.007612	1.075308
均值	1.001746	1.134959	1.03634	1.178207

2. 研发效率变化情况

根据表 6.8 可以发现：①医药制造业研发效率的技术效率指数、技术进步指数、全要素生产率指数均大于 1，说明我国由于种种原因近年来有了一定程度的持续发展；规模效率指数从 2003 年以后就一直小于 1，这说明在 2003 年以后我国医药制造业在研发方面的规模效率就一直处于递减的状态；而技术进步指数对研发效率全要素生产率贡献最大，说明我国医药制造业研发效率的提高主要依靠技术进步；技术效率指数大于 1，但变化不明显，这说明我国医药制造业技术效率指数有待提高。②医疗设备及仪器仪表制造业研发效率全要素生产率大于 1，说明医疗设备及仪器仪表制造业近年来研发方面有一定发展；表 6.8 中只有规模效率指数均小于 1，这说医疗设备及仪器仪表制造业规模的扩张阻碍了研发效率的提高；技术效率指数略大于 1，说明医疗设备及仪器仪表制造业在制度方面还有待完善；技术进步指数明显大于 1，且对研发效率贡献最大，表明了医疗设备及仪器仪表制造业技术进步较快，应该继续保持。③对于航空航天器制造业，技术进步指数明显大于 1，对研发的全要素生产率贡献最大，这一良好趋势应当维持；规模效率指数大部分小于 1，阻碍了航空航天器制造业研发效率的提高，应该予以克服；技术效率指数略大于 1，说明航空航天器制造业在研发资源配置方面还存在一些不足，且改善的空间较大，应该在政策上抓住机会进行改善。④对于电子通信及设备制造业，研发的全要素生产率只有少数阶段小于 1，总体上缓慢发展；技术效率指数在 1 附近变动，说明电子通信及设备制造业制度上还有待完善；而技术进步指数则是明显小于1，这说明电子通信及设备制造业技术进步的情况比较差，技术进步的不足阻碍了研发效率的提高；规模效率指数明显大于1，规模效率的变化对研发的全要素生产率贡献最大，规模的扩张有利于提高研发效率。⑤计算机及办公设备制造业研发的全要素生产率指数均大于1，然而在2010年之后出现了下降，这主要是由于在2010年之后行业研发的规模效率出现了下降；技术进步指数对研发全要素生产率贡献最大，技术进步需要保持；而技术效率指数和规模效率指数均在1附近变化，说明计算机及办公设备制造业在制度上需要完善，在研发规模上有待提高。

五、我国高技术产业研发效率影响因素实证分析

由于我国高新技术产业五大代表性行业自身的技术特性不尽相同，所处的发展阶段也不完全一样，同时又要考虑其技术水平随时间的动态变化因素，如果仅仅使用横截面数据或者时间序列数据分析很难对其做出全面分析。因此，本实证采用面板数据回归的研究方法来分析市场结构、企业规模、所有权结构、政府支持程度这几个影响因素对高技术产业研发效率的作用。

1. 回归结果与分析

由于不同的产业具有各自的不同特征，本书使用稳健标准误处理异方差等问题，实证研究运用的计量软件是Stata分析软件。

(1)以全要素生产率指数(GMPI)作为因变量。

根据前面的分析，首先对模型进行Hausman检验，以便选择是固定影响模型还是随机影响模型，再对回归结果进行分析，实证回归结果如表6.9所示。

表6.9 以全要素生产率(GMPI)作为因变量的面板数据回归结果

模型(1)			模型(2)		
自变量	系数	t统计量	自变量	系数	t统计量
常数项	1.022***	14.89	常数项	1.030***	10.35
MS	0.237*	1.92	*MS*	0.237**	2.21
ES	-0.135*	-1.88	*ES*	-0.015**	-2.54
SO	0.014	0.10	*FO*	-0.042	-0.27
GI	0.123	0.99	*GI*	0.106	0.88
R-square	0.226		R-square	0.220	
Rho	0.638		Rho	0.561	
F统计量	3.72		F统计量	3.68	

续表

模型(1)			模型(2)		
自变量	系数	t统计量	自变量	系数	t统计量
Hausman	18.21		Hausman	8.53	
Prob(H)	0.0011		Prob(H)	0.074	
FE or RE	*FE*		FE or RE	*FE*	
样本数	60		样本数	60	

注：***、**、*分别表示在1%、5%、10%的显著性水平下通过t检验；回归结果保留三位小数；FE，RE分别表示固定效应和随机效应。

根据表6.9Hausman检验结果可知，模型（1）和模型（2）均为固定效应回归模型，模型（1）和模型（2）中判别系数R－square分别为0.226与0.220，表示这两个模型的拟合优度均一般。其中，模型（1）中Rho的值为0.638，表明在模型（1）混合误差方差中个体效应方差占了63.8%的比重，即导致模型产生随机误差的因素中有63.8%是由个体效应造成的；模型（2）中Rho的值为0.561，表明在模型（2）混合误差方差中个体效应方差占了56.1%的比重，模型中随机误差有56.1%是由个体效应造成的。模型（1）和模型（2）中产业集中度（MS）的系数分别为0.237和0.237，其所对应的t值分别为1.92和2.21，分别在10%和5%的显著性水平下通过t检验，表明我国高技术产业各行业产业集中度越高，全要素生产率就越高，即行业研发效率越高，这一点支持了熊彼特的观点，即市场集中度与行业技术创新效率成正比的结论。同时，这也说明了对我国高技术产业而言，高的市场集中度使得高技术企业能够更加充分地利用各种技术资源；也否定了因市场集中度过高而导致企业在垄断利润的滋养下缺乏创新动力的观点。模型（1）和模型（2）中企业规模（ES）的回归系数分别为－0.135和－0.015，两者分别在10%和5%的显著性水平下通过t检验，这表明我国高技术产业企业规模大小与研发效率成反比，随着企业规模的增加，研发效率将会呈现下降的趋势。这一点在一定程度上证明了小型企业在面对所得利润较少和激烈市场竞争的双重压力下，能够更加充分地利用经济资源进行技术创新活动。模型（1）中国有产权比重（SO）的回归系数为0.014，表明我国高技术产业中国有及其控股成分越高，越是有利于提高高技术产业全要素生产率，这可能是由于我国高技术产业中技术创新效率较高的一些大型企业国家参股成分比较大的原因。该国有产权比重回归系数对应的t值为0.10，没有通过显著性检验，说明国家控股情况对高技术产业研发效率的影响并不明显。模型（2）中研发国际化（FO）的回归系数为－0.042，表明我国高技术产业外资产权比重与研发效率呈负相关关系，外资产权对我国高技术产业研发效率的提高存在抑制作用，其所对应的 t 值为 -0.27，没用通过显著性检验，表明这种抑制作用并不明显。模型（1）和模型（2）中政府支持程度的回归系数分别为 0.123 和 0.106，表明政府支持程度对提高我国高技术产业研发效率起促进作用，然而其所对应的 t 值分别为 0.99 和 0.88，没有通过显著性检验，也就是说这种促进作用并不明显。需要指出的是，这里的政府支持程度变量是指研发经费内部支出中政府资金的比重，也就是说政府应该在高技术产业研发行为方面加大资金的支持。

（2）以技术效率指数作为因变量（如表 6.10 所示）。

表 6.10　以技术效率指数（TEC）作为因变量的面板数据回归结果

模型（3）			模型（4）		
自变量	系数	t 统计量	自变量	系数	t 统计量
常数项	1.002***	259.59	常数项	1.011***	185.12
MS	0.007	1.01	*MS*	0.009	1.61
ES	-0.001**	-2.37	*ES*	-0.002***	-4.60
SO	0.014*	1.72	*FO*	-0.019**	-2.17
GI	0.005	0.74	*GI*	0.007	1.12
R-square	0.354		R-square	0.384	
Rho	0.589		Rho	0.847	
F 统计量	6.98		F 统计量	7.93	
Hausman	27.94		Hausman	52.39	
Prob(H)	0.000		Prob(H)	0.000	
FE or RE	*FE*		FE or RE	*FE*	
样本数	60		样本数	60	

根据表 6.10Hausman 检验结果可知，模型（3）和模型（4）均为固定效应回归模型，模型（3）和模型（4）中判别系数 R-square 分别为 0.354 与 0.384，表示这两个模型的拟合优度均一般。其中模型（3）的 Rho 值为 0.589，这表明在模型（3）中混合误差方差中个体效应误差占比为 58.9%，混合误差方差有 58.9% 的原因是由于个体效应导致的；模型（4）中的 Rho 值为 0.847，这表明在模型（4）中混合误差方差中个体效应误差占比为 84.7%，混合误差方差中有 84.7% 的原因是由于个体效应误差导致的。模型（3）和模型（4）中产业集中度（MS）的回归系数分别为 0.007 和 0.009，这表明我国高技术产业产业集中度和高技术产业技术效率指数呈正相关关系，技术效率指数是度量资源配置效率的

指标，也是衡量产业制度是否完善的指标，产业集中度与技术效率指数的这种正相关关系在一定程度上说明了高的市场集中度有利于提高高技术产业技术创新资源的配置效率，这与前面高的产业集中度有利于提高我国高技术产业全要素生产率的结论是一致的。不过其所对应的 t 值（1.01 与 1.61）均没有通过显著性检验，因此高的产业集中度对技术创新资源的配置效率的促进作用并不明显。模型（3）和模型（4）中企业规模（ES）的回归系数分别为 -0.001 和 -0.002，并且分别在5%和1%的显著性水平下通过了 t 检验，这表明企业规模越大，高技术产业技术创新资源配置效率越低，这可能是由于大型企业由于规模较大的原因，因此在资源调配方面难度比较大，在制度变革方面效率较低，也有可能是因为大规模企业本身在获取技术创新资源方面具有成本优势，而在技术创新资源进行重新配置的边际成本要高于直接利用利用规模优势获取低成本技术创新资源的边际成本，从而抑制了大规模企业进行技术创新资源重新配置的动力。模型（3）中国有产权比重的回归系数为0.014，其所对应的 t 值为 1.72，在 10% 的显著性水平下通过 t 检验，这表明提高高技术产业中国有产权的比重有利于提高高技术产业技术创新资源的配置效率，这可能是因为国家参股或者控股的高技术企业往往有管理人员在政府部门任职，这给高技术企业在行政上带来了许多便利，从而加快了技术创新资源的流动，提高了资源配置效率。模型（4）中研发国际化的回归系数为 -0.019，其所对应的 t 值为 -2.17，在5%的显著性水平下通过 t 检验，这表明我国高技术产业中外资研发比重越重，技术效率指数越低，这可能是因为外资企业本身就具有相对较高的技术水平（这在下文将会论及到），因而仅凭其较高水平的技术就足以生产出高质量的产品，从而获取高水平的利润，也就没用动力在资源配置方面做出太大努力。模型（3）和模型（4）中政府支持程度的回归系数分别为0.005 和0.007，说明政府支持程度有利于提高我国高技术产业资源配置效率。其所对应的 t 值分别为 0.74 和 1.12，没有通过显著性检验，说明这种作用不明显。

（3）以技术进步指数（TC）作为因变量（如表6.11 所示）。

表6.11　以技术进步指数（TC）作为因变量的面板数据回归结果

模型（5）			模型（6）		
自变量	系数	t 统计量	自变量	系数	t 统计量
常数项	1.127***	28.57	常数项	0.980***	19.51
MS	0.008	0.11	*MS*	0.049	0.91
ES	-0.004	-0.96	*ES*	-0.001	-0.17
SO	-0.054	-0.63	*FO*	0.315***	4.00
GI	0.046	0.64	*GI*	0.014	0.24

续表

模型（5）			模型（6）		
自变量	系数	t 统计量	自变量	系数	t 统计量
R - square	0.034		R - square	0.252	
Rho	0.944		Rho	0.975	
F 统计量	0.44		F 统计量	4.30	
Hausman	11515.72		Hausman	269.98	
Prob(H)	0.000		Prob(H)	0.000	
FE or RE	*FE*		FE or RE	*FE*	
样本数	60		样本数	60	

根据表6.11Hausman检验结果可知，模型（5）和模型（6）均为固定效应回归模型，模型（5）和模型（6）中判别系数R - square分别为0.034与0.252，表示模型（5）的拟合优度很差，模型（6）的拟合优度一般。由于模型（5）中除了常数项在1%的显著性水平下通过 t 检验之外，其余4个自变量均没有通过 t 检验，因而只对模型（6）进行分析。模型（6）的Rho值为0.975，表明在混合误差方差中个体效应误差占比为97.5%，混合误差方差有97.5%的原因是由于个体效应导致的。模型（6）中产业集中度的回归系数为0.049，表明产业集中度和技术进步指数呈正相关关系，高的产业集中度有利于促进我国高技术产业技术进步，但是系数 t 值为0.91，没有通过显著性检验，说明这种促进作用不明显。企业规模（ES）的回归系数为 -0.001，表明企业规模与技术进步呈负相关关系，小型企业在市场竞争的压力下更愿意进行技术创新，而大型企业可能在发展初期就已经形成了较为坚实的技术基础，在已形成的利润条件下缺乏进行技术创新的动力。企业规模（ES）的系数 t 值为 -0.17，没有通过显著性检验，说明企业规模大小与技术进步程度关系不是很明显。研发国际化（FO）的回归系数为0.315，表明外资研发比重与我国高技术产业技术进步呈正相关关系，外资研发比重越高，高技术产业技术进步速度越快。外资研发比重对应的 t 值为4.00，通过显著性水平为1%的 t 检验，这说明外资企业对我国高技术产业技术进步的促进作用非常明显，这也许是因为改革开放以来大量外资企业进入我国市场，竞争能力较弱的外资企业可能无法进入我国市场或者进入我国市场后无法生存，能够存活下来的外资企业一般都属于竞争能力普遍强于国内企业的，因而这些外资企业的存在对我国高技术产业技术进步是具有促进作用的。政府支持程度的回归系数为0.014，其所对应的 t 值为0.24，没有通过显著性检验。这表明政府支持程度有利于促进高技术产业技术进步，由于本实证所使用的政府支持程度变量是

指政府资金占研发经费内部支出的比重，这实际上说明了政府资金的注入有利于促进技术进步，其原因可能是因为政府资金的注入加强了政府对高技术产业研发行为的监督，从而保证了研发经费的合理使用。

（4）以规模效率指数（SC）作为因变量（如表6.12所示）。

表6.12　以规模效率指数（SC）作为因变量的面板数据回归结果

模型（7）			模型（8）		
自变量	系数	t 统计量	自变量	系数	t 统计量
常数项	0.9442***	12.93	常数项	1.044***	10.09
MS	0.154	1.18	*MS*	0.139	1.25
ES	-0.007	-0.95	*ES*	-0.011*	-1.83
SO	0.072	0.46	*FO*	-0.233	-1.43
GI	0.061	0.47	*GI*	-0.074	0.59
R - square	0.111		R - square	0.14	
Rho	0.942		Rho	0.867	
F 统计量	1.59		F 统计量	2.15	
Hausman	19.89		Hausman	62.32	
Prob(H)	0.000		Prob(H)	0.000	
FE or RE	*FE*		FE or RE	*FE*	
样本数	60		样本数	60	

根据表6.12Hausman检验结果可知，模型（7）和模型（8）均为固定效应回归模型，模型（7）和模型（8）中判别系数R - square分别为0.111与0.14，表明这两个模型拟合优度都很差。模型（7）中R - square为0.942，表明模型（7）中混合误差方差中个体效应误差方差占比为94.2%，造成模型混合误差的原因有94.2%归因于个体效应。模型（7）中产业集中度（MS）、企业规模（ES）、国有产权比重（SO）、政府支持程度（GI）的回归系数分别为0.154、-0.007、0.072、0.061，表明产业集中度、企业规模和政府支持程度都与我国高技术产业的规模效率存在正相关关系，而国有产权比重则与规模效率呈负相关关系，其所对应的 t 值分别为1.18、-0.95、0.46、0.47，均没有通过显著性检验，说明这四者对高技术产业技术创新规模效率的影响并不明显。在模型（8）中，产业集中度（MS）、研发国际化（FO）、政府支持程度（GI）的回归系数分别为0.139、-0.233、-0.074，这表明产业集中度与高技术产业研发的规模效率呈正相关关系，产业集中度越高越有利于提高研发的规模效率；而研发国际化

比重和政府支持程度则与高技术产业研发的规模效率呈负相关关系，研发国际化比重越高、政府支持程度越强，研发的规模效率就越低。这三个自变量对应的 t 值分别为 1.25、-1.43、0.59，均没有通过显著性检验，表明这三种作用都不明显。企业规模（ES）的回归系数为 -0.011，表明企业规模与规模效率指数呈负相关关系，企业规模越大，高技术产业研发的规模效率越低，这可能是由于对我国高技术产业而言，小型企业在技术创新方面还未能充分实现规模效率，而大型企业的企业规模已经超过了在技术创新方面能够充分实现规模效率的企业规模，比如组织架构臃肿、信息传递失真、激励制度无效等原因。

2. 实证结论总结

根据以上分析，可以总结出我国高技术产业近阶段技术创新效率的相关规律：①高技术产业技术创新全要素生产率（GMPI）受到产业集中度（MS）和企业规模（ES）的影响，且随着产业集中度的增加全要素生产率随之增加，随着企业规模的增加全要素生产率逐渐下降；国有产权比重（SO）对技术创新全要素生产率（GMPI）存在负面影响，研发国际化和政府支持程度都对技术创新全要素生产率（GMPI）存在正向的直接作用，但以上三种作用均不显著。②我国高技术产业技术效率指数（TEC）受到企业规模（ES）、国有产权比重（SO）和研发国际化比重（FO）的影响较显著，且随着企业规模（ES）和研发国际化比重的增加技术效率指数逐渐下降，随着国有产权比重（SO）的增加技术效率指数逐渐增长；产业集中度（MS）和政府支持程度（GI）对研发的技术效率指数均存在正向推动作用，但这种作用不显著。③我国高技术产业技术进步指数（TC）显著地受到研发国际化（FO）的影响，且研发国际化程度越大，对我国高技术产业技术进步的推动作用就越强；产业集中度（MS）和政府支持程度（GI）与高技术产业技术进步指数（TC）存在正向作用，企业规模（ES）和国有产权比重（SO）对高技术产业技术进步指数（TC）存在反向抑制作用，但这几种作用均不显著。④我国高技术产业技术创新的规模效率指数（SC）显著地受到企业规模（ES）的抑制作用，即随着企业规模的增长，技术创新的规模效率不断下降的趋势；产业集中度（MS）和国有产权比重（SO）对技术创新的规模效率（SC）存在正向推动作用，研发国际化比重（FO）对技术创新规模效率（SC）存在抑制作用，但这几种作用均不显著；而政府支持程度（GI）对技术创新的规模效率（SC）的影响作用则存在不确定性。

第七章 研发国际化背景下中国企业海外研发的进入模式和发展趋势

随着科技全球化进程的不断加深，研发资源作为科技竞争的核心要素，成为各国和地区增强科技创新竞争力的主要手段，被在全球范围内进行优化配置。20世纪90年代以来，越来越多的跨国企业在中国、印度等发展中国家不断增加研发投资，而且发展中国家如中国、印度等在发达国家的研发也呈现快速增长的态势，越来越多的企业开始寻求与国内外各类创新主体的广泛合作交流与竞争，创新国际化成为企业提高创新能力和应对全球化竞争压力的必然选择。

第一节 我国企业研发国际化现状

企业国际化阶段一般是从不规则的出口活动，到代理商出口，建立海外销售子公司，并购海外生产和制造，最终建立海外研发中心，是一个连续、渐进的过程。早在2001年，我国政府就提出了“走出去”战略，随后国家和地方政府陆续出台多项旨在鼓励企业进行对外直接投资（OFDI）的政策措施，并逐步建立和完善企业境外投资服务体系。在“走出去”战略的引导下，越来越多的企业选择对外直接投资，中国对外直接投资的规模呈现快速增长势头，中国企业研发国际化也呈现出蓬勃发展的态势。

一、我国企业研发国际化水平

1991年2月上海复华实业有限公司在东京成立研发公司，这是我国企业开展海外研发投资的首次尝试，比20世纪70年代开始兴起的世界研发国际化浪潮晚了20年。20世纪90年代我国企业研发国际化水平整体上还较低，2000年以后研发国际化速度加快。鉴于目前各国对企业的对外研发费用都还没有明确的统计数字，我们可以从以下三个方面来考察我国企业研发国际化水平。

一是我国对外直接投资水平。通常而言，企业的对外直接投资水平越高其拥有的国外资源就越多，其中就包括研发资源。近年来，我国有更多的企业开始了国际化进程，加快了对外直接投资步伐。根据历年《中国对外直接投资统计公报》，OFDI 企业数量从 2003 年的 3439 家上升至 2012 年的 1.6 万家，OFDI 流量从 2003 年的 28.5 亿美元攀升至 2012 年的 878 亿美元，年平均增长率高达 52.6%。其中在 2012 年，我国对外直接投资流量同比增长 17.6%，首次成为世界三大对外直接投资国之一，对外直接投资存量突破 5 亿美元，位居全球第 13 位。另外，从对外投资的国别分布来看，我国对外直接投资分布在全球 179 个国家（或地区），覆盖率高达 76.8%。自“走出去”战略实施以来，我国在对外直接投资上取得了令人瞩目的成就。

二是我国研发投入总体水平。根据发达国家经验，一国研发投入总体水平越高，其参与研发国际化的能力就越强。国家统计局数据显示，2012 年全国共投入研究与试验发展（研发）经费 10298.4 亿元，比 2011 年增加 1611.4 亿元，增长 18.5%；研究与试验发展（研发）经费投入强度（与国内生产总值之比）为 1.98%，比 2011 年的 1.84% 提高 0.14 个百分点。按研究与试验发展人员（全时工作量）计算的人均经费支出为 31.7 万元，比 2011 年增加 1.6 万元。2000 ~ 2012 年我国的研发经费以年均 22.1% 的速度快速增长，同时研发经费占 GDP 的比重也在不断增大，这说明我国对研发投入的重视程度在增强，同时也带动了海外研发投入的增长。

三是我国在国际上申请专利的数量。国际专利申请数量在一定程度上代表了我国在国外研发的成果与水平。通常，一国在国外研发投入越多，取得的专利也就越多。随着我国对外研发投入的不断增加，在国外申请的专利数量也在不断增长。据美国专利和商标局统计，我国在美国申请的各种发明和设计专利数量以年均 32.3% 的速度增长，如表 7.1 所示。

表 7.1　我国在美国申请专利数量

年份	2001	2002	2003	2004	2005	2006	2007	2008	2009	2010
专利	265	390	424	596	565	970	1235	1874	2270	3303

此外，我国申请 PCT（专利合作条约）的数量也能反映企业研发国际化的水平。PCT 是专利领域的一项国际合作条约，它代表了一国申请国际专利的水平。据世界知识产权组织（WIPO）公布的数据，我国年度国际专利申请数量已经从 2006 年的世界第八位上升到 2010 年的世界第四位，2010 年申请数量占全世界的 7.6%，如表 7.2 所示。

表 7.2 2010 年 PCT 申请前五大来源国申请量

排名	国家	2006 年	2007 年	2008 年	2009 年	2010 年	2010 年	2010 年
		项	项	项	项	项	百分比	增长率
1	美国	51280	54043	51637	45618	44855	27.5%	-1.7%
2	日本	27025	27743	28760	29802	32156	19.7%	7.9%
3	德国	16736	17821	18855	16797	17171	10.5%	2.2%
4	中国	3942	5455	6120	7900	12337	7.6%	56.2%
5	韩国	5945	7064	7899	8035	9686	5.9%	20.5%

资料来源：国家知识产权局。

二、我国企业研发国际化重点行业分布

20 世纪 90 年代，我国的海外研发投资主要集中在家电、IT 等行业，如格兰仕、康佳、华为等企业纷纷到国外建立研发中心或与外国公司合作开发。2000 年以后，我国企业对外研发投资主要集中在数字通信、电信、机电、电气装置、药品、计算机技术等行业。

三、我国研发国际化企业来源密集省市

从我国 PCT 国际专利申请的数量来看，广东、北京、上海、江苏、浙江等东部地区是国内 PCT 申请的主要来源地，这与国内研发国际化重点企业的分布和数量相符。广东省不仅国际专利申请数量最多，而且拥有一大批研发实力强、国际化程度高、海外研发投资多的企业，如华为、中兴、TCL、金蝶、格兰仕、康佳等。总部位于北京的联想集团、中国化工集团，上海的上海电气集团、上汽集团等大型企业都在积极进行海外研发投资。江苏省的企业已建立了 24 家海外研发机构，研发出适应当地需求的新技术和新产品 86 项，并申请欧美等国际专利 14 项，成为江苏省企业立足海外的创新基地。浙江的民营企业在研发国际化方面也发展较快，如万向集团于 2000 年在美国成功收购舍勒公司，成为世界上拥有万向节产品专利最多的企业；华立集团于 2001 年收购飞利浦公司在美国的 CDMA 全球研发中心，成为中国第一家掌握移动通信最核心芯片技术的企业。

四、我国企业研发国际化重点投资区域分布

从投资区域来看，我国企业海外研发投资主要集中在美、欧、日、澳和新加坡等科技发达国家和地区，从而可以寻求紧缺的开发资源，利用外部良好的研发环境，更便捷地获取当地先进的技术，更好地开发适应国外消费者的产品并占领

海外市场。

第二节　中国企业海外研发的模式选择

国外学者对于企业研发国际化的研究主要集中于组织形式的挖掘和对政府政策激励的经验概括。Asakawa① 的理论认为根据企业控制权和自主权的平衡问题，企业研发国际化的组织形式可以分成两类：一是总部中心类型，公司在本土掌握主要的研发资源，研发分支机构对总部的依赖性比较强；二是分支中心类型，公司总部对地方分支研究机构有比较强的依赖性，海外分支机构的资源调配权利比较大。Gassmann 和 Zedtwitz② 在充分借鉴国际化相关理论的前提下，通过对 33 家跨国公司的调查，把企业研发国际化的组织形式概括为五类：①本土集中化研发，本土核心技术是保证公司长期竞争力的关键；②地区集中化研发，在海外设立研发机构，增强企业对当地市场的技术敏感性；③多中心分散化研发，各个研发中心保持相对独立，没有特殊的地区研发中心；④研发中央研究院，位于本土的研发中心，对公司所有的研究和发展问题以及相关领域的技术活动进行统一部署和领导；⑤整合的研发网络式分布结构，高度专业化使得各个研发机构拥有各自的核心能力，演变为中心能力，联合各个灵活而分散的研究机构从而形成具有核心能力的整体。在企业研发国际化理论回顾的基础上，我国企业研发国际化的主要方式包括：①与国外企业或机构合作研发；②直接在海外建立研发机构；③委托研发（研发外包）；④收购或兼并国外科技型企业或研究机构；⑤研发联盟；⑥利用引进国外先进设备的契机获得国外技术支持等。

一、与国外企业或研究机构合作研发

利用国外企业或研究机构领先的研发能力，可以为我国企业量身提供所需技术；也可以利用其生产设备和管理技术、人才等对我国企业科技成果进行中试，并进行批量生产，直接在国外将科技成果转化为商品，以开拓国际市场。如我国明阳风电集团于 2009 年与世界顶级风能重点实验室——丹麦里索（Risoe）风能实验室进行了合作，建立研发中心，为明阳 3 兆瓦近海型 SCD 超紧凑风机提供技术与工程服务，以满足瑞典市场需求。

---

① Asakawa K. Organizational Tensionin International R&D Management: the Case of Japanese Firms [J]. Research Policy, 2001, 30 (5): 735 -757.

② Gassmann O., Zedtwitz M. V. New Concepts and Trends in International R&D Organization [J]. Research Policy, 1999, 28 (2 -3): 231 -250.

二、建立独立海外研发机构

在海外设立研发机构是研发国际化最直接的表现形式，我国一些高新技术企业通过建立海外研发机构和中心，利用海外研发资源取得国际先进水平的自主知识产权，并将对外直接投资与提供服务结合起来。根据海外研发机构的职能，可以将其分为四种类型：技术跟踪型、技术支持和改造型、技术开发型以及基础研究型。目前我国企业的海外研发机构以技术跟踪型为主，承担技术信息的监测、收集和传递职能。少数领先企业在FDI发展较为成熟的发展中国家设立了技术支持与改造型研发机构，如海尔集团向东南亚、中东地区输出了冰箱、洗衣机和空调技术。这些企业的共同特点是研发几乎在国内完成，这种向外收集信息、内向研发的模式降低了企业的研发成本，同时提高了企业技术发展方向的准确性，更加符合中国企业的实际。在资金方面，我国企业海外研发机构的支持性资金主要来源于母公司；在人员结构上，国外研究人员的比例相当低，主要是兼职的外籍华人和海外留学生，这是由于国外的劳动力成本较高。由于在海外建立研发机构的投资成本高、风险大，有些企业采取了更为灵活的方式，即在海外设立短期的研究室。如华为在美国硅谷建立了自己独立的技术搜索机构；长安汽车先后在意大利都灵、日本横滨、英国诺丁汉、美国底特律建立了独立的海外研发中心，以利用当地具有优势的研发资源，意大利研发中心主攻汽车外形设计，日本研发中心主攻汽车内饰和模型，英国研发中心主攻发动机和变速器，美国研发中心主攻汽车底盘技术。

三、研发外包

当本土研发能力不足以完成某些研发任务时，将研发全部或部分委托给国外企业或研发机构，是迅速形成自主知识产权的捷径。研发外包就是将研究项目委托给有此研发能力的外方机构，并提供相应的研发经费。某些行业的企业采取委托研究和外包的方式在海外建立研发联盟。根据价值链理论，很少有企业会在价值链的所有业务环节都具有竞争优势，如果企业在自己经营的各个环节均采用先进的技术，不仅需要巨额投入，而且还要承受因技术迅速变化和研发失败带来的风险。研发外包在国外非常普遍，如美国商业性研发外包市场发展程度已超过了其国内市场。即使是实力很强的跨国公司也在不断地把某些研究项目委托给专业的研发企业代工。一些著名跨国公司如IBM、诺基亚、宝洁、杜邦等，都采用了研发外包方式来改造研发创新活动。我国部分企业也采取了这种策略来获取所需技术，如哈飞汽车委托意大利宾西法瑞纳公司为其设计哈飞路宝，利用海外设计公司的成熟经验和研究资源开发设计新产品；中华汽车的早期设计开发包括外形、内饰、底盘等，全部外包给国外设计公司乔治亚罗。采取研发外包方式是利用海外研发资源提升竞争力的重要方法。采取委托研发的方式要善于及时将单纯的国际委托逐渐演变成合作研究，通过“引进来”和“派出去”，培育本土研发能力。

四、并购国外高技术企业

企业通过有针对性地兼并或收购海外现有的研发机构或科技型企业，不仅可以节约时间、获取技术、降低成本，还可利用优势互补、聚合效应和名牌效应迅速打入国外市场，而且通过兼并收购还可消除争夺市场和资源的对手，从而达到事半功倍的效果。如 2009 年长虹并购韩国生产等离子显示器面的 Orion 公司，Orion全球独家拥有 M－PDP（多拼接等离子显示器）研发能力和行业技术长期开发能力，并购后长虹还拥有了其一大批经验丰富的等离子研发人才团队；万向集团通过收购美国 UAI 公司，构建高起点的汽车制动器海外技术支持平台；华立集团收购菲利普公司在美国圣何塞的 CDMA 移动通信部门，获得 CDMA 手机芯片软件设计及整体参考设计相关技术。采取兼并或收购的方式需要企业具备较强的技术、管理、文化整合能力，科技型企业的核心是智力资本和人才，如果不能通过有效的整合留住核心人才，海外研发并购就是失败的。

五、与其他跨国公司缔结研发联盟

研发联盟是指两个或两个以上的跨国公司为实现共同的研发目标而采取的股权或非股权形式的共担风险、共享技术成果和利益的相互合作。同行业公司有相当部分的重复研发活动，与其他跨国公司建立研发联盟可以避免不必要的重复劳动，从而提高研发效率。同时，新技术研制成本的日益增加以及技术生命周期的不断缩短加大了研发投资的成本和风险，组建研发联盟可以降低成本、控制研发投资风险。如 2006 年摩托罗拉和华为开展合作，为全球客户提供功能更强大的 UMTS 产品解决方案和高速分组接入方案，合作使双方拥有了市场先机优势，提高了应对全球市场对 UMTS 需求的快速反应能力；海信集团从 2000 年开始和日立公司在 CDMA、WAP、BLUETOOTH、IMT－2000 等技术领域全面开展技术研发合作，2002 年和日立合资成立海信日立商用空调系统有限公司，共同开发生产商用空调，与美国 Ligent International Inc. 在美国特拉华州成立合资公司 Ligent Photonics Inc.；海尔集团与日本三洋电机株式会社合资成立“三洋海尔株式会社”，共同致力于洗衣机的开发与销售。这种联盟是一种双赢的方式。

六、引进海外研发团队

引进海外研发团队就是聘请国外技术专家到我国，为某些特定的研发项目提

供技术支持。由于企业走出去到国外建立研发机构或联盟会面临租金费用高昂、找不到适合的合作机构等问题，引进海外研发团队到国内来提供智力支持就成为借力国际先进研发资源为我所用的有益选择。其中，辽宁省出台政策大力鼓励省内企业引进海外研发团队，2010 年辽宁省引进了外国专家项目 284 个，引进外国技术和管理专家 1563 人次，一批项目获得了成功。其中，辽宁荣信电子电力公司聘请 25 名意大利和乌克兰专家，成功完成了 10kV 特大功率变频样机的研制、调试和试运行工作。

第三节　中国企业海外研发的影响因素和路径

Edler 等①针对来自美国、欧洲和日本超过 200 个跨国公司展开研究，并认为很多因素都对研发国际化具有重要的影响作用，这些因素包括：①对国外的技术是否可以进行调整以适应当地环境；②是否能够获取熟练的研究人员；③向国外领先市场和客户进行学习的能力；④是否能直接利用国外公司开发的相关技术；⑤是否能与国外技术保持一致；⑥是否可以支持当地的生产；⑦是否遵循当地市场准入的法规和相关要求；⑧是否可以利用东道国的公共研发计划以及规避国内不适当的研发环境等。我国是发展中国家，企业海外研发的影响因素和发达国家相比是有差异的。

一、中国企业海外研发的影响因素

1. 行业特征

中国企业进行海外研发活动，行业特征是其所需要考虑的首要因素。从 20 世纪 90 年代以来，我国电信服务业取得了飞速增长，电信业务收入年增长率一直保持在 30% 以上，设备制造业在电信服务业需求拉动下也取得了良好的发展。尽管 2004 年中国通信设备投资结构的调整对通信设备厂商产生一定影响，但对中兴这样日益具有国际竞争力的企业而言，海外市场已经成为其业务的另一重要支撑。新兴市场的扩张潜力、国际电信运营商的现金流改善都为中国的通信设备厂商创造了机遇。行业的发展需要有实力的通信设备制造企业成为国际技术大家庭的重要一员，因此中兴和华为随着市场全球化逐步到技术全球化，在海外直接设立了研发中心，密切跟踪国际技术前沿。康佳和 TCL 所处的家电制造业进入了成熟的发展阶段，国内各个企业为了争夺有限的市场资源，求得生存空间，相互

---

① Edler J., Frieder M. K., Reger G. Changes in the Strategic Management of Technology: Results of a Global Benchmark Survey [J]. R&D Management, 2002, 32 (2): 149-164.

之间开展了激烈的、全方位的竞争。在过去一段时期，价格竞争的扩大降低了行业的整体利润，企业很难有大规模的研发投入，因此影响了中国家电企业对核心技术的掌握，从而造成企业必须在技术上研发国际化而又缺乏资金或管理能力的尴尬局面，“康盛实验室”的失败、TCL 收购施奈德和汤姆逊后面临的困境都充分说明了这一点。

2. 企业资源实力的差异

企业所选择的进入模式和其自身的资源实力有关。资源实力较强的企业采取了设立海外研发机构、兼并或收购的海外研发模式，这样有利于企业直接获取海外技术资源；而委托研发和技术联盟的方式更适合资源实力受到约束的企业，存在的问题是容易受制于人，不容易获得核心技术。

3. 企业类型和经营体制的差异

企业类型和体制的差异对利用海外科技资源的方式也会产生影响。如“康盛实验室”撤销的原因之一是当时高层领导的更换，改变了企业的经营决策。康佳作为国有企业，企业的发展模式和重要决策必然受到上级集团的影响。

二、中国企业海外研发的路径

企业进行海外研发投资，应该根据自身发展的需要和技术发展的趋势，制定海外研发投资战略，充分利用海外的科技资源。

1. 提高企业技术吸收能力是海外研发投资的微观基础

Cohen 和 Levinthal① 认为，一个企业的学习能力越强，其在内部和外部研发中的表现便越出色，这就使得其在广泛的合作中获得知识的同时，也为其他合作者提供新的知识，企业的内部研发能力和外部扩展能力是一种互补关系。企业的技术水平和学习能力是影响其从东道国获取技术溢出和研发溢出的重要因素。因此，加大国内企业的研发资金投入，有助于提高企业的技术积累能力和吸收能力，为更好地利用海外科技资源提供良好的基础。

2. 选择合适的时机和方式是海外研发投资成功的前提

不同行业在研发过程、生产工艺及产品特性等方面的差异，导致了研发活动在地域上的可分离性差异，以及研发与制造、销售等下游过程之间互动关系的差异性。高新技术企业是我国进行海外研发投资的重点领域，不同行业的高新技术企业又表现出不同的特征。这和行业本身特点、中国及国外该行业的相对发展状况以及该行业企业的发展情况有着密切的关系。因此，不同行业处于不同发展阶段的企业选择了不同的海外研发时机和方式。

---

① Cohen W. M., Levinthal D. A. Absorptive Capacity: A New Perspective on Learning and Innovation [J]. Administrative Science Quarterly, 1990, 35 (1): 128-152.

3. 吸引和利用海外高科技人才是研发国际化投资的关键

研发活动最重要的技术资源是科技人才，科技人才的流动使知识不断扩散到其他厂商或研发机构，成为技术溢出的重要途径。企业在海外设立研发机构，应该充分利用东道国的科技人才资源，逐渐增加本土化科技人员的比例，尤其需要增加曾经在跨国公司工作过、掌握了行业核心技术或新思想的科研人员的雇用数量。在人才本土化过程中，应积极利用海外丰富的华人科技人员资源，华人是世界公认的高智商群体，同时由于语言和文化上的因素，华人科技人才便于交流和沟通，而且容易产生归属感，有利于激发其自身的积极性和创造性。

4. 利用后发优势，研发国际化投资带动市场国际化和生产国际化

海外研发投资与海外生产性投资的一个重要区别是，投资企业不必存在技术上的垄断优势或者比较优势。技术落后企业可以突破研发投资的传统途径实现跨越式的发展，在发达国家首先进行海外研发投资，继而带动产品出口和生产性投资的发展，充分利用发达国家优越的研发资源，吸收技术溢出，提高技术水平和产品国际竞争力。中兴通讯已经积累了一定的经验。目前中兴通讯国内和国外的13 个研发机构，初步形成了全球研发网络，试图以创新资源全球化、创新组织国际化、网络化促进生产经营国际化，以生产经营国际化带动研发全球化。

5. 实现海外研发投资多元化，逐步形成全球研发网络

目前我国企业的海外研发投资主要集中在发达国家的技术密集地区，在发展中国家投资较少，投资流向的单一造成了海外研发投资实现目标的单一，更多的是为了监测海外的技术信息。中国企业应该考虑国际分工，加强对发展中国家的海外研发投资。例如，中俄双方通过海外研发投资活动可以充分发挥中俄产业技术互补性，实现两国经贸更高层次合作；中国在计算机硬件开发上具有优势，印度班加罗尔是世界计算机软件开发中心，中国电子企业可以考虑到印度进行海外研发投资，形成优势互补，开发性能优越的计算机产品。

6. 建立中国企业海外研发机构的绩效评价体系

现有的研究很少针对跨国公司海外研发机构建立绩效评价体系，即使存在，不同国家、不同行业的企业也会有不同的评价标准。企业进行海外研发的投资是巨大的，但调查中的很多企业把建立海外研发中心作为一种战略性投资。所以现阶段少有企业对海外研发投资进行绩效评价，政府也仅能从经济效益的角度评价企业。但目前，企业利用海外科技资源处于起步阶段，仅从经济效益角度评价企业是不科学的。企业需要针对自身发展路径和现状，从技术、人才、管理、市场和产品、文化、资金等几个层面，开发绩效评价体系，有效地衡量高新技术企业海外研发投资的效果，这有助于深入研究国际科技合作对推动企业技术进步、提高竞争力（提高产品附加值、扩大国内外市场份额等）的贡献。

第八章　研发国际化背景下我国的应对措施

第一节　建立企业的技术创新体系，增强企业的自主研发能力

一、加强外商直接投资管理，促进我国技术进步

20 世纪 80 年代中后期，我国提出“以市场换技术”的战略以吸引外商直接投资，目的是通过开放国内部分市场，并制定优惠的政策，更多地吸引 FDI，以弥补国内建设资金的不足，获得先进的技术与管理经验。FDI 的流入在一定程度上会使得相当一部分投资转化为东道国的固定资产投资，从而增加东道国的资本积累和资本形成，促进东道国的经济增长。一般来说，FDI 在促进经济增长的同时，也会带来一定的技术溢出效应，促进东道国企业技术能力的提升。跨国公司为了降低投入成本，随着垂直化的国际分工与产业转移的推进，FDI 往往会选择当地企业为其产业配套，而国内企业通过产业配套，吸收和消化国外的先进技术，促进其技术水平的提升，缩小与先进地区的技术差距。事实证明，FDI 在我国经济发展中发挥了重要的作用，FDI 流入多的地区，跨国公司的研发机构和研发投入也多。

自 20 世纪 90 年代中期开始，FDI 开始大规模进入我国，尤其是在我国的长江三角洲、珠江三角洲等地区，FDI 正逐步成为外资的主导力量。随着外商投资规模的不断扩大，我国实际利用外资的数额也不断增加。据国家统计局的统计数字显示，1986 年我国 FDI 的实际利用金额仅为 22.44 亿美元，而到 2006 年这一数字达到 694.68 亿美元，20 年的时间增长了近 30 倍。2008 年 FDI 的实际利用数额又攀升至 923.95 亿美元；2010 年达到 1057.35 亿美元；2011 年我国实际使用外资金额 1160.11 亿美元，同比增长 9.72%；2012 年我国吸引的外商直接投

资（FDI）也达到了1210.73亿美元，仅次于美国，居全球第二位，发展中国家第一位，呈现出逐年迅速增长的趋势。但FDI的技术溢出效果如何往往会受到知识输出者的意愿、知识接收方的意愿、知识交易双方的学习努力程度、各自的知识存量、知识传递方式、知识吸收方式、知识交换双方的激励机制、外部环境等多种因素的影响。为此，提出如下三点建议：

1. 注重发挥FDI水平技术溢出机制的作用，提升本土制造业出口国内技术含量水平

应该加大基础设施投资力度，特别是改善中西部地区的基础设施建设，为FDI技术溢出机制的发生提供良好的物质基础；在增加科研投入力度的同时，应尽可能改善资助方式并加强对科研经费使用方式的监管，并加强知识产权保护；鼓励本土企业加大研发投入，加强企业的技术学习与吸收能力；积极鼓励更多的企业从事自主创新，包括整体产品和关键零部件以及核心技术的自主创新和开发，鼓励企业通过不断创新尽力向中高端生产环节攀升。充分利用跨国公司入驻带来的更加激烈的市场竞争，激活本土制造企业的市场生存本能，不断提高其竞争能力；鼓励本土制造企业在竞争的基础上与跨国公司加强技术等方面的合作，通过共同研发关键性技术逐步形成自主性的知识产权，从而缩小与发达国家的技术差距；集中国内各种优势，包括产业优势、区位优势和政策优势以及各企业的生产、技术、管理、人才优势，组建大型企业集团与跨国公司进行竞争，促使跨国公司主动或被动提高对华投资的技术含量。在人力资本流动效应方面，要重视人才队伍的建设和培养，增加人力资本投入，通过设立专项基金、联合培养等方式，吸引高技术人才流入，鼓励外资企业员工到国内企业工作，建立健全奖惩制度，通过这种人员的流动来带动FDI技术溢出机制作用的充分发挥。

2. 注重发挥FDI前向和后向技术溢出机制的作用，提升本土制造业出口产品的国内技术含量水平

一方面，要积极引进那些能够与本土制造企业产生深层次后向产业关联的FDI，通过相关的鼓励和约束政策，促使FDI企业向国内企业购买中间产品或相关的服务，激励跨国公司与本土企业建立分包商或供应商关系，以促进FDI与本土企业之间建立稳定有效的垂直分工协作体系，实现跨国公司对本土企业的人员培训和技术转让，充分发挥FDI企业的后向技术溢出效应；另一方面，要积极引入能与本土制造业产生前向关联的FDI，向下游本土制造企业提供技术标准较高的中间产品，起初可能会抑制本土制造企业出口国内技术含量的提升，此时应该给予各种政策优惠与扶持进行鼓励，在达到临界值之后，本土企业及时调整以更好地学习应用外资企业的先进技术的标准规范，从而有效地提升自身出口产品的国内技术含量水平。

3. 注重高质量 FDI 的引进，加强政策引导

第一，引资政策的重点应从数量向质量转变，注重高水平 FDI 的引进，提高来自发达国家和地区的 FDI 所占的比重，对来自避税地的 FDI 应该加强甄别和审核，尽量避免低技术水平的“假外资”通过各种途径流入我国。第二，要加强对 FDI 的政策导向。比如可以借鉴上海自由贸易试验区实行的引进外资“负面清单”① 的做法，除列明的外商投资准入特别管理措施，禁止（限制）外资进入已列入“负面清单”的产业；而对于“负面清单”之外的领域，可以将外商投资项目由核准制改为备案制（国务院规定对国内投资项目保留核准的除外），将外商投资企业合同章程审批改为备案管理。

二、提升企业机制设计水准，加强企业内部约束，优化企业研发的决策

委托代理理论认为，如果代理人能够完全为委托人利益行事，则这种代理关系不会产生额外成本，也不存在所谓代理问题。然而，代理人与委托人毕竟是不同的人，必然会存在一定的矛盾：一是利益的不对称，二是信息不对称，三是委托人与代理人之间的契约不完全，四是委托人与代理人之间责任风险的不对等。因而委托人为了防止代理人损害自己的利益，需要通过严密的契约关系和对代理人的严密监督来限制代理人的行为，但这样做就必须付出成本，这种成本就是代理成本（包括激励成本、监督成本、约束成本和剩余损失）②。运用委托代理理论建立一套激励约束机制，既能够有效地约束代理人的行为，又能激励代理人按委托人的目标为委托人的利益而努力工作，从而大大降低代理成本，实现委托人与代理人双方的“帕累托最优”。建立对代理人的激励与约束机制，其目的是希望通过它激发代理人的责任心和创造性，抑制代理人的不良动机和行为，减少道德风险，避免逆向选择行为，通过提高代理绩效，在抵偿代理成本之后，为委托人带来更大收益。不过由于代理成本的存在，一般得不到最优的企业机制，只能得到次优的结果。

企业的研发决策是企业竞争策略中的长期策略，由于存在委托代理关系导致企业的目标偏离利润最大化。运用委托代理理论对企业的机制设计包括两个部分：一是对企业的组织设计，二是对经营者（代理人）的薪酬设计。对企业的

① 2013 年 9 月 29 日上海市政府公布的《中国（上海）自由贸易试验区外商投资准入特别管理措施（负面清单（2013 年））》。

② 激励成本，即委托人为激励代理人努力工作而付出的工资、奖金、职位消费等费用；监督成本，即委托人为限制和监督代理人行为所付出的费用；约束成本，即由于代理人的行为受到限制或约束而不能及时作出决策所造成的损失；剩余损失，即委托人监督不了，而代理人又不能自律的情况下造成的损失。

组织设计就是完善法人治理结构，其目的是在制度设计上使委托人和代理人责权利对称，以便使代理人能够为实现委托人的目标而努力工作，保证企业的决策效率。解决两权分离条件下对经理人员的监督约束问题的一个重要出路，就是要实现其治理结构的创新，根据现代企业制度的要求，建立并规范企业法人治理结构，在保证企业高层经理人员的决策自主权的基础上，使董事会、监事会真正起到对经理人员的监督和约束作用。

企业内部则要从改革分配制度入手，完善对技术创新人员的激励机制。激励方法的实质是允许和鼓励技术管理等生产要素参与收入分配，建立起长期的激励机制，将企业的技术人员同企业形成真正意义上的利益共同体，激励他们从长期发展的战略出发去不断地努力创新。决策是技术创新过程的关键环节，技术创新决策包括资源投入、研究开发、生产和销售等决策。创新的成败、效率和效益很大程度上取决于决策的正确与否。决策过程包括市场与技术信息获取、方案设计、方案选择和方案审查。要对所依据的内外部保障条件和约束因素进行充分的评估和论证，发挥集体决策功能和专家评价咨询功能，注意有效信息的准确传递和及时反馈，避免独断和盲目，以减少风险和不确定性。运作机制是技术创新各阶段活动的连接链条，涵盖了从投入到产出的整个过程，它包括创新战略、创新决策、研究开发、生产和市场进入。技术创新运作机制的建立，需要规定各个子程序的活动内容，并规定各个子程序之间的正确连接，以及信息的传递和反馈，分步建立。企业技术创新并不单指研究开发，它还包括市场调查、生产制造、营销、服务和反馈等多个方面，涉及企业与生产经营相关的各个部门，强调企业各方面、各部门全员参与，各司其职、互相配合、统一协调、信息共享、共同创新。

三、完善融资功能，创设“中小企业银行”和科技板市场

要根据企业发展的规律，在金融市场发展的过程中，规划科技企业发展的多层次、多元化的金融市场体系。很多重大技术创新的发端是由中小企业创造的，如果研发的不确定性很大，中小企业更有可能进行研发投入，所以应明确国家中长期高新技术产业发展的目标和任务，优先配置相关资源，预测世界技术发展的大趋势，优先发展适合本国国情的重大关键技术；促进基础研究和应用研究协调发展；有重点、有目标地提供政策支持，推进高新技术的应用，尽快制定相关的产业政策，对高新技术中小企业实行必要的倾斜和保护；为促进高新技术产业逐步成为国民经济的支柱产业，政府应当在税收上实行减免的优惠政策，在信贷资金上重点保护。

中小型高新技术企业在发展初期一般风险较高，不确定因素多，这使得风险资本不愿意进入非常年轻的公司。所以，根据目前中国的实际情况，有必要成立

至少一家专门为中小企业服务、为科技创新服务的政策性银行。可供选择的方案有：一是成立一家专门的商业银行性质的科技银行，其中部分业务属于单独面向科技创新服务的政策性金融业务；二是成立一家专门为中小企业提供政策性金融服务的中小企业银行；三是成立一家专门为科技创新活动提供政策性金融服务的科技开发银行。这些“中小企业银行”应当受到政府的扶持与支持，为小企业提供融资服务。

风险投资可分为两种方式，一种是通过私募方式，从战略合伙人或风险投资者那里筹集；另一种是通过在风险资本市场上公开发售股票的方式进行筹集。通常，前一种方式是风险资本的进入方式，而后一种方式则是风险资本的退出方式。由于在我国没有私募的概念和相应的法律法规，又缺乏政府的正确引导，私募基金处于一种地下无序发展的状态，应该借鉴欧美等发达国家和地区发展私募科技创业投资基金的经验教训，结合我国国情，从政策层面引导私募科技创业投资基金，使其合法、合理地促进高新科技的发展，建立规范有序的私募科技创业投资基金市场，完善相应的服务支撑体系，最大限度地发挥其对高新技术企业的支持作用。以公开发售股票的方式进行筹集应针对现有中小企业股权融资的特点与效果，进行有针对性的融资市场制度创新，适当调整现有股票市场的再融资政策，使再融资政策的具体要求与企业的竞争性、成长性等特点相联系，并将其最终目标确立为促进企业的融资效率，并为风险投资的正常退出提供良好的通道，所以需要进一步发展风险投资公司和风险投资基金，创设科技板市场，而且需要尽快推出针对科技型中小企业的二板市场等风险投资退出机制。对于以创业投资为形式的风险投资公司，政府应该对其提供优惠政策，同时完善监管机制，推动风险投资公司的发展。此外，应建立多元投资主体的风险投资格局，政府要拿出一定的资金建立国家高新技术风险投资基金，以推动我国高新技术产业的发展。另外还可以成立科技创新保险公司，开设科技创新保险品种。从国外经验看，为科技创新活动服务的，不仅限于银行业和资本市场，保险业通过为科技创新开辟各种新的保险品种，同样也可以为科技创新提供各种直接的或间接的服务，所以有必要成立专门为科技创新服务的保险公司，为企业提供“科技创新险”或“新产品开发险”等必需的保险品种，为促进科技创新提供良好的保险服务。

四、强化企业技术创新观念和意识，强化企业科技人才队伍建设

观念创新和意识创新是技术创新的前提条件，只有把技术创新放到战略高度的层面，树立在市场经济条件下技术创新是企业的灵魂和生命，技术创新的主体是企业和企业家的这种意识和观念，并认识到技术创新的经济内涵是以企业产出增长为目标，以竞争和效益为核心的多种形式的技术经济活动的总和，企业技术

创新工作才能够顺利展开并取得成效。企业技术创新依赖于具有足够的知识积累、具有敏锐的观察力、准确的判断力和学习能力的创造性人才，缺乏人才的企业难以进行技术创新。人才的储备和积累主要有三种形式：一是外部人才内部化，如招聘、兼并科研院所；二是企业内部选拔培养，可以通过送出去、请进来的办法进行人才培训，帮助他们学习掌握市场经济、企业管理和科学技术知识等，不断拓宽、更新知识结构，提高技术创新能力；三是实现社会人才共享，如与其他研究开发或生产单位的合作等。因此，企业要根据自身发展的实际情况来充分运用上述方法，加大技术开发中心建设，加大对研究开发活动的投入，大力开发具有自主知识产权的关键技术，形成自己的核心技术和专有技术，打造知名品牌，增强核心竞争力。

五、健全企业技术创新体系，完善技术创新机制

企业持续的技术创新能力有赖于完善的企业技术创新体系和内部创新机制。技术创新体系是指企业内部为新技术、新产品的研究开发、生产、市场营销、技术创新管理等活动的相互作用、相互制约和相互联系。企业的技术创新体系要具备技术创新战略研究的职能，具备战略性、前瞻性、基础性技术的研究职能，具备现实的产品开发职能，具备产品改进、工艺改造、质量创新、技术服务等职能。同时企业应十分重视和推进全体职工都参与技术创新。企业构建技术创新体系一定要因企制宜，企业类型不同，其技术的先进性不同，创新体系的规模、层次也不同。一般认为，大型企业集团应建立以集团公司的研发中心为核心，以子公司的研究所和制造厂的技术部门为实体，以全国相关院校院所为依托，纵向和横向交叉结合的三级技术创新体系。而中小型企业则更要注重自己的实力和可行性，要更多地利用外力、外脑和外智，提高技术利用能力。技术创新的首要机制是企业良好的动力机制。健全技术创新机制的关键是首先进行制度创新，即进行企业产权制度的改革和创新。要坚持先进技术引进和消化、吸收、创新相结合，从体制机制入手，克服重引进、轻消化吸收的现象，充分利用国外先进技术资源，依托重大工程项目，培育自主创新能力，开发具有自主知识产权的核心技术。

第二节　克服市场失灵，加大公共研发力度，构建共享创新平台

一、市场失灵与公共研发

无论是发达国家还是发展中国家，政府公共研发投入都占很大的比重，并且

在一国技术创新中发挥着不可替代的重要作用。政府之所以进行公共研发，其关键的，也可能是唯一的理由就是私人市场在最优研发数量上存在投资失灵。事实上，这种市场失灵的存在有可能造成研发投入不足，也有可能造成研发投入过量，无论哪种情况，对于一国的技术进步和经济发展都是不利的。在当前研发国际化的背景之下，在我国企业研发投入相对不足，研发效率相对不高的情况下，公共研发投入的数量和质量对于提升我国企业的研发能力以及引进技术的消化和吸收能力，将起着非常重要的作用。

一般来说，对研发活动进行投资的诱因可分为三类：需求拉动、技术机遇和市场结构的影响①。在企业层次，研发投资的决策是由一系列复杂的因素决定的，因而并不总能制定最佳的投资决策，当次优的投资模式持续存在时，市场失灵就发生了。在研发密集的产业中，市场失灵归因于研发过程和由此开发的技术知识中的两个主要特性的变化：①技术和市场的不确定性/风险；②创新公司研发成果的外部性。

1. 技术和市场的不确定性/风险

“风险”和“不确定性”是两个不同的概念。风险是对不可接受后果的概率性估计。因此，估计风险需要了解可能结果的概率分布情况和这种分布与最低可接受的回报率或障碍率（Hurdle Rate）的相对位置等知识。在研发的最初阶段，这种分布是宽泛且不稳定的。随着研究的继续，概率性分布变窄并重新分布，评估回报/风险的置信度也随之增加。因此，不确定性是对自身概率分布知识的缺乏，或者说，不确定性是评估回报/风险的不可能性②。

不确定性和风险都会导致不同形式的市场失灵。当风险偏好已知但转向更低的容忍水平（即障碍率提高）时，就可能做出一个明确的减少研发投入的决策，或在牺牲长期项目（具有很高的社会回报率）的情况下将投资转向短期研发项目的决策。因为风险是一个回报率低于最小可接受程度（即障碍率）的概率，在私人部门中观察到的或实际存在的过多风险都能够阻碍个人投资。因此，存在相对高的风险就成为了政府资助研发活动的一个合理理由。

2. 研发成果的外部性

在经济学文献中，基于技术的经济部门发生市场失灵，通常与外部性或溢出的存在有关。关于技术溢出问题在第四章已经做了详细的介绍。当存在溢出时，技术创新公司就不能得到全部的创新收益，甚至不能补偿公司的研发成本，因此，外部性的存在就可能会阻碍私人在研发中的投资。

---

① Klevorick A. K., Levin R. C., Nelson R. R., Winter S. G. On the Sources and Significance of Interindustry Differences in Technological Opportunities [J]. Research Policy, 1995, 24 (2), pp. 185－205.

② ［美］乔治·泰奇. 研究与开发政策的经济学［M］. 北京：清华大学出版社，2002.

但是，从整个社会角度来说，这种外部性带来的技术溢出可能是有益的。特别是在一些基础性技术中，创新者和模仿者之间的这种溢出对整个社会的技术进步来说是可取的。在这种情况下，政府可以对创新者进行补贴以弥补其私人损失，或者用公共研发来对私人研发进行替代。但无论怎样，都需要政府政策来解决这种外部性带来的“搭便车”问题。

公共研发是重要的，但也存在着很大的缺陷，其中最突出的问题是政府的公共研发往往效率低下。这一问题是由于公共研发中存在的委托代理现象，使得政府不像企业那样以利润最大化作为自己的目标。由于上述研发风险和外部性的存在，公共研发活动不能被企业的研发活动完全替代，因此这一问题很难从根本上解决。但是，通过设置合理的激励机制，可以有效地控制这种由委托代理问题产生的效率低下问题。

二、合理运用国家创新系统，提高整个国家的创新能力

国家创新系统理论源自于20世纪90年代之前，日本经济尚未出现衰退时的“日本模式”。该理论认为在一国经济的发展和赶超过程中，仅靠自由竞争的市场经济是不够的，特别是要想推动其技术创新，仅靠企业的力量是不够的，需要从国家层面出发，寻求资源的最优配置，以及推动技术创新的制度与政策。政府在技术创新中的作用在于建立一种特殊的组织——介于用户组织与生产者之间，以共享信息、激励生产和促进创新的扩散。国家创新系统的理论实质在于认识到国家层面上的制度安排与政策设计，以及作为中观层面上的各部门之间（以及各制度之间）的协调与协同，是从国家层面逐步延伸至微观的企业层面，是一种自上而下加以建构的方法论。波特的国家竞争优势理论的研究起点则是从企业的竞争能力开始，即从单个企业的竞争优势、竞争战略及其价值链分析，逐步扩展到产业以至国家层面上的竞争优势，是从这些微观研究中逐步提炼出区域层面及国家层面上建立竞争优势的理论架构，表现出明显的自下而上的方法论模式。国家创新系统理论从正面的意义上肯定甚至突出国家在推动创新与竞争中的不可替代的作用，并表现出在实际层面的操作中强化这种国家与政府行为主导作用的倾向。国家竞争优势理论则明确指出，政府唯一能做的事就是放手让市场机制充分运作，而其首要的任务则是尽力去创造一个促进生产率提高的良好环境，这意味着政府应尽可能地不要去干预具体的产业与企业的市场行为。国家创新系统理论的核心在于国家层面上的创新制度的安排以及系统各单元知识流动与知识创新的协同，而国家竞争优势理论的理论内核在于竞争以及从各个方面来维护与推动这种竞争，所以可以将它们看作互补的理论。实际上，科学研究与创新既要有强烈的竞争激励，又不能离开恰当的国家介入和制度安排，这两个方面互为补充、互

为参照互相结合，对创新的发展是十分有益的。

三、构建共享创新平台，优化公共科研资源配置

政府应当努力建设国家创新体系中的创新基础设施，为企业（特别是中小企业）和其他社会组织的技术创新活动提供健全高效的基础平台，提高技术创新的效率。技术创新活动需要强有力的基础设施与平台，国家在科学研究与技术创新方面已经支持建设了大量的基础设施，例如重点实验室、国家工程研究中心、生产力促进中心、孵化器、创新服务中心、技术推广网、大型仪器设备共用网、科技与产业信息中心、人才培养中心、科技评估中心，以及各种中介服务机构等，这些都是国家技术创新体系中的基础设施，担负着为企业和其他创新主体提供研究、开发、检测、试验等支撑服务。这些机构的建立将有利于降低全社会技术创新的成本，提高效率，因此应当是政府支持的重点。充分发挥国家重点实验室和国家工程中心在国家关键技术发明创造中的核心作用，在基础技术、共性技术、集成技术以及战略性高技术研发方面有所突破，力争在关键技术领域取得一批具有自主知识产权的核心专利技术，推动我国的技术跨越，提高国家创新体系对全社会技术创新活动的支撑作用和我国的国际竞争力。

四、建立合理的科技园区，形成良性联动循环

科技园区的模式包括：硅谷等高新技术产业带模式、技术城模式、科学城模式、科技工业园区模式等。我国应该结合自己的条件，建立合理的科技园区。根据高新技术产业自身的发展规律，把研究与开发、生产与制造、销售与服务等环节紧密结合起来，研究与开发是衡量产业发育程度的指标，生产与制造是成果的物化过程，销售与服务是经济价值的实现过程，构成一个联动循环。

科技园区内还应该鼓励民营科研机构和非营利研究机构的发展，许多国外著名的研究机构都是这种非营利机构，非营利机构是国家和企业化研究开发机构的重要补充，主要活跃在公共研发与私人研发的过渡地带，即市场低效的领域。这类机构以社会投入和捐赠作为发展基金，实行社会共有和信托经营制，由经营者依据信托规章和机构章程自主经营，自负盈亏，国家对它的支持主要是税收优惠，但要享受优惠就必须符合一定的条件：主要从事技术转让与开发活动，其净收入不得用于私人获利并符合税法规定的各项有关条款。

除此之外，科技园区还应该走大中小企业相结合的道路，发挥计划和市场各自的功能。一方面，国家扶持若干能在国际市场上抵御风险、参与较量的大公司，鼓励企业创新，尽量减少官僚主义作风，拓展研究开发新思路；另一方面，为各种所有制形式的中小企业大开方便之门，让其充分利用市场机制进行创新。

从而形成高新技术产业发展中的大企业和中小企业互相补充、共同发展的开发体制：一是中小企业依附于大企业，与大企业保持密切协作关系，形成以大企业为核心的企业群；二是相对独立，各自依靠自身的力量进行研究开发，形成互相竞争促进的良性互动关系。

第三节　深化科研体制改革，合理运用税收激励和政府采购

跨国公司在发展中国家进行研发活动，既有正面作用，也有消极影响。特别是在一些情况下，跨国公司在发展中国家建立研发机构，与发展中国家的一些战略性产业进行竞争，可能会增加发展中国家企业的研发成本，造成研发的失败，进而打乱发展中国家政府原来制定的科技发展计划。在一些具有规模经济的产业中，这种影响尤为突出。具有规模经济的产业在研发成功并将研发成果应用于产品生产后，市场规模的大小将影响其生产成本的高低，进而影响到其在国内市场甚至国外市场的竞争能力。跨国公司在当地的研发投入无疑将削弱国内企业的这种规模经济效果，给发展中国家企业的研发带来负作用，对国内企业的长期发展带来不利影响，同时也会影响到发展中国家的产业结构升级。

面对这种情况，发展中国家政府必须采取一些措施，才能有效减少这种不利影响。其中，对国内企业进行研发补贴不失为一种比较有效的方法。在新贸易理论中，有一种战略性贸易政策（Strategic Trade Policies）理论，强调在不完全竞争条件下一国政府在国际贸易中的重要作用。战略性贸易政策理论中有一种观点叫作“以出口补贴为本国寡头厂商夺取市场份额”，其创始人是 Brander 和 Spencer（1985）。该论点对某些产业的规模经济和市场结构做了特别的假定，即假定该产业的规模经济非常大，以至于整个世界市场只能容纳极少数厂商，有时甚至是一个盈利厂商，如果有两个厂商同时进入，则都会发生亏损，并且不论两个厂商中的哪一个厂商首先在这一市场站稳脚跟，就会迫使另一个厂商退出而稳获超额利润。在这种情况下，如果某国政府能够率先通过出口补贴的方式给本国厂商以支持的话，本国厂商就必然会赢得这一市场的份额和超额利润，从而使利润由外国向本国转移。在这里，政府政策起着实现超额利润由外国向本国转移的“战略性”作用。

其他学者（Grossman，1988；Bagwell 和 Staiger，1994；Brander，1995；Neary 和 Leahy，2000）在此基础上对该理论进行了扩展，研究了以研发补贴为

本国寡头厂商夺取市场份额的问题。如 Bagwell 和 Staiger（1994）[①] 认为，如果政府只使用研发这一项政策，则在战略性贸易条件下，政府无论是在古诺竞争还是在伯川德竞争情况下都会选择对研发进行补贴。在此基础上，Brander（1995）[②] 得出结论认为研发补贴比生产补贴更加有吸引力。Neary 和 Leahy（2000）[③] 则不同意这种观点，他们的模型结论认为，当政府可以同时使用生产和研发补贴这两种工具时，则这两种政策工具在不同的市场竞争性质条件下不再有效。

虽然对于政府研发补贴的效应存在着争论，但各国政府实际上都在对本国的研发活动进行补贴，且取得了较好的效果。在当今研发国际化的背景之下，我国政府也要充分利用这一工具，采取切实有效的措施来提升我国企业的研发能力。

一、强化使用科研资助，提高研发活动的效率和自主创新能力

技术创新具有外部性，即非创新者从创新中获得收益而不需支付相应的报酬。当这些体现技术创新的载体进入市场生产流通时，技术效应便不可避免地产生溢出效应，使整个社会的收益远大于私人收益。所以，若企业按照边际成本等于边际收益原则来确定产量，那么这个供给量往往小于社会最优量，这就需要通过政府干预来激励技术创新，使其供给量达到社会最优水平。我国的科研体制主要是按行业、部门划分，以纵向委托关系为主的资助体制，所以现阶段科研体制改革的思路就是打破这种自主体制，建立一种内外部的竞争机制，通过竞争激发研究主体的积极性，提高研发活动的效率和科研成果的质量。

根据 Taylor（1995）的研发竞赛模型、Fullerton 和 Mcafee（1999）的研发竞标和锦标赛机制模型，以及 Che 和 Gale（2002）研发的复合锦标赛改进模型可知，可以用竞标机制来预防在研发的委托代理关系中代理人的逆向选择，用研发竞争和代理人的声誉预防代理人的道德风险，这样所得到的均衡结果接近于社会最优结果。因而国家对科研项目的资助中必须引入竞争机制，科研主管部门在发布研发课题时必须面向全社会公开发布信息，按照无歧视原则对研发主体的资质进行审核，最终确定两个以上的研发主体进行竞赛机制的研发，在最终的结果的资助方面，可采用固定价格支付，也可采用拍卖机制来确定最终资助数额。在难

① Bagwell, Kyle and Robert Staiger. The Sensitivity of Strategic and Corrective R&D Policy in Oligopolistic Industries [J]. Journal of International Economics, 1994, 36 (1-2), pp. 133-150.

② Brander James. Strategic Trade Policy [M]. In Gene Grossman and Kenneth Rogoff (eds.) Handbook of International Economics. Volume 3. Amsterdam; New York and Oxford: Elsevier, North Holland, 1995, pp. 1395-1455.

③ Neary, Peter and Dermot Leahy. Strategic Trade and Industrial Policy towards Dynamic Oligopolies [J]. Economic Journal, 2000, 110 (463), pp. 484-508.

以对研发主体的资质和能力进行有效甄别时，可以考虑用事前拍卖机制，这种机制要求研发主体在事前进行一定的投入，以制定一个可行的研发计划或成果模型，管理机构则按照研发计划和成果模型的质量确定最终的研发主体。

二、合理运用政府采购，制造创新需求，培育高技术的制高点

政府采购又称公共采购，是指政府以消费者身份，为自身消费或者为满足公共服务的需要，按照法定的方式和程序，购买商品和服务的一种经济行为。政府是国家利益的代言人，不仅要考虑国家发展的短期利益，更需关注国家的长远利益，这就决定了政府不可能像一般个人与企业那样纯粹从个体利益角度出发进行决策，它必须在更高层次对国家的未来发展做出长远宏观决策。于是，在特定情况下，为了占领未来国际竞争的制高点，政府就需要对那些短期内未能收效却可以长远影响我国发展的新兴产业和具有战略地位的产业加以刺激和培植。

从需求方面激励技术创新，政府采购是政府影响创新活动的最为重要的手段，这种政策工具意味着政府机构预先决定了某种“并不存在的”产品或系统的优先次序，政府机构作为用户，事先指定某新产品的价格和功能，并向技术“卖家”的研发活动付费，这种做法不但减少了企业进入新技术领域的风险，也降低了未来市场的风险和不确定性，同时技术的卖方也因政府购买而获得“先动优势”。

三、优化研发的税收激励政策，提升自主创新水平

通常采用的税收优惠有以下几种：税收减让（从税基中扣除数额），税收折扣（从总收入中扣除数额），税收减免（从应纳税额中扣除数额），特别税率减免（降低某些活动的税率），延期纳税（相当于无息贷款），加速折旧，设备的免税购置等。

多年来，尽管我国各级政府相继制定了不少激励企业研发投资的税收优惠政策，但由于多种因素的影响，这些政策的作用十分有限。为充分发挥我国税收优惠政策在激励企业研发投资方面的导向作用与杠杆作用，建议应注重加强以下几个方面：一是逐步统一企业所得税率，目前我国企业所得税率十分混乱，特别是对内资企业的税收歧视，已经引发了“给国民以国民待遇”的强烈呼吁，统一税率，为企业创建一个公平的竞争环境，是发挥研发税收激励作用的前提；二是逐步降低企业税负，研究企业税负不仅要看名义税率，更要看实际税率，税收与“费”是有本质区别的，前者属于政府（国家）行为，后者属于市场行为，但是，目前我国除少数属规范性收费外，绝大部分行政性收费和基金都具有鲜明的税收特征，经过调整后，我国实际税负水平比名义的要大得多，比美国、日本、韩国还

高，在世界上也属于税负沉重国，所以降低企业税负，给企业创造一个比较宽松的发展空间，企业才有可能对研发增加投资，同时这也为研发税收激励政策提供了可供实施的条件；三是逐步提高研发税收激励政策的有效性，我国有些研发税收激励政策的法律规范过于概括、简约、原则和笼统，弹性较大，缺乏可操作性；四是协调不同时期不同部门制定的相关政策，提高这些政策整体对促进企业研发投入的效用和激励程度，清晰明确、前后一致以及有可预见性的政策对于帮助企业制订基于税收激励的研发投资计划是至关重要的，至于哪些研发费用能够享受税收优惠，应有明确的规定，稳定的研发税收优惠政策有助于企业制订长期的研发发展计划，过于复杂的方案或是频繁变更的方案将会抑制企业的研发投资行为。

第四节　保护知识产权，建立合理的专利制度

一、遵守国际协议，保护知识产权

在国际层次和按照国际条约规定的起码标准对知识产权进行保护，直接关系到与研发相关外国直接投资。这一领域中最为重要的文书是世贸组织《与贸易有关的知识产权协议》(《涉贸知识产权协议》)，双边和区域层次的一些近期协定扩展了《涉贸知识产权协议》规定的起码标准。在这些文书中列入知识产权保护的目的是鼓励专有知识的开发，但在同时也限制了各国在与研发活动直接相关的一个领域内的政策空间。因此，对于发展中国家而言，必须了解和利用《涉贸知识产权协议》中包含的灵活性。我国作为知识产权协议的签字国，有义务按照该协议的相关规定保护国内外的知识产权。但是，作为发展中国家，我们同样应该注意灵活利用该协议的例外条款，提升我国的自主创新能力。

跨国公司在我国设立研发机构主要是进行面向中国市场的应用技术研究，并加强其在华企业的技术垄断优势，以此谋取垄断利润。如果研究成果很容易外泄或产品遭到仿制，则不仅其巨额投资无法收回，而且将直接影响其在我国经营发展战略，所以东道国知识产权保护状况是跨国公司决定是否在该国进行研发投资的一个重要因素。加入 WTO 后，我国在知识产权立法方面正在不断加强，但是在执法方面的力度明显不够。在研发国际化的形势下，直面国际市场和国际规则，严厉打击地方利己主义，有效保护知识产权已成为我国政府必须解决的刻不容缓的问题。实际上，加强保护知识产权立法和执法力度，不仅是我国吸引跨国公司研发投资的一项重要措施，同时也是保护我国企业原有研发成果和激励其研发热情的一项重要举措。在前面的实证分析中我们发现，国内企业的研发投入对

跨国公司的创新能力有正面影响，而跨国公司的研发投入则对国内企业的溢出效果不明显，这可以解释为跨国公司在廉价窃取国内企业的知识成果，即跨国公司利用了我国知识产权保护制度的缺陷，通过吸引国内企业原有的研发人员，将国内企业的研发成果直接进行利用和改造，转变为自己的研发成果。如果我国知识产权保护制度健全，执法严格，并且通过宣传在全社会形成保护知识产权的氛围，国内企业就可以拿起这些武器来保护自己，有效避免知识的外泄。另外，知识产权保护作为一项推动技术创新的制度设计，在保护跨国公司的研发成果的同时，也必将大大激励国内企业以更大的热情进行研发活动，从长远来看，这将对我国技术进步和产业升级起到积极的促进作用。

二、灵活利用专利制度，增加跨国公司研发溢出

专利制度作为一种对技术创新成果进行产权界定的法律制度，它给发明创造者一定时期的独占垄断权，用以弥补其研发投入的各项费用，既补偿了发明创造者的收益，又可以有效阻止模仿者无偿的模仿活动，从而对发明创造活动产生巨大的推动作用。诺贝尔经济学奖得主诺思曾对专利制度给予高度的评价，并指出"一套鼓励技术变化，提高创新的私人收益率，使之接近社会收益率的系统的激励机制，仅仅随着专利制度的建立才被确立起来①"。在现实中，各国的法律和有关知识产权的国际条约都对专利的期限做出了规定，因此专利的长度很难作为一个政策变量进行调整。但对于专利宽度，国际上则没有统一的规定，各国存在着一定的差异。因此，探讨专利长度和宽度的关系，科学、灵活地制定专利宽度规则可以对一国的创新活动起到促进作用。

理论认为，专利制度对于创新激励具有正、负两方面的效应：一是专利制度使厂商能够获得技术和知识创新的垄断利润，从而激励其进行技术创新和知识生产，进而促进整个社会福利水平的提高；二是由于专利制度赋予创新者市场垄断力量，垄断则意味着妨碍竞争，没有竞争，市场将成为一潭死水，毫无生机可言，市场主体也最终会失去创新的动力而阻碍技术创新，同时垄断也扭曲了资源配置效率，从而降低了社会福利。这两种效应可以用罗伯特·考特（Robert Cooter）和托马斯·尤伦（Thomas Ulen）的一句话来总结，即"没有合法的垄断就不会有足够的信息生产出来，但有了合法的垄断又不会有太多的信息被使用"②。因此，可以说专利制度也是一把"双刃剑"，对技术创新同时具有激励和阻碍作用。在此情况下，如何制定最优的专利制度，平衡正、负两方面的效应，就成为

① ［美］道格拉斯·C. 诺思．经济史中的结构与变迁［M］．上海：三联出版社，1991.

② ［美］罗伯特·考特，托马斯·尤伦．法和经济学［M］．张军等译．上海三联书店，上海人民出版社，1994.

一个需要解决的问题。特别是在研发国际化的背景下，合理的专利制度对促进本国企业的创新和社会福利效应具有极其重要的作用。

1. 专利长度

理解专利制度要从专利长度和专利宽度两个方面来考察。其中，专利长度（Patent Length）（又称专利寿命（Patent Life）或专利保护期）是指专利受到法律保护的年限，是从时间的纵向上来保护专利产品，通常由政府通过专利法进行明确规定。因而对于发明者和创新者来说，专利长度是一个常量，通常不变。然而，从理论上来说，最优专利长度对于政府却是一种政策变量，一般由发明的不同种类来决定。例如我国专利分三种类型：发明、实用新型和外观设计。对于发明专利，我国修改后的专利法规定其保护年限为 20 年，而对于“发明高度”较低的实用新型和外观设计的专利只保护 10 年。

一般地，创新者的财产保护的时期越长、范围越广，对其创造思想的激励就越强，但传播和应用它们的激励也就越弱。罗伯特·考特和托马斯·尤伦对鼓励创新和阻止扩散的替代关系进行了模型化①，其观点如图 8.1 所示。在该图中，横轴 t 是以年为单位的专利期限，纵轴 m 是以美元表示的发明的成本和收益。成本是由于垄断定价带来的损失，它使得购买者购买到的产品减少，以及延迟的改进和基于该专利的再发明所带来的损失。专利的边际社会成本由 MSC_p 曲线表示，该曲线向上倾斜，意味着在没有替代品的情形下，专利的垄断时期越长，社会成本也就越大。收益是指受该专利激励的创新活动的增加。专利的边际社会收益由 MSB_p 表示，它向下倾斜，意味着专利有效期的延长将会增加投资活动的水平，但增加的速度是逐渐递减的。

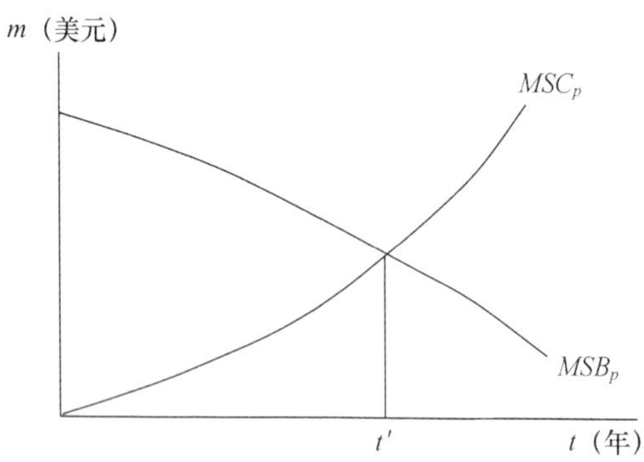

图 8.1 专利有效期的社会成本和收益

① ［美］罗伯特·考特，托马斯·尤伦．法和经济学［M］．施少华，姜建强等译．上海财经大学出版社，2002.

在图 8.1 中，两条曲线交点表示的是最佳专利有效期，由图中的 t' 表示。在 t' 处，延长专利有效期至此处的边际社会成本等于这一时期的边际社会收益。但在现实中，由于曲线的斜率在不同发明之间存在着差异（例如，曲线的斜率在发明和一项应用之间是有差别的），所以，不同的发明应有不同的专利有效期。但这样设计专利制度是不现实的，大多数国家都为各种发明设计了相同的专利有效期限。仅有少数国家采取了替代方式。例如，德国建立了双层专利制度：重要的发明将得到足期的专利，而不重要的发明和改进只得到 3 年有效期的所谓“不重要”专利。此外，德国一般要求专利持有人须按年支付费用才能继续持有该专利。年度支付的费用在一个专利有效期的头几年较少，但是此后每隔一段时间费用就开始提高，直到有效期满。因而，德国只有 5% 以下的专利在其整个有效期内有效，专利的平均寿命不到 8 年。

Nordhaus（1969）和 Scherer（1972）指出，增加专利长度所带来的厂商创新激励将会越来越弱，同时会导致社会福利损失的提高，因此，在一般的情况下，有限的专利长度是最优的。在 Gilbert 和 Shapiro（1990）的研究中，单位利润的社会福利损失与专利长度无关，因此，在一般情况下，无限长的专利长度才是最优的。Klemperer（1990）指出，由于低质量非专利产品的存在，有些消费者可能从消费高质量专利产品转换到消费低质量非专利产品。当消费者的转换成本完全相同时，无限的专利长度才是最优的；当所有消费者的保留价格完全相同时，无限的专利宽度才是最优的。

2. 专利长度和宽度的关系

专利的宽度指的是专利的范围，即相似的另一项发明如何才能不会对最初的发明造成侵犯。近年来，一些学者开始关注专利宽度问题，一般将专利长度和宽度结合起来进行考察研究。

Gilbert 和 Shapiro（以下称 G－S，1990）认为最优专利机制应该给予专利无限的长度及可调整的宽度，以便为专利者提供预先确定的奖励①。这个结论类似于 Tandon（1982）得出的结论，后者检验了强制性许可的情况。具体来说，G－S 找到了使无限专利期限成为最优的一般充分条件，即社会福利对创新者的利润是递减且凹的（专利宽度为既定的）。根据他们的分析，如果社会福利对专利宽度是凸的，那么具有最大宽度和最小长度的专利是最优的。G－S 证明，如果产品是同质的，且厂商进行价格竞争，那么无限专利期限的充分条件一般还是成立的。

① Gilbert R. and Shapiro C. Optimal Patent Length and Breath［J］. Rand Journal of Economics，1990，21，pp. 106－112.

与之相对的是，Klemperer（1990）[①] 提出了一个具有产品差别化和价格竞争模型，其中无限的或最小的专利长度都可能是最优的。虽然 Klemperer 的模型具有一般性，但也存在最大长度或最大宽度完全消除专利导致的垄断扭曲的情况。因此，在他的例子中，单个需求无弹性，最大专利宽度是最优的，社会福利实际上随着专利宽度递增。这个例子并不是没有道理，但是必须要指出的是，以假定专利宽度和（静态）社会福利存在正向关系为基础的最大专利宽度案例无法让人信服。

Gallini（1992）[②] 在不同的条件下发现专利寿命短也是最优的。她设想了这样一个例子：创新完全被模仿，而模仿成本的大小依赖于专利的宽度。在产品同质和价格竞争的条件下，均衡结果是没有模仿出现。但是，在产品市场主流的竞争性质（如古诺竞争）与此不同的情况下，模仿者会进入，直到利润趋于零为止。Gallini 证明了宽的专利是最优的，因为它们降低了社会无谓的模仿成本。

Vincenzo Denicolo（1996）[③] 将 G－S 的最大专利长度的条件和最小最优专利长度的双重条件纳入他的更为丰富的框架中。在前人研究的框架中，社会问题等价于最小化无谓损失对专利创新者利润的比率。在他研究的更一般的框架中，比率的分母衡量厂商的创新动力，包括非创新者赚取的利润、专利到期后获得的利润以及专利申请者的利润。他得出的结论是，对专利宽度的任何界定都包含了这一思想：缩小专利宽度导致产品市场更激烈的竞争，这降低了创新者所能赚取的利润，提高了非创新者所能赚取的利润，因此降低了创新动力。不过，这对社会福利的影响却是不明确的，有可能出现社会福利没有增加的情形（如 Klemperer 的例子）。如果确实是这样的话，那么很明显最大宽度是最优的。

我国一些学者也对最优专利制度进行了有益的探讨。骆品亮和郑绍濂（1997）通过对专利长度和专利宽度之间互补关系的研究，得出两个结论：①适当延长专利年限是社会有效的，尤其在序贯创新中，延长年限能更有力地激发第一代创新者的创新积极性；②当第二代创新是第一代创新产品的推广应用或作为副产品在另一个市场销售时，缩小专利宽度在激励创新上更为有效。[④] 江旭等（2003）则对最优专利长度和宽度的研究进行了综述，同时提出了自己的分析模

① Klemperer, P. How Broad Should the Scope of Patent Protection Be? [J]. Rand Journal of Economics, 1990, 21, pp. 113－130.

② Gallini, N. Patent Policy and Costly Imitation [J]. Rand Journal of Economics, 1992, 23, pp. 52－63.

③ Vincenzo Denicolo. Patent Races and Optimal Patent Breath and Length [J]. The Journal of Industrial Economics, 1996, 44 (3), pp. 249－265.

④ 骆品亮，郑绍濂．专利的保护年限与保护宽度之优化确定［J］．系统工程理论方法应用，1997，6（2）．

型，他们研究认为，最优的专利设计方向必然是“短期限，宽范围”或者“长期限，窄宽度”，而不可能专利的长度与宽度同时增大或变小。为平衡先创新者、模仿者和社会公众的利益，并考虑对整个社会技术进步的影响，防止先创新者获得所有垄断利益而损害社会公众的利益，或避免先创新者得不偿失，只能选择宽短或狭长的专利保护方向。他们同时还认为，“根据不同的假设，宽短或狭长的专利保护都可能是最优的，不存在一种固定不变的、单一的最优专利保护模式”①。

显然，专利宽度是从产品特征的横向比较上来保护专利产品的。为了对此有一个清晰的认识，可以考虑研究和开发之间的一般关系。有时研究会产生一个开创性的发现，这种发现虽然暂时没有商业价值，但却有着巨大商业的潜力。为了实现这种潜力，该开创性的发现必须经过开发（包括一系列的改进），然后“带入市场”。这样，一项开创性的发明会产生一系列的应用，存在的法律问题是，开创性的专利保护范围是否可延伸至这些应用上，宽的专利鼓励基础研究，而窄的专利则鼓励开发。例如，假设 100000 美元的研究投入将会得到一个没有商业价值的开创性的发明，此后，50000 美元的开发投入将会产生 100 万美元的商业价值。如果法律授予较宽的专利，开创性发明上的专利将还会包括其应用；如果法律授予较窄的专利，开创性发明和其应用将获得不同的专利。因此，如果投资于基础研究上的社会价值大于投资于应用研究上的社会价值，则专利的范围应该拓宽。相反地，如果投资于开发应用的社会价值大于投资于基础研究上的社会价值，则专利的范围应该收缩。

在研发国际化的背景下，为有效保护研发成果，防止技术外溢，跨国公司在东道国的专利申请量在不断增加。对于发展中国家来说，这一方面有利于提升全社会的知识产权保护意识，客观上对国内企业的研发活动起到促进作用；另一方面也阻碍了知识和技术从跨国公司向国内企业的溢出，不利于国内企业模仿和创新能力的提高。在此情况下，发展中国家有必要在专利宽度设计上下文章。根据本国国情和发展阶段，制定不同的专利制度，在结构上进行创新。我国 2001 年开始实行《专利法》，规定发明专利的期限为 20 年，与国际上基本保持了一致，但在专利宽度上则没有详细规定。因此，我们可以利用这一特点，合理设置一些专利的宽度，使得专利宽度既可以吸引跨国公司在华进行研发活动，又可以帮助国内企业获得更多的跨国公司技术外溢。

---

① 江旭，高山行，周为．最优专利长度与宽度设计研究［J］．科学学研究，2003（4）．

第五节　我国企业实施研发国际化战略的对策

随着经济一体化、信息全球化的进一步加强，海外研发投资已经成为世界各国企业在全球范围内配置技术创新资源、建立研发网络、获取技术垄断优势的重要手段。尚处于海外研发投资幼稚期的我国企业，要想利用后发优势，赶超发达国家的先进技术，应该大胆地让研发机构走出国门，在世界范围内获取技术创新资源，形成技术引进、模仿创新和自主创新、海外研发投资三种技术进步方式相互补充、相互促进、相互协调的技术创新体系。为此，本书提出如下建议：

第一，政府应该为企业建立全方位的信息服务系统，为中国企业提供会计、税务、法律等方面的服务，这是调研中企业反映的普遍要求。很多中国企业在利用海外科技资源的过程中，不熟悉当地的法律法规、市场完善程度及风俗习惯等，而聘用当地财务人员或者咨询顾问的费用很高，增加了企业走出去的成本和不确定性。

第二，政府应该从国家层面整合资源，鼓励企业创造核心专利和标准，如对通信设备等重点行业设立基金，对在行业标准化组织里有所突破的企业给予资助，为其提供广阔的市场机会。

第三，政府应该加大产业链的投入，使产业链供应链的发展和企业的发展相配套。对于重点行业（如数字电视和通信产业），搭建产业链之间的平台，提倡通过自主研发来提高持续创新能力，使产业链的各环节紧密配合、高度协同，开展多角度、多层面和多范围的联合与合作，支持企业营造和谐的产业环境，支撑产业链的发展壮大和产业的强盛。

第四，政府相关部门应采取相应措施，加强国家形象和声誉的宣传和营销工作，建立国家品牌推广机制，使国家形象成为民族品牌的坚强后盾，这需要通过政府和媒体等诸多方面的努力，而且是一个长期的过程。

第五，推动行业内组织建设，联合进行海外研发投资。企业进行海外研发投资，都面临不同程度的环境不确定性和投资风险，推动国内企业的合作和联盟，不仅可以解决单个企业投资风险大的问题，而且有利于行业内企业之间的技术交流与合作，提高行业的整体技术水平和技术吸收能力。

后　记

研发国际化是近40年来出现的一种现象，以前主要是发达国家之间互设研发机构，20世纪90年代出现了发达国家在发展中国家设立研发机构，如今我国也开始向外设立研发机构。近10年来，我在从事研发创新方面研究的同时，研发国际化也出现在我研究的视野，从而写出了一系列论文。但总感到对研发国际化的阐述不系统、不全面，因而萌发写一本书，包含了我发表的一些文章，系统论述我在这个方面的思考。虽然这本书已成稿，但自己仍感到还有很大的不足，如关于我国企业海外研发的动因、模式及发展趋势方面的研究相对简单。以后随着我国企业海外研发的不断扩张，会收集到更加翔实的资料，可以进行更深入的探讨。

本书的完稿得益于我的家人的全心支持，浸润着他们的汗水。在此，对他们表示深深的感谢！

最后，感谢经济管理出版社的大力支持和编辑们的辛勤工作。

阮敏

于江西财经大学枫林校区

2015年12月1日